王安石全集

第十册

王安石全集附録

王水照 主編

復旦大學出版社

本書爲國家古籍整理出版專項經費資助項目

王安石全集附録

戎默、蘇賢　輯録

輯録凡例

一、本附録旨在收集與歷代王安石相關之傳記、評論、軼事等資料，收集範圍包括史傳、詩文集、詩話、筆記等，取其相關度較高者收之。

一、本附録編排以文體劃分。分爲年譜、傳記、祭文挽辭、詔制、奏議、記、像贊、序題跋、論、語録、軼事以及詩文評十二類，其中除「軼事」類外，每類之中皆以文章作者之時間先後順序排列。而「軼事」類，則略以事件發生之先後順序排列，以便讀者考見荆公之生平梗概。

一、歷代典籍關於王安石之資料甚夥，限於篇幅，本附録僅收録與王安石相關度高的整篇或整段文字，其他著述、文章中偶一論及王安石者，一概不節録；「語録」類中只收講學家專論王安石，論他事而涉及王安石者則不收；「詩文評」類則選擇與其詩文風格、美惡相關度較高者擇優收録，故稱「詩文評選輯」。

一、本附録之「序題跋」一類，因與三經新義、臨川先生文集、唐百家詩選等書相關之序跋，已各附本書之末，故不重收。所收者唯散見於各家詩文集中之題帖、跋詩、書後及其他與荆公有關著作之序、跋。

一、本附録中，各篇目後皆注明出處，鈔録所據各書皆常見版本，遇有可疑處，則參校他本，訛、脱、倒、衍字則徑改，不一一出校勘記，偶有大段異文，則隨文説明。

一、高克勤先生王安石著述考一文，對王安石著作之存佚、真僞、寫作年代及結集過程等多有考辨，足資參考，今徵得同意，置於本附録之末。

引用書目(略依作者時代及摘録先後爲次)

王荆文公詩箋注　【宋】李壁　上海古籍出版社二〇一〇年版
王安石年譜三種　【宋】詹大和等　中華書局一九九四年版
名臣碑傳琬琰集　【宋】杜大珪　鐵琴銅劍樓藏本
東都事略　【宋】王偁　文淵閣四庫全書本(臺灣商務印書館影印,下同。)
陶山集　【宋】陸佃　武英殿聚珍版叢書本
龍雲集　【宋】劉弇　文淵閣四庫全書本
青山集　【宋】郭祥正　中華再造善本影印南宋刻本
彭城集　【宋】劉攽　武英殿聚珍版叢書本
西溪集　【宋】沈遘　四部叢刊三編景明翻宋刻本
南陽集　【宋】韓維　文淵閣四庫全書本
鄖溪集　【宋】鄭獬　文淵閣四庫全書本
司馬光集　【宋】司馬光　四川大學出版社二〇一〇年版

華陽集　【宋】王珪　文淵閣四庫全書本
宋大詔令集　中華書局一九六二年版
蘇軾文集　【宋】蘇軾　中華書局二〇〇四年版
斐然集　【宋】胡寅　中華書局一九九三年版
歐陽脩全集　【宋】歐陽脩　中華書局一九九一年版
宋諸臣奏議　【宋】趙汝愚　上海古籍出版社一九九九年版
皇朝文鑑　【宋】吕祖謙　四部叢刊景宋本
古靈先生文集　【宋】陳襄　中華再造善本影印宋紹興三十一年贛州陳輝刻本
龜山集　【宋】楊時　文淵閣四庫全書本
靖康要録　【宋】佚名　十萬卷樓叢書本
陸九淵集　【宋】陸九淵　中華書局一九八〇年版
攻媿集　【宋】樓鑰　文淵閣四庫全書本
黄庭堅全集　【宋】黄庭堅　四川大學出版社二〇〇一年版
邵氏聞見後録　【宋】邵博　中華書局一九八三年版
通鑑長編紀事本末　【宋】楊仲良　清嘉慶宛委别藏本

仇池筆記　【宋】蘇軾　文淵閣四庫全書本
姑溪居士文集　【宋】李之儀　文淵閣四庫全書本
四明尊堯集　【宋】陳瓘　清康熙刻本
王十朋全集　【宋】王十朋　上海古籍出版社二〇一二年版
鄱陽三洪集　【宋】洪适等　江西人民出版社二〇一一年版
文定集　【宋】汪應辰　文淵閣四庫全書本
南澗甲乙稿　【宋】韓元吉　武英殿聚珍版叢書本
陸游全集校注　【宋】陸游　錢仲聯校注　浙江教育出版社二〇一一年版
文忠集　【宋】周必大　文淵閣四庫全書本
楊萬里集箋校　【宋】楊萬里　中華書局二〇〇七年版
朱子全書　【宋】朱熹　上海古籍出版社、安徽教育出版社二〇一〇年版
張栻集　【宋】張栻　嶽麓書社二〇一〇年版
悦齋文鈔　【宋】唐仲友　金華叢書本
緣督集　【宋】曾豐　明萬曆刻本
九華集　【宋】員興宗　文淵閣四庫全書本

葉適集　【宋】葉適　中華書局一九六二年版
洺水集　【宋】程珌　明崇禎元年刻本
鶴山先生大全文集　【宋】魏了翁　四部叢刊景宋本
二程集　【宋】程頤等　中華書局二〇〇四年版
元城語録　【宋】馬永卿　清雍正鈔本
老學庵筆記　【宋】陸游　中華書局一九七九年版
家世舊聞　【宋】陸游　中華書局一九九三年版
入蜀記　【宋】陸游　文淵閣四庫全書本
鐵圍山叢談　【宋】蔡絛　中華書局一九八三年版
雲麓漫鈔　【宋】趙彦衛　中華書局一九九六年版
鶴林玉露　【宋】羅大經　中華書局一九八三年版
貴耳集　【宋】張端義　中華書局一九五八年版
默記　【宋】王銍　中華書局一九八一年版
涑水記聞　温公瑣語　【宋】司馬光　中華書局一九八九年版
邵氏聞見録　【宋】邵伯温　中華書局一九八三年版

韻語陽秋　【宋】葛立方　歷代詩話本
呂氏雜記　【宋】呂希哲　全宋筆記第一編　大象出版社二〇〇三年版
東軒筆録　【宋】魏泰　中華書局一九八三年版
臨漢隱居詩話　【宋】魏泰　陳應鸞校注本　巴蜀書社二〇〇一年版
苕溪漁隱叢話　【宋】胡仔　人民文學出版社一九六二年版
避暑録話　【宋】葉夢得　全宋筆記第二編　大象出版社二〇〇六年版
石林詩話　【宋】葉夢得　歷代詩話本
石林燕語　【宋】葉夢得　中華書局一九八四年版
巖下放言　【宋】葉夢得　全宋筆記第二編
西塘集耆舊續聞　【宋】陳鵠　中華書局二〇〇二年版
墨客揮犀　續墨客揮犀　【宋】彭乘　中華書局二〇〇二年版
侯鯖録　【宋】趙令畤　中華書局二〇〇二年版
步里客談　【宋】陳長方　全宋筆記第四編　大象出版社二〇〇八年版
曲洧舊聞　【宋】朱弁　中華書局二〇〇二年版
風月堂詩話　【宋】朱弁　中華書局一九八八年版

過庭録【宋】范公偁　中華書局二〇〇二年版
泊宅編【宋】方勺　中華書局一九八三年版
芥隱筆記【宋】龔頤正　全宋筆記第五編　大象出版社二〇一二年版
郤掃編【宋】徐度　全宋筆記第三編　大象出版社二〇〇八年版
聞見近録【宋】王鞏　全宋筆記第二編
甲申聞見二録補遺【宋】王鞏　文淵閣四庫全書本
捫虱新話【宋】陳善　全宋筆記第五編
西清詩話【宋】蔡絛　宋詩話全編本　鳳凰出版社一九九八年版
晁氏客語【宋】晁説之　全宋筆記第一編
能改齋漫録【宋】吴曾　上海古籍出版社一九七九年版
北窗炙輠録【宋】施德操　全宋筆記第三編
自警編【宋】趙善璙　文淵閣四庫全書本
楓窗小牘【宋】袁褧　全宋筆記第四編
獨醒雜志【宋】曾敏行　上海古籍出版社一九八六年版
春渚紀聞【宋】何遠　中華書局一九八三年版

道山清話　【宋】王暐　全宋筆記第二編
桯史　【宋】岳珂　中華書局一九八一年版
錢氏私志　【宋】錢世昭　全宋筆記第二編
珍席放談　【宋】高晦叟　全宋筆記第三編
四六話　【宋】王銍　歷代文話本　復旦大學出版社二〇〇七年版
上蔡語録　【宋】謝良佐　文淵閣四庫全書本
澠水燕談録　【宋】王辟之　清知不足齋叢書本
僧寶傳　【宋】釋惠洪　文淵閣四庫全書本
石門文字禪　【宋】釋惠洪　【日】釋廓門貫徹注　中華書局二〇一二年版
冷齋夜話　【宋】釋惠洪　中華書局一九八八年版
容齋續筆　【宋】洪邁　中華書局二〇〇五年版
高齋漫録　【宋】曾慥　全宋筆記第四編
孫公談圃　【宋】孫升　中華書局二〇一二年版
澗泉日記　【宋】韓淲　上海古籍出版社一九九三年版
退齋筆録　【宋】侯延慶　全宋筆記第三編

詩話總龜　【宋】阮閲　人民文學出版社一九八七年版
觀林詩話　【宋】吴聿　宋詩話全編本
後山談叢　【宋】陳師道　中華書局二〇〇七年版
墨莊漫録　【宋】張邦基　中華書局二〇〇二年版
青瑣高議　【宋】劉斧　上海古籍出版社一九八三年版
萍洲可談　【宋】朱彧　中華書局二〇〇七年版
四六談塵　【宋】謝汲　歷代文話本
宋朝事實類苑　【宋】江少虞　上海古籍出版社一九八一年版
詩林廣記　【宋】蔡正孫　中華書局一九八二年版
賓退録　【宋】趙與時　上海古籍出版社一九八三年版
夷堅丙志　夷堅支志　【宋】洪邁　中華書局一九八一年版
五總志　【宋】吴坰　全宋筆記第五編
欒城先生遺言　【宋】蘇籀　全宋筆記第三編
揮塵後録　【宋】王明清　上海書店二〇〇九年版
海陵三仙傳　【宋】闕名　古今説海本

類説　【宋】曾慥　文淵閣四庫全書本
彦周詩話　【宋】許顗　歷代詩話本
嘉祐雜志　【宋】江休復　文淵閣四庫全書本
埤雅　【宋】陸佃　文淵閣四庫全書本
畫墁録　【宋】張舜民　全宋筆記第二編
清波雜志校注　【宋】周煇　劉永翔校注　中華書局一九九五年版
癸辛雜識　【宋】周密　中華書局一九九一年版
夢溪筆談校證　夢溪補筆談校注　【宋】沈括　胡道静校注　上海古籍出版社一九八七年版
齊東野語　【宋】周密　中華書局一九八三年版
野客叢書　【宋】王楙　中華書局一九八七年版
中吴紀聞　【宋】龔明之　全宋筆記第三編
珊瑚鉤詩話　【宋】張表臣　歷代詩話本　中華書局一九八一年版
孔氏談苑　【宋】孔平仲　中華書局二〇一二年版
可書　【宋】張知甫　中華書局二〇〇二年版

庚溪詩話　【宋】陳巖肖　宋詩話全編本
後山詩話　【宋】陳師道　歷代詩話本
竹坡詩話　【宋】周紫芝　歷代詩話本
演繁露　【宋】程大昌　全宋筆記第四編
黄氏日抄　【宋】黄震　文淵閣四庫全書本
唐子西文録　【宋】强幼安　歷代詩話本
歲寒堂詩話　【宋】張戒　歷代詩話續編本　中華書局一九八三年版
優古堂詩話　【宋】吴幵　歷代詩話續編本
環溪詩話　【宋】吴沆　中華書局一九八八年版
誠齋詩話　【宋】楊萬里　歷代詩話續編本
艇齋詩話　【宋】曾季貍　歷代詩話續編本
竹莊詩話　【宋】何汶　中華書局一九八四年版
滄浪詩話　【宋】嚴羽　歷代詩話本
江湖小集　【宋】陳起　文淵閣四庫全書本
直齋書録解題　【宋】陳振孫　上海古籍出版社二〇一五年版

雲莊四六餘話　【宋】楊囦道　歷代文話本
古文關鍵　【宋】吕祖謙　歷代文話本
荆溪林下偶談　【宋】吴子良　歷代文話本
辭學指南　【宋】王應麟　歷代文話本
滹南遺老集　【金】王若虚　四部叢刊景舊鈔本
宋史　【元】脱脱等撰　中華書局一九七七年版
虞集全集　【元】　虞集　天津古籍出版社二〇〇七年版
蒲室集　【元】釋大訢　文淵閣四庫全書本
桐江集　【元】方回　清嘉慶宛委別藏本
王惲全集匯校　【元】王惲　楊亮等匯校　中華書局二〇一三年版
袁桷集校注　【元】袁桷　楊亮校注　中華書局二〇一二年版
黄溍集　【元】黄溍　浙江古籍出版社二〇一三年版
禮部集　【元】吴師道　文淵閣四庫全書本
梅磵詩話　【元】韋居安　歷代詩話續編本
言行龜鑑　【元】張光祖　文淵閣四庫全書本

研北雜志　【元】陸友仁　文淵閣四庫全書本
文章精義　【元】李淦　歷代文話本
願學集　【明】鄒元標　文淵閣四庫全書本
東里文集　【明】楊士奇　中華書局一九九八年版
陳獻章集　【明】陳獻章　中華書局一九八七年版
青溪漫稿　【明】倪岳　武林往哲遺著本
紫柏老人集　【明】釋真可　明天啓七年本
玄晏齋文抄　【明】孫慎行　明崇禎刻本
呆齋存稿　【明】劉定之　明萬曆刻本
船山全書　【明】王夫之　嶽麓書社一九八八年版
靳史　【明】查應光　明天啓刻本
六研齋筆記　【明】李日華　鳳凰出版社二〇一〇年版
何氏語林　【明】何良俊　文淵閣四庫全書本
説郛　【明】陶宗儀　文淵閣四庫全書本
太平清話　【明】陳繼儒　叢書集成初編本

歸田詩話　【明】瞿佑　歷代詩話續編本
麓堂詩話　【明】李東陽　歷代詩話續編本
四溟詩話　【明】謝榛　歷代詩話續編本
升庵詩話　【明】楊慎　歷代詩話續編本
升庵集　【明】楊慎　明刻本
藝苑卮言　【明】王世貞　歷代詩話續編本
詩藪　【明】胡應麟　中華書局一九六二年版
歸震川先生論文章體則　【明】歸有光　歷代文話本
四友齋叢説　【明】何良俊　歷代文話本
唐宋八大家文鈔引　【明】茅坤　歷代文話本
由拳集　【明】屠隆　明萬曆刻本
文通　【明】朱荃宰　歷代文話本
蓄齋二集　【清】黄中堅　清乾隆刻本
榕村全書　【清】李光地　福建人民出版社二〇一三年版
沈德潛詩文集　【清】沈德潛　人民文學出版社二〇一一年版

穆堂類稿　【清】李紱　清道光刻本
全祖望集彙校集注　【清】全祖望　上海古籍出版社二〇〇〇年版
小倉山房詩文集　【清】袁枚　上海古籍出版社一九八八年版
因寄軒集　【清】管同　清道光十三年刻本
潛研堂文集　【清】錢大昕　四部叢刊景印潛研堂全書本
堅瓠四集　【清】褚人獲　浙江人民出版社一九八六年版
鈍吟雜録　【清】馮班　歷代詩話續編本
蓮坡詩話　【清】查爲仁　清詩話本　上海古籍出版社一九七八年版
寒廳詩話　【清】顧嗣立　清詩話本
漁洋詩話　【清】王士禛　清詩話本
援鶉堂筆記　【清】姚範　清道光刻本
隨園詩話　【清】袁枚　人民文學出版社一九八二年版
北江詩話　【清】洪亮吉　人民文學出版社一九九八年版
昭昧詹言　【清】方東樹　人民文學出版社一九六一年版
藝概　【清】劉熙載　上海古籍出版社一九七八年版

日録論文　【清】魏禧　歷代文話本
絸齋論文　【清】張謙宜　歷代文話本
西圃文説　【清】田同之　歷代文話本
論文偶記　【清】劉大櫆　歷代文話本
惺齋論文　【清】王元啓　歷代文話本
四六叢話　【清】孫梅　歷代文話本
初月樓古文緒論　【清】吴德旋　清宣統武進盛氏刻常州先哲遺書後編本
朱梅崖文譜　【清】朱仕琇　歷代文話本
藝舟雙楫論文　【清】包世臣　歷代文話本
讀文雜記　【清】方宗誠　歷代文話本
論文集要　【清】薛福成　歷代文話本
盋山談藝録　【清】顧雲　歷代文話本
文微　【清】林紓　歷代文話本
石遺室詩話　【民國】陳衍　人民文學出版社二〇〇四年版
詩學淵源　【民國】丁儀　民國詩話叢編本　上海書店二〇〇二年版

目録

序、題跋……（一一八）

年譜

王荊文公年譜

【宋】詹大和

真宗皇帝天禧五年辛酉

公生於是年。

仁宗皇帝慶曆二年壬午

公二十二歲。楊寘牓中甲科，以祕書郎簽書淮南節度判官廳公事。時韓魏公作鎮。公後有入瓜步望揚州詩：「白頭追想當時事，幕府青衫最少年。」又，魏公挽詞亦有述。

慶曆三年癸未　四年甲申

在揚州。有憶昨示諸外弟等詩。

慶曆五年乙酉

有與徐兵部書。

慶曆六年丙戌

馬漢臣墓誌曰：「慶曆六年，漢臣從余入京待進士舉。」蓋揚州官滿，是年方趨京師。尋授明州鄞縣宰。

慶曆七年丁亥

曾子固作喜似贈黃御史曰：「五年時，送別介父於洪州。」又曰：「介父時爲縣於鄞。」蓋慶曆七年也。公有「自縣出，屬民使浚渠川」等語，及經游記、鄞女墓誌并詩。

慶曆八年戊子

作縣齋詩：「收功無路去無田，竊食窮城度兩年。」又：「到得明年官又滿，不知誰見此花開。」

皇祐元年己丑

二月二十八日，刻善救方，立之縣門外。

皇祐二年庚寅

別鄞女詩：「年登三十已衰翁。」公生辛酉，是歲庚寅，三十矣。

皇祐三年辛卯

改殿中丞、通判舒州。是年召試館職，有狀免試，發赴舒州。

皇祐四年壬辰

到舒。有答平甫等詩：「只愁地僻經過少，舊學從誰得指南？」晚封舒國，謝表亦云：「惟茲邦土之名，昔者宦游之壤。」

皇祐五年癸巳

是年，歐陽文忠公奏：「伏見殿中丞王安石，德行文學爲衆所推，守道安貧，剛而不屈，久更吏事，兼有時材。曾召試館職，久而不就。乞用此人充補諫官。」公以祖母年高辭之。是年祖母吴氏卒，曾子固誌其墓亦載此。

至和元年甲午

免試特除集賢校理。公有狀，以私計辭。歐陽公言：「羣牧司領内外坊監，判官比他司俸入最優。」乃以公兼羣牧司判官。

至和二年乙未

王逢原寄公詩：「借使牛羊雖有責，獨於鳳鳥豈無嗟。」是年有酬答等詩。

嘉祐元年丙申

公上執政書曰「方今仁聖在上，而安石得以此時被使畿内，而有不樂於此」云云。王逢原有送公行畿縣詩，公亦有酬答。

嘉祐二年丁酉　三年戊戌

改太常博士、知常州。謝表云：「比在羣牧，常求外官。伏蒙朝廷改職畿縣，未試賢勞之力，已纏悸眩之痾。區區本懷，懇懇自訴。」遂承優詔，特與便州。

嘉祐四年己亥

有酬提刑部學士詩：「曾詠常州送主人，豈知身得兩朱輪。」蓋先曾有詩送沈康知常州也。

嘉祐五年庚子

改江東提刑。有寄沈鄱陽，并度麾嶺寄孫莘老等詩。

嘉祐六年辛丑

除三司度支判官。尋除直集賢院。

嘉祐七年壬寅

除同修起居注，力辭不許。尋除工部郎中、知制誥，糾察在京刑獄，管幹三班院。

嘉祐八年癸卯

仁宗皇帝登遐。

英宗皇帝即位。是年八月，丁母憂，事見送陳和叔詩引。

治平元年甲辰　二年乙巳

公持服。

治平三年丙午

十一月，有狀辭赴闕，乞分司於江寧府居住。

治平四年丁未

英宗皇帝登遐。

神宗皇帝即位。起以故官知江寧府。狀辭赴闕，且乞分司。又狀辭江寧府，若未許分司，則乞一留臺宮觀差遣。不許，冬方就職。謝表云「先帝登遐，既不獲奔馳道路。陛下即位，又未嘗瞻望闕廷」云云。

熙寧元年戊申

除翰林學士。

熙寧二年己酉

以右諫議大夫參知政事。

熙寧三年庚戌

十月，自參知政事拜同中書門下平章事、史館大學士。

熙寧四年辛亥　五年壬子　六年癸丑

作相。

熙寧七年甲寅

以觀文大學士知江寧府。

熙寧八年乙卯

自金陵復拜平章事、昭文館大學士。是年以經義成，進加左僕射兼門下侍郎。未幾，喪子雱，復求去位。

熙寧九年丙辰

以使相再鎮金陵。到任未幾，納節與平章事。懇請數四，乃改右僕射。未幾，又求宮觀，累表得會靈觀使。

熙寧十年丁巳

是年，大禮加恩，特授開府儀同三司、舒國公。再恩，方改特進，封荆國公。

元豐元年戊午

食觀使禄，居鍾山。有示蔡元度詩、寄吴氏女等詩。

元豐二年己未

有半山園即事、歌元豐等詩。

元豐三年庚申　四年辛酉

元豐五年壬戌

是年，字説成，進表繫銜「觀文殿大學士、集禧觀使、特進、上柱國、荆國公」。

元豐六年癸亥

是年冬，公被疾。

元豐七年甲子

公引病，奏乞以住宅爲寺，有旨，賜名「報寧」。既而疾愈，税城中屋以居，不復别造。

元豐八年乙丑

神宗皇帝登遐。

哲宗皇帝即位。

覃恩，公守司空，謝表曰：「居竊萬鍾，初未知於辭富；坐彌九載，方有俟於黜幽。」蓋自熙寧十年至是食觀使禄，適九年矣。又有寄吴氏女子等詩。

元祐元年丙寅

是年四月，公薨，贈太傅。

傳記

宋史本傳

王安石字介甫，撫州臨川人。父益，都官員外郎。安石少好讀書，一過目終身不忘。其屬文動筆如飛，初若不經意，既成，見者皆服其精妙。友生曾鞏攜以示歐陽脩，脩爲之延譽。擢進士上第，簽書淮南判官。舊制，秩滿，許獻文求試館職，安石獨否。再調知鄞縣，起堤堰，決陂塘，爲水陸之利；貸穀與民，出息以償，俾新陳相易，邑人便之。通判舒州。文彦博爲相，薦安石恬退，乞不次進用，以激奔競之風。尋召試館職，不就。脩薦爲諫官，以祖母年高辭。脩以其須禄養言於朝，用爲羣牧判官，請知常州。移提點江東刑獄，入爲度支判官，時嘉祐三年也。

安石議論高奇，能以辨博濟其説，果於自用，慨然有矯世變俗之志。於是上萬言書，以爲：「今天下之財力日以困窮，風俗日以衰壞，患在不知法度，不法先王之政故也。法先王之政者，法其意而已。法其意，則吾所改易更革，不至乎傾駭天下之耳目，囂天下之口，而固已合先王之政矣。因天下之力以生天下之財，收天下之財以供天下之費，自古治世，未嘗以財不足爲公患也，患在治財無其道爾。在位之人才既不足，而閭巷草野之間亦少可用之才，社稷之託，封疆之守，陛下其能久以天幸爲常，而無一旦之憂乎？願監苟且因循之弊，明詔大臣，爲之以漸，期合於當世之變。臣之所稱，流俗之所不講，而議者以爲迂闊而熟爛者也。」後安石當國，其所注措，大抵皆祖此書。

俄直集賢院。先是，館閣之命屢下，安石屢辭；士大夫謂其無意於世，恨不識其面，朝廷每欲畀以美官，惟患其不就也。明年，同修起居注，辭之累日。閤門吏賫敕就付之，拒不受；吏隨而拜之，則避於廁；吏置敕於案而去，又追還之；上章至八九，乃受。遂知制誥，糾察在京刑獄，自是不復辭官矣。

有少年得鬥鶉，其儕求之不與，恃與之昵輒持去，少年追殺之。開封當此人死，安石駁曰：「按律，公取、竊取皆爲盜。此不與而彼攜以去，是盜也；追而殺之，是捕盜也，雖死當勿論。」遂劾府司失人。府官不伏，事下審刑、大理，皆以府斷爲是。詔放安石罪，當詣閤門謝。安石言：「我無罪。」不肯謝。御史舉奏之，置不問。

時有詔舍人院無得申請除改文字，安石爭之曰：「審如是，則舍人不得復行其職，而一聽大臣所爲，自非大臣欲傾側而爲私，則立法不當如此。今大臣之弱者不敢爲陛下守法；而彊者則挾上旨以造令，諫官、御史無敢逆其意者，臣實懼焉。」語皆侵執政，由是益與之忤。以母憂去，終英宗世，召不起。

安石本楚士，未知名於中朝，以韓、吕二族爲巨室，欲藉以取重。乃深與韓絳、絳弟維及吕公著交，三人更稱揚之，名始盛。神宗在潁邸，維爲記室，每講説見稱，輒曰：「此非維之説，維之友王安石之説也。」及爲太子庶子，又薦自代。帝由是想見其人，甫即位，命知江寧府。數月，召爲翰林學士兼侍講。熙寧元年四月，始造朝。入對，帝問爲治所先，對曰：「擇術爲先。」帝曰：「唐太宗何如？」曰：「陛下當法堯、舜，何以太宗爲哉？堯、舜之道，至簡而不煩，至要而不迂，至易而不難。但末世學者不能通知，以爲高不可及爾。」帝曰：「卿可謂責難於君，朕自視眇躬，恐無以副卿此意。可悉意輔朕，庶同濟此道。」

一日講席，羣臣退，帝留安石坐，曰：「有欲與卿從容論議者。」因言：「唐太宗必得魏徵，劉備必得諸葛亮，然後可以有爲，二子誠不世出之人也。」安石曰：「陛下誠能爲堯、舜，則必有臯、夔、稷、卨；誠能爲高宗，則必有傅説。彼二子皆有道者所羞，何足道哉？以天下之大，人民之衆，百年承平，學者不爲不多。然常患無人可以助治者，以陛下擇術未明，推誠未至，雖有臯、夔、稷、卨、傅説之賢，亦將爲小人所蔽，卷懷而去爾。」帝曰：「何世無小人，雖堯、舜之時，不能無四凶。」安石曰：「惟能辨四凶而誅之，此其所以爲堯、舜也。若使四凶得肆其讒慝，則臯、夔、稷、卨亦安肯苟食其禄以終身乎？」登州婦人惡其夫寢陋，夜以刃斮之，傷而不死。獄上，朝議皆當之死，安石獨援律辨證之，爲合從謀殺傷減二等論。帝從安石説，且著爲令。二年二月，拜參知政事。上謂曰：「人皆不能知卿，以爲卿但知經術，不曉世務。」安石對曰：「經術正所以經世務，但後世所謂儒者，大抵皆庸人，故世俗皆以爲經術不可施於世務爾。」上問：「然則卿所施設以何先？」安石曰：「變風俗，立法度，最方今之所急也。」上以爲然。於是設制置三司條例司，命與知樞密院事陳升之同領之。安石令其黨吕惠卿任其事。而農田水利、青苗、均輸、保甲、免役、市易、保馬、方田諸役相繼並興，號爲新法，遣提舉官四十餘輩，頒行天下。

青苗法者，以常平糴本作青苗錢，散與人户，令出息二分，春散秋斂。均輸法者，以發運之職改爲均輸，假以錢貨，凡上供之物，皆得徙貴就賤，用近易遠，預知在京倉庫所當辦者，得以便宜蓄買。保甲之法，籍鄉村之民，二丁取一，十家爲保，保丁皆授以弓弩，教之戰陣。免役之法，據家貲高下，各令出錢雇人充役，下至單丁、女户，本來無役者，亦一概輸錢，謂之助役錢。市易之法，聽人賒貸縣官財貨，以田宅或金帛爲抵當，出息十分之二，過期不輸，息外每月更加罰錢百分之二。保馬之法，凡五路義保願養馬者，户一匹，以監牧見馬給之，或官與其直，使自市，歲一閲其肥瘠，死病者補償。方田之法，以東、西、南、北各千步，當四十一頃六十六畝一百六十步爲一方，歲以九月，令、佐分地計量，驗地土肥瘠，定其色號，分爲五等，以地之等，均定税數。又有免行錢者，約京師百物諸行利入厚薄，皆令納錢，與免行户祗應。自是四方争言農田水利，古陂廢堰，悉務興復。又令民封狀增價以買坊場，又增茶鹽之額，又設措置河北糴便司，廣積粮穀于臨流州縣，以備饋運。由是賦斂愈重，而天下騷然矣。

御史中丞呂誨論安石過失十事，帝爲出誨，安石薦呂公著代之。韓琦諫疏至，帝感悟，欲從之，安石求去。司馬光答詔，有「士夫沸騰，黎民騷動」之語，安石怒，抗章自辨，帝爲巽辭謝，令呂惠卿諭旨，韓絳又勸帝留之。安石入謝，因爲上言中外大臣、從官、臺諫、朝士朋比之情，且曰：「陛下欲以先王之正道勝天下流俗，故與天下流俗相爲重輕。流俗權重，則天下之人歸流俗；陛下權重，則天下之人歸陛下。權者與物相爲重輕，雖千鈞之物，所加損不過銖兩而移。今姦人欲敗先王之正道，以沮陛下之所爲。於是陛下與流俗之權適争輕重之時，加銖兩之力，則用力至微，而天下之權，已歸于流俗矣，此所以紛紛也。」上以爲然。安石乃視事，琦説不得行。

安石與光素厚，光援朋友責善之義，三詒書反覆勸之，安石不樂。帝用光副樞密，光辭未拜而安石出，命遂寢。公著雖爲所引，亦以請罷新法出潁州。御史劉述、劉琦、錢顗、孫昌齡、王子韶、程顥、張戩、陳襄、陳薦、謝景温、楊繪、劉摯，諫官范純仁、李常、孫覺、胡宗愈皆不得其言，相繼去。驟用秀州推官李定爲御史，知制誥宋敏求、李大臨、蘇頌封還詞頭，御史林旦、薛昌朝、范育論定不孝，皆罷逐。翰林學士范鎮三疏言青苗，奪職致仕。惠卿遭喪去，安石未知所託，得曾布，信任之，亞於惠卿。

三年十二月，拜同中書門下平章事。明年春，京東、河北有烈風之異，民大恐。帝批付中書，令省事安静以應天變，放遣兩路募夫，責監司、郡守不以上聞者。安石執不下。

開封民避保甲，有截指斷腕者，知府韓維言之，帝問安石，安石曰：「此固未可知，就令有之，亦不足怪。今士大夫睹新政，尚或紛然驚異；況於二十萬户百姓，固有惷愚爲人所惑動者，豈應爲此遂不敢一有所爲邪？」帝曰：「民言合而聽之則勝，亦不可不畏也。」

東明民或遮宰相馬訴助役錢，安石白帝曰：「知縣賈蕃乃范仲淹之壻，好附流俗，致民如是。」又曰：「治民當知其情僞利病，不可示姑息。若縱之使妄經省臺，鳴鼓邀駕，恃衆僥倖，則非所以爲政。」其彊辯背理率類此。

帝用韓維爲中丞，安石憾曩言，指爲善附流俗以非上所建立，因維辭而止。歐陽脩乞致仕，馮京請留之，安石曰：「脩附麗韓琦，以琦爲社稷臣。如此人在一郡則壞一郡，在朝廷則壞朝廷，留之安用？」乃聽之。富弼以格青苗解使相，安石謂不足以阻姦，至比之共、鯀。靈臺郎尤瑛言天久陰，星失度，宜退安石，即黥隸英州。唐坰本以安石引薦爲諫官，因請對極論其罪，謫死。文彦博言市易與下争利，致華嶽山崩。安石曰：「華山之變，殆天意爲小人發。市易之起，自爲細民久困，以抑兼并爾，於官何利焉？」閼其奏，出彦博守魏。於是吕公著、韓維，安石藉以立聲譽者也；歐陽脩、文彦博，薦己者也；富弼、韓琦，用爲侍從者也；司馬光、范鎮，交友之善者也：悉排斥不遺力。

禮官議正太廟太祖東嚮之位，安石獨定議還僖祖於祧廟，議者合争之，弗得。上元夕，從駕乘馬入宣德門，衛士訶止之，策其馬。安石怒，上章請逮治。御史蔡確言：「宿衛之士，拱扈至尊而已，宰相下馬非其處，所應訶止。」帝卒爲杖衛士，斥内侍，安石猶不平。王韶開熙河奏功，帝以安石主議，解所服玉帶賜之。

七年春，天下久旱，饑民流離，帝憂形於色，對朝嗟嘆，欲盡罷法度之不善者。安石曰：「水旱常數，堯、湯所不免，此不足招聖慮，但當修人事以應之。」帝曰：「此豈細事，朕所以恐懼者，正爲人事之未修爾。今取免行錢太重，人情咨怨，至出不遜語。自近臣以至后族，無不言其害。兩宮泣下，憂京師亂起，以爲天旱更失人心。」安石曰：「近臣不知爲誰，若兩宮有言，乃向經、曹佾所爲爾。」馮京曰：「臣亦聞之。」安石曰：「士大夫不逞者以京爲歸，故京獨聞此言，臣未之聞也。」監安上門鄭俠上疏，繪所見流民扶老攜幼困苦之狀，爲圖以獻，曰：「旱由安石所致。去安石，天必雨。」俠又坐竄嶺南。慈聖、宣仁二太后流涕謂帝曰：「安石亂天下。」帝亦疑之，遂罷爲觀文殿大學士、知江寧府，自禮部侍郎超九轉爲吏部尚書。

吕惠卿服闋，安石朝夕汲引之，至是，白爲參知政事，又乞召韓絳代己。二人守其成模，不少失，時號絳爲「傳法沙門」，惠卿爲「護法善神」。而惠卿實欲自得政，忌安石復來，因鄭俠獄陷其弟安國，又起李士寧獄以傾安石。絳覺其意，密白帝請召之。八年二月，復拜相，安石承命，即倍道來。三經義成，加尚書左僕射兼門下侍郎，以子雱爲龍圖閣直學士。雱辭，惠卿勸帝允其請，由是嫌隙愈著。惠卿爲蔡承禧所擊，居家俟命。雱風御史中丞鄧綰，復彈惠卿與知華亭縣張若濟爲姦利事，置獄鞫之，惠卿出守陳。

十月，彗出東方，詔求直言，及詢政事之未協於民者。安石率同列疏言：「晉武帝五年，彗出軫；十年，又有孛。而其在位二十八年，與乙巳占所期不合。蓋天道遠，先王雖有官占，而所信者人事而已。天文之變無窮，上下傅會，豈無偶合。周公、召公，豈欺成王哉。其言中宗享國日久，則曰『嚴恭寅畏，天命自度，治民不敢荒寧』。其言夏、商多歷年所，亦曰『德』而已。裨竈言火而驗，欲禳之，國僑不聽，則曰『不用吾言，鄭又將火』。僑終不聽，鄭亦不火。有如裨竈，未免妄誕，況今星工哉？所傳占書，又世所禁，謄寫譌誤，尤不可知。陛下盛德至善，非特賢於中宗，周、召所言，則既閱而盡之矣，豈須愚瞽復有所陳。竊聞兩宮以此爲憂，望以臣等所言，力行開慰。」帝曰：「聞民間殊苦新法。」安石曰：「祁寒暑雨，民猶怨咨，此無庸恤。」帝曰：「豈若并祁寒暑雨之怨亦無邪？」安石不悦，退而屬疾卧，帝慰勉起之。其黨謀曰：「今不取上素所不喜者暴進用之，則權輕，將有窺人間隙者。」安石是其策。帝喜其出，悉從之。時出師安南，諜得其露布，言：「中國作青苗、助役之法，窮困生民。我今出兵，欲相拯濟。」安石怒，自草敕牓詆之。

華亭獄久不成，雱以屬門下客吕嘉問、練亨甫共議，取鄧綰所列惠卿事，雜他書下制獄，安石不知也。省吏告惠卿于陳，惠卿以狀聞，且訟安石曰：「安石盡棄所學，隆尚縱横之末數，方命矯令，罔上要君。此數惡力行於年歲之間，雖古之失志倒行而逆施者，殆不如此。」又發安石私書曰「無使上知」者。帝以示安石，安石謝無有，歸以問雱，雱言其情，安石咎之。雱憤恚，疽發背死。安石暴綰罪，云「爲臣子弟求官及薦臣壻蔡卞」，遂與亨甫皆得罪。綰始以附安石居言職，及安石與吕惠卿相傾，綰極力助攻惠卿。上頗厭安石所爲，綰懼失勢，屢留之於上，其言無所顧忌；亨甫險薄，諂事雱以進，至是皆斥。

安石之再相也，屢謝病求去，及子雱死，尤悲傷不堪，力請解幾務。上益厭之，罷爲鎮南軍節度使、同平章事、判江寧府。明年，改集禧觀使，封舒國公。屢乞還將相印。元豐二年，復拜左僕射、觀文殿大學士。换特進，改封荆。哲宗立，加司空。

元祐元年，卒，年六十六，贈太傅。紹聖中，謚曰文，配享神宗廟庭。崇寧三年，又配食文宣王廟，列于顔、孟之次，追封舒王。欽宗時，楊時以爲言，詔停之。高宗用趙鼎、吕聰問言，停宗廟配享，削其王封。

初，安石訓釋詩、書、周禮，既成，頒之學官，天下號曰「新義」。晚居金陵，又作字説，多穿鑿傅會。其流入於佛、老。一時學者，無敢不傳習，主司純用以取士，士莫得自名一説，先儒傳註，一切廢不用。黜春秋之書，不使列於學官，至戲目爲「斷爛朝報」。

安石未貴時，名震京師，性不好華腴，自奉至儉，或衣垢不澣，面垢不洗，世多稱其賢。蜀人蘇洵獨曰：「是不近人情者，鮮不爲大姦慝。」作辯姦論以刺之，謂王衍、盧杞合爲一人。

安石性强忮，遇事無可否，自信所見，執意不回。至議變法，而在廷交執不可，安石傅經義，出己意，辯論輒數百言，衆不能詘。甚者謂「天變不足畏，祖宗不足法，人言不足恤」。罷黜中外老成人幾盡，多用門下儇慧少年。久之，以旱引去，洎復相，歲餘罷，終神宗世不復召，凡八年。子雱。

宋史卷三二七

王荆公安石傳

元祐元年四月癸巳，觀文殿大學士、守司空、充集禧觀使、荆國公王安石薨。

安石字介甫，撫州臨川人。父益，都官員外郎。安石少有大志，慶曆二年登進士甲科，簽書淮南節度判官廳公事。代還，例當進所業試館職，安石獨不進，特召試，亦固辭。知明州鄞縣，通判舒州，除知建昌軍，不赴。召爲群牧判官，差提點府界諸縣鎮公事，出知常州，提點江南東路刑獄。入爲三司度支判官，獻萬言書，極陳當世之務。居頃之，除直集賢院，累辭不獲命，始就職。嘉祐五年四月，除同修起居注，固辭不拜。十一月申前命，章又五上，不許。遂除知制誥，糾察在京刑獄，移判三班院，同知嘉祐八年貢舉。丁母憂，服除，英宗朝累召不赴。

神宗在藩邸，見其文異之，及即位，就除知江寧府，召爲翰林學士。初入對，上曰："方今治當何先？"安石曰："以擇術爲先。"上曰："唐太宗何如？"安石曰："陛下當以堯、舜爲法，太宗所知不遠，所爲不盡合先王，但乘隋亂，子孫又皆昏惡，所以獨見稱述。堯、舜所爲，至簡而不煩，至要而不迂，至易而不難。但末世學者不能通知，常以爲高不可及，不知聖人經世立法，以中人爲制也。"上曰："卿可謂責難於君。朕自視眇然，恐無以副卿此意。可悉意輔朕，庶同濟此道。"

一日講席，羣臣退，上留安石坐，曰："有欲從容與卿議論者。"因言："唐太宗必得魏鄭公，劉備必得諸葛亮，然後可以有爲，二子誠不世出之人也。"安石曰："陛下誠能爲堯、舜，則必有臯、夔、稷、契；陛下誠能爲高宗，則必有傅説。魏鄭公、諸葛亮皆有道者所羞，何足道哉！以天下之大，人民之衆，百年承平，學者不爲不多，然常患無人可以助治者，以陛下擇術未明，推誠未至，雖有臯、夔、稷、契之賢，亦必爲小人所蔽，因卷懷而去耳。自古患朝廷無賢者，以人君不明，好近小人故也。好近小人，則賢人雖欲自達，無由矣。」上曰：「自古治世，豈能使朝廷無小人？雖堯、舜之時，豈能無四凶？」安石曰：「唯能辨四凶而誅之，此乃所以爲堯、舜也。若使四凶得肆其讒慝，則皋、夔、稷、契亦安能苟食其禄以終身乎？」未幾，除諫議大夫、參知政事。

安石既執政，上曰：「人皆不能知卿，以爲卿但知經術，不可以經世務。」安石曰：「經術者，所以經世務也。後世所謂儒者，大抵皆庸人，故世俗皆以爲經術不可施於世務。」上曰：「朕察人情，比於卿，有欲造事傾摇者。朕嘗以吕誨爲忠實，嘗毁卿於時事不通，趙抃、唐介數以言扞塞，惟恐卿進用，卿當力變此風俗。不知卿所施設，以何爲先？」安石曰：「變風俗，立法度，最方今所急也。」於是青苗、市易、坊場、保甲、保馬、導河、免役之政相繼並興，設制置三司條例司，與知樞密院事陳升之同領之。

御史中丞吕誨論安石十事，以爲慢上無禮，見利亡義，要君取名，用情罔公，以私報怨，怙勢招權，專政害國，凌轢同位，朋姦害政，商榷財利，以動揺天下。疏奏，安石求去位，上爲出誨。知雜御史劉述、侍御史劉琦、侍御史裏行錢顗又交論安石專肆胸臆，輕易憲度，與陳升之合謀侵奪三司吏柄，願罷免以慰天下；殿中侍御史孫昌齡亦繼言，皆坐貶。同知諫院范純仁既抗疏論辨，又申中書，謂：「安石欲求近功，忘其舊學。尚法令則稱商鞅，言財利則背孟軻。鄙老成爲因循之人，棄公論爲流俗之語。異己者指爲不肖，合意者即謂才能。」且謂「宰相曾公亮依隨，參知政事趙抃不能力救，請罷安石機務，留之經筵」。詔罷純仁諫職。吕公著代吕誨爲中丞，亦請罷條例司并青苗等法；諫官孫覺、李常、胡宗愈，御史張戩、王子韶、陳襄、程顥，皆論列安石變法非是，以次罷去。

前宰相韓琦上疏論青苗法，乞罷諸路提舉官，委提點刑獄官依常平舊法行之。奏至，安石稱疾求分司，上不許。時翰林學士司馬光當批答，安石指言有「士大夫沸騰，黎民騷動」之語。上以手詔諭曰：「詔中二語，乃爲文督迫之過，而朕失於詳閲，當令吕惠卿諭指。」翌日，安石入謝，因爲上言中外大臣、從官、臺諫、朝士朋比之情，且曰：「陛下欲以先王之正道勝天下流俗，故與流俗相爲輕重。流俗權重，則天下之人歸流俗；陛下權重，則天下之人歸陛下。權者與物相爲輕重，雖千鈞之物，所加損不過銖兩而移。今姦人欲敗先王之正道，以沮天下，與流俗之權適争輕重之時，加銖兩之力，則用力至微，而天下之權已歸於流俗矣，此所以紛紛也。」上以爲然，安石乃視事。

熙寧三年十二月，拜禮部侍郎、同中書門下平章事、監修國史。御史中丞楊繪陳免役有難行者五，御史劉摯陳十害，坐黜。御史林旦、薛昌朝、范育皆以言李定忤安石，罷。知雜御史謝景温初附安石，亦以不合去。六年三月，命知制誥吕惠卿修撰經義，以安石提舉，而子雱兼同修撰，固辭，弗聽。王韶取熙、河、洮、岷、叠、宕等州，安石率群臣入賀，上解所服玉帶賜安石，遣内侍諭旨曰：「洮、河之舉，小大並疑，惟卿啓迪，迄有成功。今解所御帶賜卿，以旌卿功。」安石再拜固辭，不許。安石益自任，時論卒不與，上疑之。慈聖光獻宣仁聖烈皇后間見上，流涕言新法之不便者，且曰：「王安石亂天下。」上亦流涕，退命安石議裁損之，安石重爲解，乃已。

熙寧七年四月，上以久旱，百姓流離，憂形顔色，每輔臣進見，嗟歎懇惻，益疑法之不便。安石不悦，求避位，上固留之，請愈堅，遂拜吏部尚書、觀文殿大學士、知江寧府。仍詔出入如二府儀，大朝會綴中書門下班，依舊提舉修撰經義。明年二月，拜同中書門下平章事、昭文館大學士。六月，三經義成，拜尚書左僕射、門下侍郎。

初，吕惠卿爲安石所知，驟引至執政。安石去，惠卿遂背之。安石再相，於是起華亭詔獄，而徐禧、王古、蹇周輔三輩按之，惠卿情不得。緣練亨甫、吕嘉問以鄧綰所條惠卿事交鬭其間，復爲惠卿所中，語連安石子雱，既病，坐此憤恚而卒。安石憂傷，益不堪，祈解機務。九年十月，拜檢校太傅，依前尚書左僕射、鎮南節度、同中書門下平章事、判江寧府。安石懇辭，丐以本官領宫觀。上遣内侍王從政齎詔敦諭，須視事乃還。從政留金陵累月，安石請不已，許以使相爲集禧觀使；又累辭使臣，乃以本官爲觀文殿大學士，領使如故。

元豐三年九月，拜特進，封荆國公。哲宗即位，拜司空。明年四月癸巳薨，年六十六。再輟視朝，贈太傅，推遺表恩七人，詔所在給葬事。

紹聖初，謚文公，配享神宗廟廷，用子旁郊祀恩，贈太師。崇寧二年，詔配祀文宣王廟。政和三年，封舒王。靖康元年，從諫議大夫兼國子祭酒楊時言，停文宣王廟配享，列于從祀。建炎二年夏，以久陰不解，詔百執事赴都堂，給札條具時政闕失。司勳員外郎趙鼎言：「自紹聖以來，學術政事敗壞殘酷，禍貽社稷，其源實出於安石。今安石之患未除，不足以言政。」於是罷安石配享神宗廟廷。靖康初，廷臣有建議乞罷安石配享者，争議紛然，卒無定論，至是始決。紹興四年八月，吏部員外郎吕聰問請奪安石謚，有詔追所贈王爵。

初，安石提舉修撰經義，訓釋詩、書、周官，既成，頒之學官，天下號曰「新義」。晚歲居金陵，爲字説二十四卷，學者争傳習之，凡以經試于有司，必宗其説，少異輒不中程。先儒傳注既盡廢，士亦無復自得之學，故當時議者謂王氏之患在好使人同。靖康初，始詔有司取士擇經説優長者，無專主王氏。

安石早有盛名，其學以孟軻自許，荀況、韓愈不道也。性强忮，遇事無可否，信所見，執意不回。司馬光謂其泥古，所爲迂闊；吴奎謂嘗與安石同領羣牧，備見其自用護前。嘉祐末，韓琦作相，安石糾察在京刑獄，争刑名不當，有旨釋罪，安石堅不入謝，意琦抑之。會以憂去職，服除，三召，終琦在相位不至。神宗謂人言安石姦邪則過，但太執，不曉事耳。唐介謂安石好學，惟護前。初，除安石爲翰林學士，命下數日，琦罷相，安石始造朝。其初執政也，宰相在告，進除目出侍從官，趙抃引故事争，安石辨益强，卒從之。至議變法，上未嘗不疑，在廷臣交執不可。安石傳經義出己意，辨論輒數百言，衆人不能詘，甚者謂「天變不足畏，祖宗不足法」，又以人言是非一歸之流俗。故二年間，遍諫官、御史以安石去者凡二十人，而安石不恤也。久之，上聞兩宫言，意感悟，安石因旱引去，洎復相，歲餘罷，終神宗朝不復召者凡八年云。子雱、旁。

名臣碑傳琬琰集下卷一四

王安石傳

王安石字介甫，撫州臨川人也。父益都官員外郎。安石蚤有盛名，博聞强記，爲文動筆如飛，觀者服其精妙。舉進士高第，僉書淮南節度判官。召試館職，固辭，乃知鄞縣。安石好讀書，三日一治縣事。起堤堰，決陂塘，爲水陸之利；貸穀於民，立息以償，俾新陳相易；興學校，嚴保伍，邑人便之。通判舒州。文彦博爲相，薦安石恬退，不次進用，可以激奔競之風。尋再召試，又固辭，乃以爲羣牧判官，出知常州。由是名重天下。

提點江東刑獄，入爲三司度支判官，獻書萬餘言，極陳當世之務。居頃之，除直集賢院。累辭，不獲命，始就職。除同修起居注，固辭不拜，遂除知制誥，自是不復辭官矣。以母憂去，服除，英宗朝累召不起。

神宗即位，除知江寧府，召爲翰林學士。初入對，神宗曰：「方今治當何先？」安石曰：「以擇術爲先。」神宗曰：「唐太宗何如？」安石曰：「陛下當以堯、舜爲法，太宗所知不遠，所爲不盡合先王，但乘隋亂，子孫又皆昏愚，所以獨見稱述。堯、舜所爲，至簡而不煩，至要而不迂，至易而不難。但末世學者不能通知，常以爲高不可及，不知聖人經世立法，以中人爲制也。」神宗曰：「卿所謂責難於君，朕自視眇然，恐無以副卿此意。可悉意輔朕，庶同濟此道。」

一日講席，羣臣退，神宗留安石坐，曰：「有欲從容與卿論議者。因言唐太宗必得魏鄭公，劉備必得諸葛亮，然後可以有爲，二子誠不世出之人也。」安石曰：「陛下誠能爲堯、舜，則必有皋、夔、稷、卨；陛下誠能爲高宗，則必有傅説。魏鄭公、諸葛亮皆有道者所羞，何足道哉！以天下之大，人民之衆，百年承平，學者不爲不多，然常患無人可以助治者，以陛下擇術未明，推誠未至，雖有皋、夔、稷、卨、傅説之賢，亦必爲小人所蔽，因卷懷而去耳。自古患朝廷無賢者，以人君不明，好近小人故也。好近小人，則賢人雖欲自達無由矣。」神宗曰：「自古治世，豈能使朝廷無小人？雖堯、舜之時，不能無四凶。」安石曰：「惟能辨四凶而誅之，此乃所以爲堯、舜也。若使四凶得肆其讒慝，則皋、夔、稷、卨亦安肯苟食其禄以終身乎！」

未幾，除右諫議大夫、參知政事。安石既執政，神宗曰：「人皆不能知卿，以爲卿但知經術，不可以經世務。」安石曰：「經術者，所以經世務也。後世所謂儒者，大抵皆庸人，故世俗皆以經術不可施於世務。」神宗曰：「朕察人情，比於卿，有欲造事傾摇者。朕常以吕誨爲忠實，毁卿於時事不通；趙抃、唐介數以言扞塞，惟恐卿進用。卿當立變此風俗，不知卿所施設以何爲先？」安石曰：「變風俗，立法度，最方今所急也。」於是設制置三司條例司。與知樞密院陳升之同領之。而青苗、免役、市易、保甲等法相繼興矣。

常平倉法，以豐歲穀賤傷農，故增價收糴，使蓄積之家無由抑塞，農夫須令賤糴，凶歲穀貴傷民，故減價出糴，使蓄積之家無由邀勒，貧民須令貴糴。物價常平，公私兩利也。安石以常平法爲不善，更將糴本作青苗錢，散與人户，令出息二分，置提舉官以督之。古者，百姓出力以供在上之役，安石以爲百姓惟苦差役破産，不憚增税，乃請據家貲高下，各令出錢，雇人充役。鄉者，役人皆上等户得之，其下等、單丁、女户及品官、僧道本來無役，安石乃使之一概輸錢，於是賦斂愈重。市易之法，聽人賒貸縣官貨財，以田宅或以金帛爲抵當，三人相保則給之，皆出息什分之二，過期不輸，息外每月更加罰錢百分之二。保甲之法，始因戎狄驕傲，侵據漢唐故地，有征伐開拓之志，故置保甲。乃藉鄉村之民，二丁取一，皆授以弓弩，教之戰陣，又令河北、陝西、河東三路，皆五日一教閲，每一丁教閲，一丁供送及諸縣弓手，亦皆易以保甲，其保甲習於游惰，不復務農。京東、西兩路保甲養馬，仍各置提舉官，權任比監司。自是四方争言農田水利，古陂廢堰，悉務興復。又立賒貸之法，又令民封狀增價以買坊場，又增茶鹽之額，又設措置河北糴便司，廣積糧穀於臨流州縣，以備饋運。而天下騷然矣。

自安石變法以來，御史中丞呂誨首論其過失，安石求去位，神宗爲出誨。御史劉琦、錢顗、劉述又交論安石專肆胸臆，輕易憲度，殿中侍御史孫昌齡亦繼言，皆坐貶。同知諫院范純仁亦論安石欲求近功，忘其舊學，罷諫職。呂公著代呂誨爲中丞，亦力請罷條例司并青苗等法，諫官孫覺、李常、胡宗愈，御史張戬、王子韶、陳襄、程顥皆論安石變法非是，以次罷去。

前宰相韓琦上疏，論青苗之害，乞罷諸路提舉官，依常平舊法行之。奏至，安石稱疾，求分司，神宗不許。時翰林學士司馬光當批答，安石指言光有「士夫沸騰，黎民騷動」之語，神宗諭安石曰：「詔中二語，乃爲文督迫之過，而朕失於詳閲，當令呂惠卿諭旨。」翌日，安石入謝，因爲神宗言中外大臣、從官、臺諫、朝士朋比之情，且曰：「陛下欲以先王之正道勝天下流俗，故與流俗相爲輕重。流俗權重，則天下之人歸流俗；陛下權重，則天下之人歸陛下。權者與物相爲輕重，雖千鈞之物，所加損不過銖兩而移。今姦人欲敗先王之正道，以沮陛下之所爲。是於陛下與流俗之權適争輕重之時，加銖兩之力，則用力至微，而天下之權已歸於流俗矣，此所以紛紛也。」神宗以爲然，安石乃視事。

熙寧三年，拜禮部侍郎，同中書門下平章事、監修國史。御史中丞楊繪、御史劉摯陳免役之害坐黜，御史林旦、薛昌朝、范育皆以忤安石罷，知雜御史謝景温初附安石，亦以不合去。

六年，命知制誥吕惠卿修撰經義，以安石提舉，而以子雱兼同修撰。王韶取熙、河、洮、岷、疊、宕等州，安石率羣臣入賀，神宗解玉帶賜之，以旌其功。慈聖光獻皇后、宣仁聖烈皇后間見神宗，流涕言新法之不便者，且言：「王安石亂天下。」神宗亦流涕，退，命安石裁損之。安石重爲解，乃已。七年，神宗以久旱，益疑新法之不便，安石不悦，求避位，遂拜吏部尚書、觀文殿大學士、知江寧府。明年，復拜同中書門下平章事，昭文館大學士。三經義成，拜尚書左僕射兼門下侍郎。

初，吕惠卿爲安石所知，驟引至執政，安石去位，惠卿遂叛安石。洎安石再相，苟可以中安石，無不爲也。會安石子雱卒，安石力求去，九年，拜鎮南軍節度使、同平章事、判江寧府，安石丐奉祠，以使相爲集禧觀使，封舒國公。又辭使相，乃以左僕射爲觀文殿大學士。元豐三年，封特進，改封荆國公。安石退居金陵，始悔恨爲吕惠卿所誤，每歎曰：「吾昔交游，皆以國事相絶。」意甚自愧也。哲宗即位，拜司空，明年，薨，年六十六，贈太傅。紹聖初，謚曰文，配享神宗廟廷。崇寧二年，配享文宣王廟。政和三年，封舒王。靖康元年，停文宣王配享，列于從祀；後又罷安石配享神宗廟，而奪其王爵。

初，安石提舉修撰經義，訓釋詩、書、周官，既成，攽之學官，天下號曰「新義」。晚歲，爲字説二十四卷，學者爭傳習之，且以經試于有司，必宗其說，少異，輒不中程。先儒傳注既盡廢，士亦無復自得之學，故當時議者謂王氏之患，在好使人同己。安石又著日録七十卷，如韓琦、富弼、文彦博、司馬光、吕公著、范鎮、吕誨、蘇軾及一時之賢者，重爲毁詆，而安石不卹也。

安石性强忮，遇事無可否，自信所見，執意不回。至議變法，而在廷交執不可，安石傅經義，出己意，辨論輒數百言，衆皆不能詘。甚者謂「天變不足畏，祖宗不足法，人言不足卹」。罷黜中外老成人幾盡，多用門下儇慧少年。久之，以旱引去，洎復相，歲餘罷，終神宗世，八年不復召，而恩顧不久衰云。弟安國、安禮，子雱。

臣偁曰：「安石之遇神宗，千載一時也，而不能引君當道，乃以富國强兵爲事，擯老成，任新進，黜忠厚，崇浮薄，惡鯁正，樂諛佞，是以廉耻汨喪，風俗敗壞，孟子所謂『作於其心，害於其事，作於其事，害於其政』者，豈不然哉？烏虖！安石之學既行，則姦宄得志，假紹述之説以脅持上下，立朋黨之論以禁錮忠良，卒之民愁盗起，夷狄亂華，其禍有不可勝言者，悲夫。」

東都事略卷七九

祭文、挽辭

祭丞相荆公文

【宋】陸佃

維元祐元年，歲次丙寅，四月某朔某日某甲子，門生朝奉郎、試尚書吏部侍郎、充實録修撰陸某，謹以清酌庶羞，致祭于故司空、觀文殿大學士、贈太傅、荆國王公先生之靈。維公之道，形在言行。言爲詩、書，行則孔、孟。孰挽而生？孰推以死？天乎人乎，抑莫之使？於皇神宗，更張治具。夔一而足，二則仲父。迨龍之升，奄忽換世。公則從邁，天不憖遺。嗚呼哀哉！德喪元老，道亡真儒。嶹江、漢以濯之，而泰山其頽乎？承學諸生，無問識否，齋戒是修，矧從公久。祝之使肖，成就長養。聞訃失聲，形留神往。回也昔何敢死？賜也今將安仰？慟貌象之誰如，怳音塵之可想。嗚呼已矣，病不請禱，葬不反築，寄哀一觴，百身何贖！尚饗。

江寧府到任祭丞相荆公墓文

【宋】陸佃

維元祐七年，歲次壬申，某月朔某日某甲子，門生朝奉大夫、充龍圖閣待制、知江寧軍府事、充江南東路兵馬鈐轄陸某，謹致祭于故司空、觀文殿大學士、贈太傅、荆國王公先生之墓。嗚呼，法始乎羲，樸散而器。列靈嗣興，文始具備。祖述憲章，約成六藝。大明西没，羣星争麗。派别支分，散作百氏。歷漢更唐，衆説蠭起。天錫我公，放黜淫詖。發揮微言，貽訓萬祀。卒相裕陵，真真僞僞。義兼師友，進退鮮儷。荆山鼎成，龍去不回。公從而上，梁壞山頽。某始以諸生，得依門牆。一見如素，許以升堂。春風濯我，暴之秋陽。今也受命，來守是邦。公之所憩，蔽芾甘棠。蕙帳一空，墓柏已行。俯仰陳迹，失涕沾裳。論德叙情，以侑一觴。尚饗。

以上陶山集卷一三

代祭王荆公文

【宋】劉弇

一

噫嗟公乎，何爲其然乎！豈富貴迫而賢有智累乎？將造物者畀付施予，或嗇或賸，而羌不可以力騁乎？抑亦靈芝慶雲，止爲瑞物，而固不免夫翕霍而散與濯濯而萎者乎？且從古以爲難者，莫甚于掃不振之蠱，起久仆之痿，以與一世期乎有成。而甚者至使天子快登平之適，遭斯民無愕眙之斗駭，非守能固其初、力足以劭其後者，能之乎？然士或勇于有爲，而昧于知經，求完乎此者不踦則躓。而于斯時也，有能爍傳注之秋燐，探百聖乎虞淵，偉然號爲一家，而使後世于此有攷者，方自我作訓，則可不謂睨聖人之閫而直躋者乎！已而擲去事權，一毛九牛，凡此者人皆難之，而公或以爲易；人皆偏焉，而公可得而兼。若公者，其殆命世乎！其有待而未已者乎！然則我尚何悲乎？夫惟周衮旋待于公歸，商霖更期于説作。天下之有望于公者以此。與夫識公于四十年之契闊，而遇我如旦暮之頃，訪公于千餘里之鍾山，而輒申我以縞紵之好，吾之有得于公者亦以此。而厥望未償，撫惠方爾，一旦歸竁于漠漠之九原，功業之及人者未能幾何，而塊獨遺此平生，則吾尚何可無悲乎！噫嗟公乎，庶其來，舉予觴乎！尚饗！

二

嗚呼，麟鳳儀游，抃舞走飛，傑立一世，有公于茲。江河取東，吞吐源委，厥彙洗光，非公而誰？自古在昔，革則實難，睢盱回沉，衆所共患。或拊而跳，或諗而讙，及公有爲，卒底于安。久矣聖經，理鬱弗通，傳注披披，帊覆纆蒙。繇漢迄唐，大陊厥宗。及公有訓，孰敢啅訌？奎輝不揚，蕆我文造，冗長戚促，孰訂孰攷？朱藍等妍，鏤句雕藻。及公有作，霾翳一掃。始公熙寧，□□實舟。蕃錫大賚，天子是優。蓍蔡國經，天子是諏。人謂公進，説商旦周。公熙寧季，以位告去。孰視富貴，擲如遺屨。我徂東阡，甕牖蓬户。人謂公退，留侯疏傅。嗟嗟我公，今則已矣。來軫孔遒，未税先棿。壽則大耆，及中斯止，平先磊砢，尚可僂指。曩子晚遭，公力是藉。方公長往，余吊莫暇。音徽永沬，碎影何謝，長跽薦辭，播哀脩夜。尚饗。

龍雲集卷三〇

王丞相荆公挽詞二首

【宋】郭祥正

間世君目會，中天日月圓。裕陵龍始蟄，鍾阜鶴隨仙。畜德何人紹，成書闔國傳？回頭盡陳迹，麟石卧孤煙。

公在神明聚，公亡泰華傾。文章千古重，富貴一豪輕。若聖丘非敢，猶龍耳强名。悲風白門路，啼血送銘旌。

青山集卷一九

詔、制

王安石可三司户部副使張燾可兵部郎中制

【宋】劉攽

考績三歲，進官一等，先帝所以勵羣臣也。具官某秉哲迪義，有聲于時，能勵厥修，以宜官政，序功增位，其善厥承。

彭城集卷二十

三司度支判官祠部員外郎直集賢院同脩起居注王安石可刑部員外郎餘如故制

【宋】沈遘

敕某：左右史以記言動，以立書法，以觀後嗣，其任莫重焉。故朕選于衆，以爾安石爲之。惟爾安石，經明行修，秉君子之節；材劇志大，通聖人之方。信其可以任重而致遠，簡在乎朕心者矣。今遷爾郎位一等，蓋有司之常法，亦非朕所以畜爾之意也。爾其往服，待我之用。可。

西溪集卷六

工部郎中知制誥王安石可舊官服闋制

【宋】韓維

敕：三年之喪，祿之於家，而不敢煩以事，此朝廷所以待近臣而申孝子之情也。若夫既除而從政，則下之所當勉也。具官某，學通經術，行應法義，銜哀服禮，内外竭盡，可謂邦之俊良，民之表儀者矣。朕臨政願治久矣，想聞生之奇論，以佐不逮。其悉朕意，亟復於位。可。

南陽集卷一六

工部郎中知制誥王安石可翰林學士制

【宋】鄭獬

文王有四友，孔子曰，自吾得回，門人益親，亦有四友焉。維予之翰林先生，文章議論以輔不逮者，蓋爲先後左右之臣矣。具官某學爲世師，行爲人表。廉於自進，優處於東藩。兹有僉言，宜還中禁。俾夫左右先後，以道義輔於予，豈特專文墨視草而已哉。可。

鄖溪集卷一

召翰林學士王安石入院口宣

【宋】鄭獬

有敕：卿賢具素優，德名絶出。行潔而才茂，學深而志通。嘗奮高文，入司雅誥。適佩符於藩府，宜促駕於鋒車。更宜禁林，發潤天藻，攄忠嘉之閎論，補密勿之沈謀。副我虛懷，服兹優數。今差某官召卿入院充學士。

鄖溪集卷十

賜參知政事王安石乞退不允批答

【宋】司馬光

省表具之。卿文學高一時，名譽專四海，勇於立事，急於進賢。朕心倚之以安平，士論待之以康濟。蓋居位之尚淺，或改命之未孚，雖群言之正讙，豈同德之有間？遽求分務，深用駭聞。居就乃功，期副予望。所乞宜不允。

賜參知政事王安石不允斷來章批答

【宋】司馬光

省表具之。朕以卿材高古人，名重當世，召自巖穴，寘諸廟朝，推心委誠，言聽計用，人莫能間，衆所共知。今士夫沸騰，黎民騷動，乃欲委遠事任，退處便安。卿之私謀，固爲無憾，朕所素望，將以諉誰？祇復官常，無用辭費。所乞宜不允，仍斷來章。

以上温國文正司馬公文集卷五六

賜參知政事王安石生日禮物詔

【宋】王珪

敕：適正仲冬，陽氣孳于物始；乃生碩輔，忠謨翼於政幾。頒内閣之賜常，助高門之續祉。宜爾昌熾，屬予寵私。

華陽集卷二三

除王安石制

【宋】韓維

門下：朕考大駕親祠之制，蓋爲歲必三；稽路寢嚴配之文，其成禮者再。肆追盛典，肅舉精禋。賴上下之靈，克成熙事；酬左右之助，首及元臣。具官王安石，德蹈中和，器函方大。高議足以謀王體，純誠足以享帝心。惟民式瞻，實朕攸倚。刺六經而考制，允協厥中；總衆職以奉詞，不愆於素。仗其忠力，成我考名。峻階品所以明等威，崇表號所以識功實。陪敦多賦，流衍真封。併茂褒恩，式昭眷禮。於戲，薦四時之和氣，已賴燮諧；得萬國之歡心，更期勵翼。茂綏吉禄，永弼丕基。可特授光禄大夫，依前行尚書禮部侍郎、同中書門下平章事、監修國史、加食邑一千户、實封四百户，仍賜推忠協謀同德佐理功臣，勳封如故，主者施行。

南陽集卷一五

王安石授金紫光禄大夫禮部侍郎同中書門下平章事監修國史進封開國公加封邑功臣制

【宋】王珪

門下：夫天地至神也，非統氣運物，則功不足見於時；聖賢一道也，非經世裕民，則名不足見於後。故士莫不待辰而欲奮，志莫如得位而遂行。矧夫居三公之官，而有臨四海之勢，豈不能究利澤，躬義榮，以事施於一時，而譽動於後世者哉。具官某良心不外，德性攸尊，至學窮於聖人，貴名薄於天下。不以榮辱是非易其介，不以安危利害辭其難。方予訪落之初，勞於用賢之務，昭發猷念，預裁政幾。衆訾所傷，曾靡捐身之憚；孤忠自許，唯知報國之圖。朕與其知道者深，倚以爲相者久，茲合至公之首，肆敭大命之休。若作室，用汝爲垣墉；若濟川，用汝爲舟檝。予有違而汝弼，汝有爲而予從。於時大亨，蓋出絶會。於戲，自成湯至於帝乙，靡不懷畏相之心；若孟子學於仲尼，其唯達事君之道。尚祈交敕，卒俾蒙成。可。特授金紫光禄大夫、行尚書禮部侍郎、同中書門下平章事、監修國史、上柱國，進封開國公，食邑一千户，食實封四百户，仍賜推忠協謀佐理功臣。

華陽集卷三七，宋大詔令集卷五六

王安石罷相進吏部尚書觀文殿大學士知江寧府制

門下：入則冠宰路之重，百辟之所儀刑；出則寄帥垣之尊，萬邦之所憲法。苟非令德，奚稱異恩？粤予端揆之臣，久託機衡之任。錫之寵渥，均厥賢勞。推忠協謀同德佐理功臣、光禄大夫、行尚書禮部侍郎、同中書門下平章事、監修國史、上柱國、太原郡開國公、食邑三千一百户、食實封八百户王安石，禀明質之資，蹈柔嘉之則。學問淵博，爲時儒者之宗；議論堅明，有古直臣之烈。間疇偉望，升冠近司，憂勤百爲，夷險一節，方籍壯猷之助，且觀盛化之流。遽上封章，願還政事，確誠莫奪，茂典載加。正位天官之聯，升華殿幄之侍。仍加賦邑，以重藩維。於戲，納忠告猷，卿所素尚；尊德樂道，朕豈或忘。毋怠乃心，而不予輔。可特授行吏部尚書、觀文殿大學士、知江寧軍府事、兼管内勸農使、兼江南東路屯駐駐泊兵馬鈐轄、加食邑一千户、食實封四百户，改賜推誠保德崇仁翊戴功臣。

宋大詔令集卷六九

王安石拜昭文相制

門下：乾健坤順，二氣合而萬物通；君明臣良，一德同而百度正。眷予元老，時迺真儒。若礪與舟，世莫先於汝作；有衮及繡，人久佇於公歸。越升冢席之崇，播告路朝之聽。推誠保德崇仁翊戴功臣、觀文殿大學士、特進、行吏部尚書、知江寧府、上柱國、太原郡開國公、食邑四千六百户、食實封一千二百户王安石，信厚而簡重，敦大而高明。潛於神心，馳天人之極摯；尊厥德性，泝道義之深源。延登傑才，裨参魁柄。傳經以謀王體，考古而起治功。訓齊多方，新美萬事。爾則許國，予惟知人。讒波稽天，孰斧斫之敢鈌；忠氣貫日，雖金石而自開。向厭機衡之煩，出宣屏翰之寄。遽周歲歷，殊拂師瞻。宜還冠於宰司，以大釐於邦采。兼華上館，衍食本封。載更功號之隆，用侈台符之峻。於戲，制天下之動，爾惟樞柅；通天下之志，爾惟蓍龜。繫國重輕於乃身，毆民仁壽於當代。往服朕命，圖成厥終。可特授依前行吏部尚書、同中書門下平章事、昭文館大學士、兼譯經潤文使、加食邑一千户、食實封四百户、改賜推忠協謀同德佐理功臣。

宋大詔令集卷五六

王安石進左僕射制

周公之制禮樂，位斯貴於一時；孔子之删詩書，道蓋尊於萬世。惟三經之甚奥，曠千載以難明。若咨宗師，爰建義訓。果成編於至當，足貽惠於將來。詳竄定之勞，並需遷官之賞。唱導主張之任，宜加異數之文。屬兹良辰，告迺庶位。推忠協謀同德佐理功臣、特進、行吏部尚書、同中書門下平章事、昭文館大學士、兼譯經潤文使、上柱國、太原郡開國公、食邑五千六百户、食實封一千六百户王安石，識貫古今，術該聖賢。服仁義以維其功，仗公忠而奮其節。覺斯民也，任同伊尹之心；如蒼生何，居起謝安之志。入籌當世之務，闢至治於無窮；出納聖人之書，彰微言於不朽。質舊説之難到，正先儒之未安。理既炳于丹青，義可刊于金石。覽觀具悉，開發洪多。是用升左揆之榮，班兼東臺之要職。仍陪封邑，併示褒恩。於戲，斥乎異端，功已齊於荀、孟；見於行事，名當邁於皋、夔。往懋訏謨，輔成美化。可特授尚書左僕射兼門下侍郎、同中書門下平章事、昭文館大學士、兼譯經潤文使、加食邑一千户、食實封四百户。

宋大詔令集卷六一

王安石罷相拜太傅鎮南軍節度同中書門下平章事判江寧府制

門下：入居丞弼，用表儀於百官；出總翰藩，將師帥於九牧。地雖中外之異，體亦重輕之均。推忠協謀同德佐理功臣、特進、尚書左僕射兼門下侍郎、同中書門下平章事、昭文館大學士、監修國史、兼譯經潤文使、上柱國、太原郡開國公、食邑六千六百户、食實封二千户王安石，得古人之風，蘊真儒之學，眷方深於台甫，志彌懋於政經。挈持綱維，糾正法度。俄屬伯魚之逝，遽興王導之悲。引疾自陳，匄閑斯確。宜仍宰路之秩，載加衮鉞之榮。於戲，大官大邑以庇身，建節雖臨于鄉郡；嘉謀嘉猷而告居，乃心猶在於朝廷。約忠不忘，懷德甚邇。可特授檢校太傅、依前尚書左僕射、同中書門下平章事、使持節都督洪州諸軍事、行洪州刺史、鎮南軍節度、洪州管内觀察處置等使、判江寧府，兼管内勸農使、充河南東路兵馬鈐轄，加食邑一千户、食實封四百户，改賜推誠保德崇仁翊戴功臣。

宋大詔令集卷六九

賜王安石免陪位詔

敕：朕獲典天神，三就郊見，而在外元老，乃以疾辭，不能相予之祀，雖懷之憮然，顧不得聽也。可免赴闕陪位。故兹詔示，想宜知悉。

宋大詔令集卷一二二

王安石贈太傅制

【宋】蘇軾

敕：朕式觀古初，灼見天意。將有非常之大事，必生希世之異人。使其名高一時，學貫千載。智足以達其道，辯足以行其言。瑰瑋之文，足以藻飾萬物；卓絶之行，足以風動四方。用能於期歲之間，靡然變天下之俗。具官王安石，少學孔、孟，晚師瞿、聃。罔羅六藝之遺文，斷以己意；糠粃百家之陳迹，作新斯人。屬熙寧之有爲，冠羣賢而首用。信任之篤，古今所無。方需功業之成，遽起山林之興。浮雲何有，脱屣如遺。屢争席於漁樵，不亂羣於麋鹿。進退之美，雍容可觀。朕方臨御之初，哀疚罔極。乃眷三朝之老，邈在大江之南。究觀規模，想見風采。豈謂告終之問，在予諒闇之中。胡不百年，爲之一涕。於戲，死生用舍之際，孰能違天；贈賻哀榮之文，豈不在我？寵以師臣之位，蔚爲儒者之光。庶幾有知，服我休命。可。

蘇軾文集卷三八，宋大詔令集卷二二一

故荆國公王安石配饗孔子廟廷詔

敕門下：道術裂於百家，俗學弊於千載。士以傳注之習，汨亂其聰明，不見天地之純全，古人之大體，斯已久矣。

故荆國公王安石，由先覺之智，博聖人之經，闡性命之幽，合道德之散。訓釋奥義，開明士心，總其萬殊，會于一理。於是學者廓然如覩日月，咸知六經之爲尊，有功于孔子至矣。其施於有政，則相我神考，力追唐、虞、三代之隆，因時制宜，創法垂後。小大精粗，靡有遺餘；内聖外王，無乎不備。蓋天降大任以興斯文，孟軻以來，一人而已。朕方丕承先志，崇建膠庠，命教四方，遍于郡邑，推原其本，想見儀刑，夫時有後先，人無今昔，孔子之道，得公而明，求其所同，若合符節。春秋釋奠，其與饗之。王安石可配饗孔子廟廷，故兹詔示，想宜知悉。

宋大詔令集一五六

王安石封舒王御筆手詔

昔我神考，憫天下弊於俗學，訓釋經典，作新斯人。追述先王，興起萬事，得王安石，相與有爲，咸有一德，格于皇天。朕述而明之，聲名文物，禮樂法度，於是大備。推原所自，迄至有成，其可弭忘。夫有功而未褒，有德而未顯，非所以報功崇德也。昔趙普、潘美，王於韓、鄭；鄭康成、孔安國，從祀孔子。安石被遇先帝，與其子雱修撰經義，功不在數子之下，安石可封王爵，雱可配享文宣王廟廷。

宋大詔令集卷二二二

王安石封舒王制

敕：朕恭惟神考，追述先王，訓釋群經，以作新于俗學；興起萬世，以垂裕於後昆。蓋得兆常之人，輔成不世之烈。肆頒顯號，追賁元臣。故特進、守司空、贈太師、荆國公、食邑五千户、食實封一千七百户王安石，降命應期，自天生德。學術精微，足以窮道奥；器識宏遠，足以用事幾。負命世亞聖之才，有尊主庇民之志。入輔機政，延登宰司，力贊斯文於將興，獨爲多壬之先覺。若伊尹佐佑，厥辟咸一德以格天；若周公勤勞，王家用朞年而變俗。千載之遇，萬世有辭。朕祇遹貽謀，克篤前烈，名正而朝廷辨治，化行而華夏敉寧。道德一而風俗同，法度彰而禮樂著。原其所自，安可弭忘。想風采以如生，蓋典刑之具在。相攸南土，實既舊封。參國考章，申加王爵。噫，繼志述事，孝莫大于奉先；崇德報功，禮務隆于追遠。尚其精爽，歆此褒崇。可追封舒王，餘如故。

（宋大詔令集卷二二二）

追廢王安石配饗詔

【宋】胡寅

仰惟神祖英睿之資，勵精圖治，將以阜安宇内，威服四夷，甚盛德也。王安石首被眷求，進秉國政，所當致君堯、舜，措俗成、康，以副委屬之重。而乃文飾姦説，附會聖經，名師帝王，實慕非、鞅。以聚斂爲仁術，以法律爲德政，排擯故老，汲引憸人，變亂舊章，戕毀根本。高言大論，詆訾名節。歷事五代者，謂之知道；劇秦美新者，謂之合變。逮其流弊之極，賢人伏處，天地閉塞，禍亂相踵，率獸食人，三綱五常，寖以堙滅。而習俗既久，猶未以爲安石罪，朕甚懼焉。昔者世衰道微，暴行有作，孔子撥亂反正，寓王法于春秋，以俟後世。朕臨政願治，表章斯文，將以正人心，息邪説，使不淪胥于異學。荆舒禍本，可不懲乎？安石廢絶春秋，實與亂賊造始。今其父子從祀孔廟，禮文失秩，當議黜之。夫安石之學不息，則孔子之道不著。子大夫體朕至意，倡率于下，塞源拔本，無俾世迷，庶幾于抑水膺戎，驅猛距詖，崇夫子之事，爲聖人之徒，則予一人有辭于永世。惟子大夫之休烈，尚明聽之哉。

奏議

薦王安石呂公著劄子

【宋】歐陽脩

臣伏見陛下仁聖聰明，優容諫諍，雖有狂直之士犯顔色而觸忌諱者，未嘗不終始保全，往往亟加擢用，此自古明君賢主一作「聖王」之所難也。然而用言既難，獻言者亦不爲易。論小事者既可鄙而不足爲，陳大計者又似迂而無速效，欲微諷則未能感動，將直陳則先忤貴權。而旁有群言，奪於衆力，所陳多未施設，其人遽已改遷。致陛下有聽言之勤，而未見用言之效，頗疑言事之職，但爲速進之階。蓋緣臺諫之官，資望已峻，少加進擢，便履清華。而臣下有厭人言者，因此亦得進説，直云此輩務要官職，所以多言。使後來者其言益輕，而人主無由取信，辜陛下納諫之意，違陛下賞諫之心。臣以謂欲救其失，惟宜擇沉默端正、守節難進之臣，置之諫署，則既無干進之疑，庶或其言可信。

伏見殿中丞王安石，德行文學，爲衆所推，守道安貧，剛而不屈。司封員外郎呂公著，是夷簡之子，器識深遠，沉静寡言，富貴不染其心，利害不移其守。安石久更吏事，兼有時才，曾召試館職，固辭不就，公著性樂閑退，淡於世事，然所謂夫人不言，言必有中者也。往年陛下上遵先帝之制，增置臺諫官四員，已而中廢，復止兩員。今諫官尚有虚位，伏乞用此兩人，補足四員之數，必能規正朝廷之得失，裨益陛下之聰明。臣叨被恩榮，未知報效，苟有所見，不敢不言，取進止。

歐陽文忠公文集奏議卷一四

論王安石姦詐十事狀〔一〕

【宋】呂誨

臣竊以大姦似忠，大詐似信。惟其用捨，繫時之休否也。至如少正卯之才，言僞而辨，行僞而堅，順非而澤，强記而博，非宣父聖明，孰能去之？唐盧杞，天下謂之姦邪，惟德宗不知，終成大患。所以言知人之難，堯、舜其猶病諸。

陛下即位之初，起王安石就知江寧府，未幾召爲學士，搢紳皆慶陛下之明，擢有文之人得以

〔一〕宋文鑑卷五〇題作「論王安石」。

適其用也。及進貳台席，僉論未允，衡石之下，果不得欺其重輕也。〔一〕臣伏覩參知政事王安石，外示樸野，中藏巧詐，驕蹇慢上，陰賊害物，斯衆所共知者。臣略疏十事，皆目覩之實迹，冀上寤於宸鑒。一言近誣，萬死無避。

安石向在嘉祐中判糾察刑獄司，因開封府争鵪鶉公事，舉駮不當，御史臺累移文催促謝恩，倨傲不恭，相次仁宗皇帝上僊，未幾安石丁憂，其事遂已。安石服滿，託疾堅卧，累詔不起，終英宗朝不臣。就如有疾，陛下即位，亦合赴闕一見，稍有人臣之禮。及就除江寧府，於私計安便，然後從命。慢上無禮，其事一也。安石任小官，每一遷轉，遜避不已。自知江寧府，除翰林學士，不聞固辭。先帝臨朝，則有山林獨往之思；陛下即位，乃有金鑾侍從之樂。何慢於前而恭於後？見利忘義，豈其心乎？好名欲進，其事二也。人主延對經術之士，講解先王之道，設侍講、侍讀常員。執經在前，乃進説，非傳道也。安石居是職，遂請坐而講説，將屈萬乘之重，自取師氏之尊。真不識上下之儀，君臣之分，況明道德以輔益聰明者乎？但要君取名而已，其事三也。安石自居政府，事無大小，與同列異議，或因奏對留身進説，多乞御批自中而下，以塞同列、沮公論，是則掠美於己，非則斂怨於君。用情罔公，其事四也。安石自糾察司舉駮多不中理，與

〔一〕宋文鑑卷五〇「果不得欺其重輕也」後尚有「古人曰：廟堂之上，非草茅所當言，正謂是也」一句。

法官争論刑名不一，常懷忿隙。昨許遵誤斷謀殺公事，力爲主張，妻謀殺夫，用按問欲舉減等科罪，挾情壞法，以報私怨。兩制定奪，但聞朋附；二府看詳，亦皆畏避。徇私報怨，其事五也。主試安石初入翰林，未聞進一士之善，首率同列稱弟安國之才。朝廷與狀元恩例，猶謂之薄。主試者定文卷不優，其人遂罹中傷。小惠必報，纖仇必復，及居政府纔及半年，賣弄威福，無所不至。自是畏之者勉意俯從，附之者自鬻希進，奔走門下，唯恐其後。背公死黨，今已盛矣。怙勢招權，其事六也。宰相不視事旬日，差除自專，逐近臣補外，皆不附己者，妄言盡出聖衷，若然，不應是安石報怨之人。丞相不書敕，本朝故事未之聞也。意示作威，聳動朝著。然今政府同列依違，宰臣避忌，遂專恣而行，何施不可。專威害政，其事七也。凡奏對黼座之前，唯肆强辨。向與唐介争論謀殺刑名，遂致諠譁，衆非安石而是介。介忠勁之人，務守大體，不能以口舌勝，不幸憤懣發疽而死。自是同列尤甚畏憚，雖丞相亦退縮不敢較。其是非任性，陵轢同列，其事八也。陛下方稽法唐堯，敦睦九族，奉親愛弟，以風天下。而小人章辟光獻言，俾岐王遷居于外，離間之罪，固不容誅，上尋有旨送中書，欲正其罪。安石堅拒不從，仍進危言，以惑聖聽，意在離間，遂成其事。朋姦之迹甚明，其事九也。今邦國經費，要會在於三司，安石居政府，與知樞密者同制置三司條例，兵與財兼領之，其掌握重輕可知矣。又舉三人者勾當，八人者巡行諸路，雖名之曰商榷財利，其實動摇天下也。臣未見其利，先見其害，其事十也。

臣指陳猥瑣，煩黷高明，誠恐陛下悦其才辯，久而倚毗，情僞不得知，邪正無復辨。大奸得路，則賢者漸去，亂繇是生。臣究安石之迹，固無遠略，唯務改作，立異於人，徒文言而飾非，將罔上而欺下。臣竊憂之，誤天下蒼生，必斯人矣。伏望陛下圖治之宜，當稽于衆。方天災屢見，人情未和，唯在澄清，不宜撓濁。如安石久居廟堂，必無安静之理。臣所以瀝懇而言，不虞横禍，期感動於聰明，庶判别於真僞。況陛下志在剛決，察於隱伏，當質於士論，然後知臣之言中否。然詆訐大臣之罪，不敢苟逭，孤危若寄，職分難安，當復露章，請避怨敵。

宋諸臣奏議卷一〇九、皇朝文鑑卷五〇

論王安石姦詐十事第二狀

【宋】吕誨

臣伏蒙宸慈，差内臣李舜舉宣諭，爲言王安石事，敢不上體聖意，震恐無地。況臣世受國恩，家有忠範，惟知死節，以圖報效。

竊以我朝開基一百餘年，四方無事，前古未聞。然太平之久，事固有繫于聖慮者。以是思之，尤當謹於措置。謀謨在於得人，安危在所倚任。圖任舊德，推廣恩信，以至萬務講求利病，在乎沈機默運，不當形迹。因事制宜，修敝補廢，上應天災，務以安静，乃今日之事也。

王安石者，本以文章進，豈意遽爲輔弼？惟逢迎陛下之意，張皇一時之事。祖宗法度，首議變更。天下利源，皆欲摇動。斥逐近侍，盜弄威權。傾危老臣，欲速相位。人情甚鬱，公議不容。獨陛下未悟，信任安石，與之講求治道之要，進退天下之士。臣恐無益於盛時，徒有累於知人。陸象先曰：「天下本無事，但庸人擾之。」賈誼曰：「天下大器也，置之安處即安，置之危處即危。」斯真廟堂之論，可爲保邦之術也。臣伏望陛下深思社稷之重，判别忠邪之人，應天以篤實之誠，置器審安危之地，垂拱泰寧，天下之福也。安石進説，少加澄省。如臣者久居要職，實無補報，陛下不當奪生靈之資而益無用之臣。雖聖度并容，而公議不與，敢偷安處，以累公朝？瀝懇而言，惟祈鑒照。熙寧二年六月上。

宋諸臣奏議卷一〇九

上神宗論王安石

【宋】李常

臣聞易曰：「王臣蹇蹇，匪躬之故。」臣自惟狂瞽，冒拂天威，固已數矣。然其縷縷之誠，所以不已者，切服大易之義，知有犯無隱，不知其身之可保也。然臣非不知朝夕蒙誅，不忍輒有伏藏不盡之意，爲無窮之恨，請一二陳之，惟陛下裁擇。

臣伏見陛下即位未幾，起王安石於江湖之上，曾未數對，遂參機務，方是之時，中外相慶，以爲三代之隆可以立俟也。安石乃首建制置三司條例，天下之人始議其身任大政而專有司之事，然善士猶或恕之，謂其先公家之所不足，將佐陛下以仁義理財賦，節儉先天下，文物以道，奉養以禮，重損浮費，圖實廩庾，凡教化之事，猶有待也。已而立均輸之議，造青苗之法，天下之人固已大駭，而善士猶未之深議，謂其志在便民，均一有無，遠希先王，補耕助斂，以爲於理無嫌。及降詔取利，牽合經旨，謂周公資用於國服之息，利害已白而持之不改，雖善士不復以爲是，直謂其誑惑朝廷，愚瞽海内，所以議論交起，不可抑止者。其故何也？義與利之爲道異也。始稱倣古以行義，故君子猶或恕之，終則不顧以嗜利，雖衆人莫之與也。及發七難以拒言者，其辭迂，其理僻，天下之人，益知其所存盡於此，不復有義理之實，徒欲文過求勝，豈以生靈存亡之命、社稷安危之機爲計哉？今條例司於浮費無所節損，日造罔民之法；均輸官不能通天下之有無，百端以射利；提舉官奉青苗之令，納民於困窮。陛下固嘗謂溥天沸騰，黎民騷擾矣。夫政莫酷於剥民以無度，禍莫大於知過而不改。古之所以亡國喪天下，未有不漸於此者。

噫，今日之弊，豈難濟哉？改之而已。昔者周公蓋有過矣，孟子曰：「其爲過也，人皆見之；及其更也，人皆仰之。」孔子則自訟其過矣，曰：「丘也幸，苟有過，人必知之。」又曰：「過則勿憚改。」又曰：「過而不改，是爲過矣。」安石不知慮此，陛下又從而不悟，何也？臣亦略聞其所以遂非而不改者有三焉：不堪怨仇，與士大夫之所譏議而不改，一也。狹中自信，悦諂諛，惡誠直，遂不以爲非而不改，二也。憑依小人，日滿其門，進退榮悴，繫於事之興廢，競爲謟辭以悦之，忿言以怒之，使其持之益堅，期於必勝，不問義理之所在，因以不改，三也。此三者，皆安石自爲也，所以受敝者，陛下之百姓也；所以當慮者，陛下之社稷也。此臣所以竊爲陛下惑也，陛下仁明睿智，早聞道要，未壯御宇，享祖宗久安之基。視圖按籍，憪然悼黔首之未乂；延見卿士，慨然歎人才之不足。方欲盡收天下之英俊，共講平治之術，創爲可繼之業。今乃相與守區區之弊法，又欲卿士大夫阿意順旨而奉行之，其不然者從而竄逐之，非獨安石負陛下任使之意，陛下亦負天下所以用安石之初心矣。臣不知陛下甘其所以得利，而力行之耶？徒悦其順適心意而惡違忤之耶？抑曲徇安石而苟爲之耶？臣請陳此三者，凡苛朘巧削之不可，臣前論列多矣，不待再講而後明也。今陛下深居九重，豈盡知百姓之困苦，謂其比户温飽，倉有餘粟，篋有餘帛，可以任權數而採取之耶？四海一家，皆陛下之赤子，而欲效管仲以千里之齊罔鄰國之人耶？又況術疎策陋，爲之輒有後災乎？方今中下之户，農桑之所得，纔足以輸税者，往往皆是也。歲惡不入，不食草根木皮者寡矣，尚忍以巧歛之法而虐之乎？

今陛下甘其所以得利，臣姑以利言之。凡百姓之有兩税，猶人之有終身之病也。夏税之輸，常至九月十月，秋税之輸，常至明年四五月，秋税未絶，夏税又起催矣。每催理不足，縣令懼踰限之責，必强人吏代納，然後以鞭笞追還之，非爲令者懈慢不職，民貧不可以迫遽取辦故也。兩税病民如是，青苗錢又可及時以斂之乎？且十八路之廣，一歲之間，必有三路罹蟲蝗、水旱之災者，則其逋亡倚閣失陷之數不爲少也，又況不幸遭大饑饉，捐瘠流離，起爲盜賊所謂本利者，復何有哉？假如一歲貸錢千萬，爲利纔二百萬，臣恐二百萬之利，不足以償失陷之數，尚可望其息錢以資國用耶？且以利言之，不足以得利，較然甚著，矧悖義傷化，殘民害物，斂怨召亂，不可一二道哉？陛下雖甘其利而力行之，其無益可謂明矣。今朝廷患財用之不足，未聞陛下以節儉先天下，而一宫殿之費，或以百萬計，一宴游之費，或以數萬計。而欲錙銖取於困窮之民，偏聽獨任，非順適心意之言不取，又將悉誅而去之，是欲上下雷同，小大阿黨而無一言異者，陛下謂如此爲朝廷之福耶？非也。

孟子曰，入無法家拂士，則國常亡，又稱文王之德者曰「以謌謌昌」。凡古之所謂衆賢和於朝，與舜命九官，濟濟然和之至者，非雷同阿黨，能順適人主之心意之謂也。昔齊景公謂梁丘據曰：「據與我和。」晏子曰：「是同也，非和也。」公曰：「和與同，異乎？」曰：「和如羹焉，君所謂可而有否焉，臣獻其否，以成其可。君所謂否而有可焉，臣獻其可，以去其否。」古之君臣，以獻可替否爲和，非雷同之謂也。君臣之間，既不可雷同如此，卿士大夫進則陳力就列，退則游從講習，又可得而阿黨哉？周公之事，召公嘗不悦矣；孔子之舉，子路嘗愠見矣；子夏之言，子張嘗不取矣。昔趙宣子用韓厥爲軍司馬，厥戮其僕，宣子以爲可賀。左雄薦周舉爲尚書，舉劾其罪，雄自以爲知人。吕公著、孫覺，與王安石皆平日相友善之人也，豈欲一旦遽相絶哉？蓋朝廷之事，不可以私好廢公議，不得以枉道爲阿黨也。是朝廷之所樂得，安石所當願聞也。前日孫覺之奉詔出按，非以其法爲可行也，已而避免，豈有他哉？直以爲不俟往而知其法不可行也。陛下原其心，爲有罪者耶？吕公著，陛下任爲御史中丞矣，臣雖不知其言之詳，然禍亂之機，危亡之漸，御史中丞且不得言，孰得而言者？今摘其造辟之言以爲罪，臣恐上下顧避，大小觀望，交事鉗默，陛下聰明，不復廣矣。陛下雖罪孫覺爲反覆，公著爲誣藩鎮。天下之人，皆謂陛下爲其忤旨，又爲其忤安石之意也。儻陛下之意，皆不爲前所陳二者，姑欲曲徇安石而苟行之，則復有大駭深憂者。安石狹中自信，寖違義理，以必行爲期，以取勝爲事，無復以生靈之存亡，社稷之安危爲念，凡異己者，必致之罪而擠去之，同己者，無問能否而進擢之。臣不知陛下負扆南面，傳祖宗百年之業，而總四海九州之命，爲其遂非角勝之資；以慶賞刑誅之柄，爲其立朋報怨之具，深爲陛下不取也。

近者司馬光移書安石，條例之司、常平之使，曰可罷，則天下之人咸被其澤；曰不可罷，則天下之人咸被其害。方今生民之憂樂，國家之安危，係安石之一言爾。誠如光言，則是行與否，雖陛下不得專矣。況安石忽事而輕信，徒有忿克之心？因其性蔽而陰導之者，呂惠卿也，今安石喜怒好惡，事之用舍，唯惠卿之聽，則是生民之憂樂，國家之安危，亦不獨係於安石之一言，又係於惠卿矣。嗚呼！古之陪臣執國命，政逮大夫者，豈異此也？司馬光固非狂悖不思，以出此言也，陛下將不以爲慮耶？噫，社稷，大寶也，生靈，重事也，蓋不可忽易守也。昔詩人傷周室之大壞，不過曰：「曾是强禦，曾是掊克，曾是在位，曾是在服。」陛下試察此四者，於今爲少耶？詩曰：「不自爲政，卒勞百姓。」又曰：「盗言孔甘，亂是用餤。」臣願陛下燭之以獨智，斷之以心術，博取輿論，曲循至理，純取先王之道，改謀長世之策，無爲盗言之孔甘，殘弊百姓以階亂，豈獨臣之幸，社稷生靈之幸也。

孔子曰：「不曰如之何如之何者，吾末如之何也已矣。」蓋言智者察於未萌，明者見於未形，不使無可奈何之悔至大駭而後圖之也。臣鄙野之人，分甘貧賤，自去夏以來，四乞外任，不蒙俞允，誤被責任，復不獲避，自顧狂妄，譏訕爲多。今復發憤懣，悉肺腑愚直之誠，期死而後已。設陛下終不以其言爲然，願懲任使之失，早賜竄戮，不勝幸甚。

上神宗論王安石

【宋】司馬光

臣之不才，最出羣臣之下。先見不如吕誨，公直不如范純仁、程顥，敢言不如蘇軾、孔文仲，勇決不如范鎮。誨於安石始知政事之時，已言安石爲姦邪，謂其必敗亂天下，臣以謂安石止於不曉事與狠愎爾，不至如誨所言。今觀安石引援親黨，盤據津要，擯排異己，占固權寵。常自以己意陰贊陛下内出手詔，以決外廷之事，使天下之威福在己，而謗議悉歸於陛下。臣乃自知先見不如誨遠矣。純仁與顥皆與安石素厚，安石拔於庶寮之中，超處清要，純仁與顥覩安石所爲，不敢顧私恩、廢公議，極言其短。臣與安石南北異鄉，取舍異道，臣接安石素疎，安石待臣素薄，徒以屢嘗同寮之故，私心眷眷，不忍輕絶而預言之，因循以至今日。是臣不負安石而負陛下甚多，此其不如純仁與顥遠矣。臣承乏兩制，逮事三朝，於國家義則君臣，恩猶骨肉，覩安石專逞其狂愚，使天下生民被荼害之苦，宗廟社稷有累卵之危，臣畏懦惜身，不早爲陛下別白言之。軾與文仲皆疎遠小臣，乃敢不避陛下雷霆之威、安石虎狼之怒，上書對策，指陳其失，隳官獲譴，無所顧慮，此臣不如軾與文仲遠矣。人情誰不貪富貴、戀俸禄，鎮覩安石熒惑陛下，以佞爲忠，以忠爲佞，以是爲非，以非爲是，不勝憤懣，抗章極言，自乞致仕，甘受醜詆，杜門家居。臣顧惜禄位，爲妻子計，包羞忍恥，尚居方鎮，此臣不如鎮遠矣。

臣聞居其位者必憂其事，食其禄者必任其患，苟或不然，是爲盜竊。臣雖無似，嘗受教於君子，不忍以身爲盜竊之行。今陛下唯安石之言是信，安石以爲賢則賢，以爲愚則愚，以爲是則是，以爲非則非，謟附安石者謂之忠良，攻難安石者謂之讒慝，臣之才識，固安石之所愚，臣之議論，固安石之所非，今日所言，陛下之所謂讒慝者也。伏望陛下聖恩，裁處其罪。若臣罪與范鎮同，即乞依范鎮例致仕，若罪重於鎮，或竄或誅，所不敢逃。

宋諸臣奏議卷一一五

論王安石劄子

【宋】陳襄

臣竊以天下之道常存乎公議，公議廢，斯道或幾乎熄矣。夫人皆有是非可否之心，蓋出于理義之性，雖聖人無以異也。方其是非可否之時，苟其心不至乎有所好惡，則其言未始不公，雖匹夫匹婦之愚，猶有可取，而況士君子者乎？彼君民者，凡施一政，立一事，方且自謂吾思慮之甚精，議論之甚熟，聞其言而莫之省也，且以爲流俗之論，亦不思之甚矣。故天下之公議，常起于好惡未發之前，而失于是非相勝之後。君人者，不可不察乎此也。己以爲是而天下以爲非，己以爲非而天下以爲是焉，未可也，必待天下之人皆以爲非，然後捨焉，是衆人捨之也。故其取之於人也，無貴賤戚疏賢愚，惟恐其謀之者不多，論之者不博。道之所存，議之所從也。古者天子聽政，使公卿至于列士獻詩，瞽獻典，史獻書，師箴，瞍賦，矇誦，百工諫，庶人傳語，近臣盡規，親戚補察，瞽史教誨，耆艾脩之，而後王斟酌焉，是以事行而不悖。厲王暴虐，使人監謗，召公用是諫之而不聽，遂至流亡之患。宣王既立，用周、召以爲輔相，修文、武、成、康之遺風，而雅道復行。故其政善者，詩人美之，若雲漢、崧高之類是也。其不善者，詩人亦或箴焉，庭燎是也；或規焉，沔水是也；或誨焉，鶴鳴是也；或刺焉，祈父、白駒之類是也。故天下諸侯復宗周而王室中興焉。夫言之于人君，其取捨興亡如此之明效也。

伏自陛下享國以來，咨嗟求治，惟恐一言之不獲，一事之未聞，親降詔書，詢求闕政，每遇便殿，延訪羣臣之言，至于日昃，仍命百寮轉對，得以封事上聞，求之前王，未有陛下兼收廣聽如此之勤也。然而興事改作，惟聖其難。王安石者，道德之臣，經藝明誠，足以開導人主，不當責以有司財利之事。近置條例一司，失于過聽，事不由于宰府，謀不及于士民，耆艾不與聞，臺諫不得議，所建議者，惟門下屬吏而已矣。天下雖有是非之論，一切不聽，事行之日，中外莫不悱然非之，謂不可行。此由責任太專，而不取人言之過也。易之蠱曰：「先甲三日，後甲三日。終則有始，天行也者。」言有事而待能之時，人君欲創制申令，必先慎慮于始，又當圖成其終，猶天道之行，四時以成變化，奈何獨以一二臣之臆見而議天下之法哉？陛下雖欲從之，其如天下何？

昔者子產相鄭，鄭人有遊鄉校以論執政者，然明請毀鄉校，子產止之，曰：「夫人朝夕退而遊焉，以議執政之善否。其所善者，吾則行之，其所惡者，吾則改之，是吾師也，若之何毀之？」孔子聞之，曰：「人謂子產不仁，吾不信也。」韓愈爲之頌曰：「誠率是道，相天下君。旁通交暢，施及無垠。」蓋惜其不遇也。又曰：「四海所以不治，有君無臣，誰其嗣之？我思古人，蓋傷今不復有斯人也。」伏望陛下復雅道以行宣王之政，責近臣以子產之用心，無任一人之私言，無廢天下之公論，舉一事必稽于衆，施一政必順于民，罷去誅求之法以安人心，牽復放斥之臣以開言路，使百工羣吏咸得以職事持議箴補王闕，則可以無偏係過舉之患矣。易曰：「同人于野，亨，利涉大川。」言所同者遠，無所係吝，則道光亨，可濟大事矣。伏惟陛下留神聽納，則天下之福也。取進止。

古靈先生文集卷一八

上神宗論王安石之文有異志

【宋】楊繪

臣竊見人君獨享天下之奉，其勢至隆也。以一人而塊居深宮之中，其身至孤也。以其勢之至隆，固不可不先絶乎覬覦也。以其身之至孤，固不可不深防乎危禍也。故周易之垂訓，未嘗不戒之於無焉。如坤之初六，當一陰生之時，應建午之月，豈惟無堅冰而已，兼亦無履霜也，而曰「履霜，堅冰至」，斯不謂戒之於無哉？其象曰：「履霜堅冰，陰始凝也；馴致其道，至堅冰也。」其文言曰：「陰疑於陽必戰」、「由辨之不早辨也」。一陰始生，其卦爲姤，其九五曰「有隕自天，志不舍命也」，臨卦才二陰始生爾，聖人已逆戒之曰「至於八月有凶」，豈亦不謂戒之於無哉？蓋謂必無而忽之，則有時而或有也。謂之爲或有而備之，則必無矣。是以古聖賢者之著書立言，垂教於後世，未嘗不先以辨君臣尊卑爲首務也。昔高郢作魯議，夫以天子禮樂祀於周公之廟，止施於死者也。高郢猶著論以非之者，蓋天子之禮樂不可以兩用之。臣觀古史，凡有得建天子旌旗者，未有不至于大故，然後知高郢之論，於防微之道著也。唐陳越伊尹論亦斯之類焉，云此皆賢聖之權。臣竊謂古聖賢未嘗不以尊君卑臣爲常道，至於權者，出於聖賢之不得已，亦未敢明著於書者，蓋懼後世亂臣賊子如莽、操、師、温之輩假之以爲名也。

臣欲一言於陛下，然未委陛下恕之乎？不恕之乎？恕之，則不漏其言，臣之禍猶賒。不恕之乎，臣之禍不測。然臣豈得畏不測之禍而不進忠於陛下也？臣竊見唐賢多以所爲之文，見其人一生行事，如蓍蔡之不謬，如李紳作閔農詩，士稱其有宰相器。韓愈稱歐陽詹亦曰：「讀其書，知其於慈孝最隆也。」丁謂詩有「天門九重開，終當掉臂入」，王禹偁讀之曰：「入公門，鞠躬如也。天門豈可掉臂入乎？此人必不忠。」後果如其言。臣聞王安石文章之名久矣，嘗聞其詩曰「今人未可輕商鞅，商鞅能令政必行」，今覩其行事，已頗類之矣。臣竊嘗惑其文，今謹昧死而條之，乞陛下恕臣罪而反覆詳之。王安石雜説曰：「魯之郊也，可乎？曰：有伊尹之志，則放其君可也。有湯之仁，則絀其君可也。有周公之功，則用郊，不亦可乎？」王安石雜説曰：「周公用天子禮樂，可乎？周公之功，人臣所不能爲，天子禮樂，人臣所不得用。有人臣所不能爲之功，而報之以人臣所不得用之禮樂，此之謂稱。」王安石雜説曰：「有伊尹之志而放君，可也。有周公之功而伐兄，可也。有周之后妃之賢而求賢審官，可也。夫以后妃之賢，而佐王以有天下，其功豈小補哉？與夫婦人女子從夫子者，可同日語乎？」臣竊謂孟子勸齊王無毁明堂者，蓋當時天下無定主，故敢爾。若言之于一統之世，則孟子豈不爲罪人？今王安石於君尊臣卑、重熙累盛之朝，而顯然再三丁寧於伊尹放君、周公用天子禮樂之事，臣願陛下詳其文而防其志，臣言必死，罪不敢辭。

宋諸臣奏議卷八三

上神宗論王安石

【宋】王巖叟

臣聞事之急者無徐行，心之痛者無緩聲。今天下事急而臣已痛矣，尚忍徐行緩聲以忽君親之憂哉？臣爲此書，唯恐人知，臣不盗名；今日之事，唯恐君父不知，臣不避禍。使陛下自無心於生靈，臣雖抱忠，姑亦已矣。蓋潛聽天下深識之士相與而言曰，夫畋遊之快心，聲色之悦意，浮華之玩情，喜有溢賞，怒有過刑，雖古之歷嘗艱難而老於爲國者之所難免。而吾君以鼎盛之春秋，臨無事之天下，乃能不快心於畋遊，不悦意於聲色，不玩情於浮華，賞不以喜，刑不以怒，憂勤恭儉，唯以治道未舉於堯、舜、三代之隆爲急，此可謂盛德矣。然而有人焉，有逆常理，蠹壞萬事，以蠹陛下盛德，而使四海内外，不得覩日新之光輝，而同登於堯、舜、三代之域，此忠臣義士之所以拊膺而切齒也。

臣謹按，王安石性非忠良，心不造道，徒能著空文而欺世，談高致以要君，可謂借鳳羽翰以文梟音者矣，人以爲鳳，臣以爲梟。天下皆知陛下所存，則是求治之心，而安石所爲，乃召亂之本，陛下以腹心委安石，而安石不以腹心事陛下，自求死黨，據滿要津。司農曰布，彊悍而險刻；中丞曰綰，善柔而陰讒；曰向，剥下附上；曰起，很深；曰絳，苛佞；曰繹、曰琥，險回忮忌；曰定、曰秩，藏姦包慝；曰坰、曰確，狂誕輕狡；曰子厚、曰將，阿諛辯巧。曰宦官昉，暴横兇忍，荼毒一方，威焰所向，人莫敢指。曰唯惠卿，姦邪之才，又冠其黨，雖持喪家居，而中外畏之，猶若在朝。其下蜮狐山鬼，夜號窟居，以恐動人者，處處皆是，不足一一爲陛下道也。蓋未嘗公心求一吉士以爲朝廷，故天下謂其不以腹心事陛下者，非妄也。陛下知以權與之，而不知與之之過；知以誠信之，而不知信之之蔽。與之過，故難制；信之蔽，故易欺。三四年來，天下不知有朝廷而只知有安石，福隨其喜，禍逐其怒，四方之人，如瘖如啞，不敢吐氣，以至青天白日，舞姦攘權以斲王室而曾不畏人，此臣所以不能徐行緩聲而告也。臣知王室作之甚苦，成之甚難，陛下豈不爲祖宗愛惜之，而容他人壞之耶？臣請爲陛下疏其大者，至於紛紛交舉，以撓萬類者，未暇種種而數也。

夫王室之所以重者，雖以人主之尊，不敢以名器輕授人也，而今也塗巷之人朝遊私門，則暮紆金朱矣，取名器於萬乘之旁，而曾不少顧，安石可謂陵王室矣。王室之所以尊者，以老成在側，忠骾在庭也，而今也離間老成，棄逐忠骾，獨爲陛下引頑童，進柔佞，安石可爲卑王室矣。王室之所以彊者，以綱紀振、法度修、賞罰正也，而今也綱紀則亂之、法度則毀之、賞罰則倒之，安石可謂弱王室矣。王室之所以安者，以能使百姓有餘力而樂其生也，而今也斂於民者煩、督於民者急、奪於民者盡，而人人救死恐不暇，安石可謂危王室矣。夫王室之所以明者，以人情不壅於上聞，而萬里兼聽也，而今也朋邪壅之，或近在輦轂之下、國門之外，而君父不知，赤子嗷嗷，控告無路，安石可謂翳王室矣。忠臣義士，言之及此，往往聲淚俱發，臣知陛下方倚望太平，必以臣言爲非是，然願陛下密擇一二正人，以他事使於四方，使潛採公議。及遴選一二親信，訪於都城，使盡録衆説，則必有甚於臣所陳者矣，臣猶恐未必敢以其實告陛下也。其爲忿嫉，億兆所同，唯陛下穆然凝邃，獨不得聞。臣每思奉天之變，盧杞養成，未嘗不爲陛下寒心。故人怨而不知，天下之深忌也；以危爲安，天下之深禍也。惟陛下念之無忽。

臣嘗讀易，至於孔子之雜卦曰「親寡，旅也」，不覺爲君父掩書而泣。夫惟天下之忠信爲可親，陛下試察今左右前後之臣，皆忠信耶？非耶？爲權臣用耶？爲陛下用耶？彼其唯相朋以逢迎陛下，以窺伺陛下，以蒙蔽陛下，爲權臣地爾。而君父獨立於羣邪之中，可謂所親者寡矣。奈何以南面之尊、天下之勢、多士之盛，而自謂旅人也？陛下學備古今，獨不見朱温之事乎？先使昭宗孑然寄身於汴人之間，而後爲亂。唯天下之至明，爲能見之於至微，而破之於未大。願陛下少回天幾以照之，社稷幸甚。陛下若惓惓於其賢，以爲用之未盡，則何不静心潛思，自用之以來，四年于今，其益于陛下者何事？成於天下者何功？施於生民者何惠？可垂後來者何法？進於列位者何賢？投於四荒者何佞？陛下心通目明，能不昭覺，豈待臣一一指其人而條其事也？意者陛下數年以來，力排天下之議，主張斯人，而赧於卒不效，不果去之耶？此又臣以爲固無傷陛下之明，而適足示陛下之聖也。前日聞天下譽之則用，今日見天下怨之則舍，是用以天下，舍以天下也，陛下何私哉？不出反掌之間，而取泰於否，轉危爲安，聖人之能，孰過此者？陛下幸思臣言，勿復以爲疑。且歷古以來，賢王英主所與取天下、守天下者，莫非中原偉人。今陛下坐中原，不與中原端厚之士共之，而獨引遠荒奇邪輕淺之人與議大計，臣切恐中原豪傑有侮笑陛下於林間者矣。以陛下天資如此，自勵又如此，真得忠賢而用之，堯、舜、三代不難到，天下何時無真賢？今日取之者，非其道爾。彼真賢不以辯給爲能，不以文采爲高，不以聚斂爲智，獨能平心正意深思遠謀，爲社稷久計爾，顧肯屑圖近利以誤蒼生哉？然其人誰不欲爲君父用者，但恥以其身出於權臣之門，故逡巡晦縮而不肯進，豈嘗須臾忘陛下？陛下曠然奮英斷，自收主權，誅大姦而竄羣惡，以一清中外，而下半紙詔書以謝天下，曰：「聽任之偏，大事幾去。天啓朕明，洞掃疑蔽。今願復與士民相親也。」則可以激忠義於已闌，消禍災於欲起，堯、舜之治，咫尺在前，可不爲陛下賀也？如不留意於斯焉，後日之事，臣不忍言矣。惟陛下察之。

宋諸臣奏議卷一一六

上欽宗論王安石學術之謬

【宋】楊時

臣伏見蔡京用事二十餘年，蠹國害民，幾危宗社，人所切齒，而論其罪者，曾莫知其所本也。蓋京以繼述神宗爲名，實挾王安石以圖身利，故推尊安石，加以王爵，配享孔子廟廷。而京之所爲，自謂得安石之意，使人無得而議，其小有異者，則以不忠不孝之名目之，痛加竄黜，人皆結舌，莫敢爲言，而京得以肆意妄爲，則致今日之禍者，實安石有以啓之也。

臣謹按，安石挾管、商之術，飾六藝以文奸言，變亂祖宗法度，當時司馬光已言其爲害當見於數十年之後，今日之事，若合符契。其著爲邪說，以塗學者耳目，敗壞其心術者，不可縷數，姑即其爲今日之害尤甚者一二事以明之，則其爲邪說可見矣。

神宗皇帝常稱美漢文惜百金以罷露臺，曰：「朕爲天下守財耳。」此慎乃儉德，惟懷永圖，正宜將順，安石乃言：「陛下能以堯、舜之道治天下，雖竭天下以自奉不爲過，守財之言非正理。」曾不知堯、舜茅茨土階，未嘗竭天下自奉，其稱禹曰「克儉于家」，則竭天下以自奉者，必非堯、舜之道。其後王黼、朱勔祖其說，以應奉花石之事，竭天下之力，號爲享上，實安石竭天下自奉之說有以倡之也。其釋鳧鷖守成之詩，於末章則謂：「以道守成者，役使羣動，泰而不爲驕；宰制萬物，費而不爲侈。」夫鳧鷖之五章特曰：「鳧鷖在亹，公尸來止熏熏。旨酒欣欣，燔炙芬芬，公尸燕飲，無有後艱。」詩之所言，正謂能持盈，則神祇祖考安樂之而無艱難耳。自古釋之者，未有爲「泰而不爲驕，費而不爲侈」之說也，安石獨倡爲此說，以啓人主之侈心。其後蔡京輩輕費妄用，專以侈靡爲事，蓋祖此說耳。則安石邪說之害，豈不甚哉？臣伏望睿斷，正王安石學術之謬，追奪王爵，明詔中外，毀去配享之像，使邪說淫辭，不爲學者之惑，實天下萬世之幸。

楊龜山先生集卷一、宋諸臣奏議卷八三

論學校去取不宜黜王氏學疏

【宋】馮澥

臣聞太學者，道義之所由出，風化之源，賢士之關也。博士講明訓迪于上，子弟切磋琢磨于下，委委蛇蛇，人無異論，此誠太學之盛也。國家自崇、觀以來，行貢試之法，而鄉舉里選，徒蹈虚文，自是士失所守，而大學教養之法一切不振，士不自重，務爲輕浮，博士先生狃于黨與，各自爲説，無復至當，煽以成風。附王氏之學，則醜詆元祐之文；附元祐之學，則譏誚王氏之説，風流至此，頹敝莫回，兹今日之大患也。比者朝廷罷元祐學術之禁，不專王氏之學，陛下固欲中立不倚，六經之旨，惟其説通者取之，其謬者舍之，不主于一，此固甚盛之舉也。臣訪聞太學，校試去取于其上者，或主一偏之説；守經肄業于其下者，或執一偏之見。上下嘵嘵，甚非陛下開設學校、教養多士之意。臣又聞，臣僚上言乞罷安石配享，而謂安石之説爲邪説。朝廷從言者請罷安石配享，而列于從祀。此固公議所在，其誰以爲不然？若言者以安石之説爲邪説，則過矣。安石之釋經固不能無失也，夫孟子所謂息邪説者，謂楊朱、墨翟之言，若以安石之説，便同楊、墨之言爲邪説，則復當禁之，此所以起學者之謗，而致爲紛紛也。士之擔簦負笈，赴于天子之學，以就教養者，非特欲以進取爵禄爲心，亦顧其所養所學與操守者何如耳。今科舉在邇，爲士者若引用王氏之説，有司懷私，便爲邪説而黜落之，則其利害所係甚重，臣固不得不論也。臣願陛下明詔有司，訓敕中外，凡學校科舉考校去取，不得專主元祐之學，亦不得專主王氏之學，或傳注、或己説，惟其説之當理而已。倘有司輒敢以私好惡去取者，乞重賜斥責，庶使天下學者曉然無惑，而庠序多士得以安其心矣。

靖康要録卷六、宋蜀文輯存卷三一

上欽宗論王氏及元祐之學

【宋】崔鶠

臣伏覩詔書，詔諫臣直論得失以求實是，此見陛下求治之切也。然數十年來，王公卿相皆自蔡京出，其餘擢居要路，以待相繼而用者，又充塞乎臺省，使一門生死則一門生生，一故吏逐則一故吏來，更持政柄，互秉鈞軸。歷千百年，無一人立異；雖萬世子孫，無一人害己。此蔡京之本謀也，安得實是之言？

聞於陛下，且如馮澥近日上章，其言曰：「熙寧、元豐之間，士無異論，太學之盛也，此姦言也。昔王安石用事，除異己之人，當時名臣如富弼、韓琦、司馬光、吕公著、吕誨、吕大防、范純仁等，咸以異論斥逐，布衣之士，誰敢爲異乎？士攜策負笈，不遠千里，游乎學校，其意不過求仕宦耳。安石著三經之説，用其説者入官，不用其説者黜落，於是天下靡然雷同，不敢可否，陵夷至于今大亂，此無異論之大效也，而尚敢爲此説以熒惑人主乎？又曰：「崇寧以來，博士先生狃於黨與，各自爲説，附王氏之學，則詆毁元祐之文；服元祐之學，則詆誚王氏之説。」尤爲欺罔，豈有博士先生敢有爲元祐之學而詆誚王氏之説乎？自崇寧以來，京賊用事，以學校之法馭士人，如軍法之馭卒伍，大小相制，内外相轄，一有異論居其間，則累及上下學官，以黜免廢錮之刑待之。其意以爲一有異論，則己之罪必暴於天下、聞於人主故耳。博士先生有敢詆誚王氏者乎？

欲乞下太學，取博士講解覆視，則瀞之誕謾見矣。至如蘇軾、黄庭堅之文集，范鎮、沈括之雜説，畏其或記祖宗之事，或記名臣之説，於己不便，故一切禁之，坐以嚴刑，示以重賞，不得藏匿，則禁士異論，其法亦已密矣。瀞言爲元祐之學詆誚王氏之説，其欺罔不亦甚乎？欺罔之言公行，則實是何從而見也？然先王之求實是，亦有道矣。皇帝清問下民，周官詢于衆庶，孟子不以左右卿大夫之言爲然，必詢于國人，則實是見矣。臣乞以瀞所上言章，并臣之章，垂于象魏，揭于通衢，以驗國人之論，而賞罰之，以戒小人欺罔君父者。此陛下之福，天下之幸也。

靖康要録卷七、皇朝文鑑卷第六二

論王氏及元祐之學

【宋】李光

臣愚昧樸拙，當陛下初政，偶承乏擢寘言路，每因進對，備聞德言，未嘗不以紹復祖宗法度爲説。忠臣義士，莫不懽欣鼓舞，日須德化之成也。

臣今月十七日入臺，伏覩三省降到黄牓一道，臣寮上言，以王安石爲名世之學，發明要妙，著爲新經，天下學者翕然宗師；又言熙寧、元豐間，内外安平，公私充實，法令備具，賦役均平，其意專以王氏之説爲是，公肆誕謾，無復忌憚。以陛下聖明，未可遽欺。既以司馬光與安石俱爲天下之大賢，又云優劣等第，自有公論。觀言者之意，必不肯以光爲優，以安石爲劣。夫光與安石，行事之是非，議論之邪正，皎若白黑，雖兒童走卒，粗有知識者，莫不知之。當熙寧、元豐間，如韓琦、富弼、歐陽脩之屬尚皆無恙，安石惡其議己，皆指爲因循之人，擯斥不用，卒以憤死。恭惟太祖、太宗創業之艱難，真宗、仁宗守成之不易，規模宏遠矣，安石欲盡廢祖宗法度，則爲説曰「陛下當制法而不當制於法」；欲盡逐元老大臣，則爲説曰「陛下當化俗而不當化於俗」。蔡京兄弟，祖述其説，五十年間，搢紳受禍，生靈被害，海内流毒，而祖宗法度、元老大臣，掃蕩禁錮，幾無餘藴矣。幸賴宗廟社稷之靈，上皇悔悟，以祖宗不拔之基，全付陛下，今言者又創爲熙、豐之説，以安石爲大賢，臣恐此論一出，流聞四方，鼓惑民聽，人心一失，不可復收，非朝廷之福也。

記

荆國王文公祠堂記

【宋】陸九淵

唐、虞、三代之時，道行乎天下，夏、商叔葉，去治未遠，公卿之間，猶有典刑。伊尹適夏，三仁在商，此道之所存也。周歷之季，跡熄澤竭，人私其身，士私其學，横議蜂起，老氏以善成其私，長雄於百家，竊其遺意者，猶皆逞於天下。至漢而其術益行，子房之師，實維黄石，曹參避堂，以舍蓋公，高、惠收其成績，波及文、景者，二公之餘也。自夫子之皇皇，沮、溺、接輿之徒，固已竊議其後。孟子言必稱堯、舜，聽者爲之藐然，不絶如綫，未足以喻斯道之微也。陵夷數千百載，而卓然復見斯義，顧不偉哉？

裕陵之得公，問：「唐太宗何如主？」公對曰：「陛下每事當以堯、舜爲法，太宗所知不遠，所爲未盡合法度。」裕陵曰：「卿可謂責難於君，然朕自視眇然，恐無以副此意。卿宜悉意輔朕，庶同濟此道。」自是君臣議論，未嘗不以堯、舜相期。及委之以政，則曰：「有以助朕，勿惜盡言。」又曰：「須督責朕，使大有爲。」又曰：「天生俊明之才，可以覆庇生民，義當與之戮力，若虚捐歲月，是自棄也。」秦、漢而下，南面之君亦嘗有知斯義者乎？後之好議論者之聞斯言也，亦嘗隱之於心，以揆斯志乎？曾魯公曰：「聖知如此，安石殺身以報，亦其宜也。」公曰：「君臣相與，各欲致其義耳。爲君則自欲盡君道，爲臣則欲自盡臣道，非相爲賜也。」秦、漢而下，當塗之士亦嘗有知斯義者乎？後之好議論者之聞斯言也，亦嘗隱之於心，以揆斯志乎？惜哉，公之學不足以遂斯志，而卒以負斯志；不足以究斯義，而卒以蔽斯義也。

昭陵之日，使還獻書，指陳時事，剖析弊端，枝葉扶疏，往往切當，然覈其綱領，則曰「當今之法度，不合乎先王之法度」。公之不能究斯義，而卒以自蔽者，固見於此矣。其告裕陵，蓋無異旨。勉其君以法堯、舜，是也，而謂每事當以爲法，此豈足以法堯、舜者乎？謂太宗不足法，可也，而謂其所爲未盡合法度，此豈足以度越太宗者乎？不知言，無以知人也。公疇昔之學問，熙寧之事業，舉不遁乎使還之書。而排公者，或謂容悦，或謂迎合，或謂變其所守，或謂乖其所學，是尚得爲知公者乎？氣之相迕而不相悦，則必有相訾之言，此人之私也。公之未用，固有素訾公如張公安道、吕公獻可、蘇公明允者。夫三公者之不悦於公，蓋生於其氣之所迕。公之所蔽，則有之矣，何至如三公之言哉？英特邁往，不屑於流俗，聲色利達之習，介然無毫毛得以入於其心，潔白之操，寒於冰霜，公之質也。掃俗學之凡陋，振弊法之因循，道術必爲孔、孟，勳績必爲伊、周，公之志也。不蘄人之知，而聲光燁奕，一時鉅公名賢爲之左次，公之得此，豈偶然哉？用逢其時，君不世出，學焉而後臣之，無愧成湯、高宗。君或致疑，謝病求去，君爲責躬，始復視事，公之得君，可謂專矣。

新法之議，舉朝讙譁，行之未幾，天下恟恟，公方秉執周禮，精白言之，自信所學，確乎不疑。君子力爭，繼之以去，小人投機，密贊其決，忠樸屏伏，憸狡得志，曾不爲悟，公之蔽也。典禮爵刑，莫非天理，洪範九疇，帝實錫之，古所謂憲章、法度、典則者，皆此理也。公之所謂法度者，豈其然乎？獻納未幾，裕陵出諫院疏與公評之，至簡易之説，曰：「今未可爲簡易。修立法度，乃所以簡易也。」熙寧之政，粹於是矣。釋此弗論，尚何以費辭於其建置之末哉？爲政在人，取人以身，修身以道，修道以仁。仁，人心也。人者，政之本也，身者，人之本也，心者，身之本也。不造其本而從事其末，末不可得而治矣。大學不傳，古道榛塞，其來已久。隨世而就功名者，淵源又類出於老氏。世之君子，天常之厚，師尊載籍，以輔其質者，行於天下，隨其分量，有所補益，然而不究其義，不能大有所爲。其於當時之弊有不能正，則依違其間，稍加潤飾，以幸無禍。公方耻斯世不爲唐、虞，其肯安於是乎？蔽於其末而不究其義，世之君子，未始不與公同，而犯害則異者，彼依違其間，而公取必焉故也。熙寧排公者，大抵極詆訾之言，而不折之以至理。平者未一二，而激者居八九。上不足以取信於裕陵，下不足以解公之蔽，反以固其意，成其事，新法之罪，諸君子固分之矣。

元祐大臣，一切更張，豈所謂無偏無黨者哉？所貴乎玉者，瑕瑜不相揜也。古之信史，直書其事，是非善惡靡不畢見，勸懲鑑戒，後世所賴。抑揚損益，以附己好惡，用失情實，小人得以藉口而激怒，豈所望於君子哉？紹聖之變，寧得而獨委罪於公乎？熙寧之初，公固逆知己說之行，人所不樂，既指爲流俗，又斥以小人。及諸賢排公，已甚之辭，亦復稱是。兩下相激，事愈戾而理益不明。元祐諸公，可易轍矣，又益甚之。六藝之正，可文姦言，小人附託，何所不至。紹聖用事之人如彼其傑，新法不作，豈將遂無所竄其巧以逞其志乎？反復其手，以導崇寧之姦者，實元祐三館之儲。元豐之末，附麗匪人，自爲定策，至造詐以誣首相，則疇昔從容問學，慷慨陳義，而諸君子之所深與者也。格君之學，克知灼見之道，不知自勉，而戛戛於事爲之末，以分異人爲快，使小人得間，順投逆逞，其致一也。近世學者，雷同一律，發言盈庭，豈善學前輩者哉？

公世居臨川，罷政徙于金陵。宣和間，故廬丘墟，鄉貴人屬縣立祠其上。紹興初，常加葺焉。逮今餘四十年，隳圮已甚，過者咨嘆。今怪力之祠，綿綿不絶，而公以蓋世之英，絶俗之操，山川炳靈，殆不世有，其廟貌弗嚴，邦人無所致敬，無乃議論之不公，人心之畏疑，使至是耶？郡侯錢公，期月政成，人用輯和。繕學之既，慨然撤而新之，視舊加壯，爲之管鑰，掌于學官，以時祠焉。余初聞之，竊所敬嘆。既又屬記於余，余固悼此學之不講，士心不明，隨聲是非，無所折衷。公爲使時，舍人曾公復書切磋，有曰：「足下於今，最能取於人以爲善，而比聞有相曉者，足下皆不足之，必其理未有以奪足下之見也。」竊不自揆，得從郡侯，敬以所聞薦於祠下，必公之所樂聞也。淳熙十有五年，歲次戊申，正月初吉，邦人陸某記。

鄞縣經綸閣記

【宋】樓鑰

始慶曆七年，荆國王文公宰明之鄞縣，元祐中縣治建閣，以紀遺愛，名曰「經綸」，肖公之像而祠其下。俯仰百餘年間，嘗再興于紹興、淳熙而又廢壞。紹熙五年，知縣事莆陽吴君泰初新之，起于三月戊寅，踰月而訖工。舊觀復還而有加焉，求記于郡人樓鑰。鑰以史牒攷之，公爲縣時，世當承平，公方讀書爲文章，率三日一治縣事。垂意斯民，爲之起隄堰，決陂塘，爲水陸之利。貸穀于民，立息以償，俾新陳相易。興學校，嚴保伍，又刻善救方，立縣門外，邑人便之。此相業之權輿也。公之于鄞厚矣。觀經游之記，皆爲農田，而行歷東西十有四鄉，鄉之民畢已孚事而遂歸。上書外臺，極論浚河捕鹽利害，則公之爲政可知。詩文之傳于世，爲鄞而作者班班也。鄉有五先生，鑰之五世祖及王公、杜公皆與之定交，是以教化興行，學者競勸。後有憶鄞及憶東吴太白山等詩，則又知公之戀戀于鄞也。熙寧遇主，千載一時，盡以所行于鄞者推廣之。嗚呼，使一時奉行者皆能如公之在鄞，則天下豈以爲病哉？天下雖病之，然吾邑人之于公不敢忘也。故尸而祝之，以至于今。若吴君，可謂知務矣。政成且去，如始至然。一新縣樓，出于人之樂輸。以其餘材又爲此舉，蓋將以表先正仁民之效，慰父老甘棠之思，而示後日循吏之勸，一舉而三善具，非直爲是觀美而已也。

攻媿集卷五五

王文公祠堂記

【元】虞集

至順二年冬，中順大夫、撫州路總管府達魯花赤塔不台始至郡，時守以下官多闕，侯迺以民事爲己任，先事而憂，惻怛周至，平易之政，人甚宜之。雨暘稍愆，若致自己，且備且祈，得不爲菑。歲豐時和，郡邑安静，則求其所當爲者而盡心焉。明年，故翰林學士吴公澄就養郡中，過故宋丞相荆國王文公之舊祠，見其頹圮而歎焉。侯聞之，曰：「是吾責也。」乃出俸錢，命郡吏董彦誠、譚繼安、儒學直學饒約揭車使經营焉，樂安縣達魯花赤前進士爕理溥化，興國路經歷、前臨川縣尉張雩與郡士之有餘力者，各以私錢來助。經始於某年某月某日，以某年某月某日告成。侯介予從子宣來求篆其事于石。

按郡志，宋崇寧四年，郡守田登爲堂於守居之側，肖公像而祠之。淳熙十五年，郡守錢某更築祠，而象山陸公九淵爲之記。公故宅在城東偏鹽步嶺，有祠在焉，作而新之，則侯用吴公之言也。郡人危素將重刻公文集，吴公爲之序，既而吴公歿，侯是以徵文於予也。嗚呼，昔人之言曰，周公歿，天下無善治，奮乎百世之下，必欲建立法度，以堯、舜其君民，而又得君以行其志，則未有如公者也。況乎冰霜之操，日星之文，卓然命世之大才者乎？陸、吴二子之言，既足以極公志之所存，今昔不足於公者，又有以盡破其偏私之蔽，而世俗口耳相承之議，遂無復容喙於其間，雖公復生，亦將憮然於斯，可謂千載之定論矣。然則今侯新公祠，豈直爲觀美也哉！世之從政，果如陸子所謂出乎老氏之緒餘者，久已鮮矣，而波頽風靡之中，求如公之所謂因循、所謂流俗而不足與有爲者，亦且無之，安得有如公立志操行者哉？廉耻道喪，士習愈下，表而章之，使人士拜公之祠，瞻公之象，誦公之文，考公之行，以求公之志而有所感發焉。則貪者可以廉，懦者可以立矣。其於人心風俗豈小補哉？若夫其所以爲學者，陸、吴之言備矣，學者尚有考焉。乃作迎享送神，辭以遺之。其詞曰：

天高日晶，百世之師。野水秋雲，悠悠我思。澮澮荒陂，晨曦載暉。言采其芹，遲公來歸。山川出雲，無往不復。草有零露，在彼靈谷。尋窮于原，亦企于石。父母之邦，庶幾來食。盈庭之言，匪今斯今。邦人之云，式究予心。作者之興，實命自天。哀哀民生，何千萬年。

道園類稿卷二五

崇儒書院記

【明】鄒元標

撫州，海内名郡也。其先多明德大儒，如王荆國、曾文定、陸文安伯仲、吴草廬、康齋諸先生者，醇學粹行，斯文岱宗，遐荒遠裔，且私淑而俎豆之，矧其鄉乎？先是，明水陳公以學爲郡人士倡，曾祀象山、二吴於臨汝已，盱江近溪羅公至，每講禪刹，月餘别去，諸縉紳繼峰舒公、愚所陳公、儆默曾公、若士湯公後先議曰：「吾撫在宋，黄勉齋氏創有南湖書院以開來學，是時人材彬彬，家有絃誦，今吾等寄跡招提，謂先訓何？」屢圖恢復而議弗克就。頃，侍御督學懷魯周公歸，讀禮暇時，集諸耆碩究心名理，學博李公惟本、布衣周子某、徐子吉甫告於公曰：「昔人謂工必有肆，書院吾儒之肆也。南湖淤塞，不可復矣。臨汝稍遠，東城闉下橋禪林方圮，其東隅隙地，背峴臺而面青雲，靈谷汝水，金堤百雉，回環左右几席間，跡左隅而宫之，庶幾復還有宋遺風乎？」周公乃告邑明府吴公，吴公曰：「予以不穀牧兹土，常懼無以化誨諸人士，闡幽迪後，吾責也。」遂與周公捐金爲倡，周公復首捐田，以助來學。郡刺史張公、司理程公，力贊其成，暨縉紳諸生咸樂從事，聚材鳩工，興役於七月。其規制，臨孔道爲門，門東折而南爲大門，直甬道而上，爲堂後、爲祠，甬道東西爲號，舍悉南向，左爲閣、爲橋，江水如帶，帆檣下上，面北爲亭、爲圃，池塘晻映，竹樹蔽虧，頓還南湖偉觀，顔曰「崇儒書院」。夫以廿餘年不克就者，不三月告成，則吴公與學使之所感人者深也。諸公將涓吉，祀諸先生於堂。徐子吉甫持明府吴公、侍御周公書，及學博李公所志書院顛末，走吉水謁鄒子元標爲記。元標懷古有志，目長足短，方執筆徘徊間，偶宿禪龕，松風謖謖，明月在天，忽夢肅刺迎一儒冠者，面古眉厖，曰吴康齋先生，予請曰：「伊、周事業，先生能否？」先生曰：「老矣，惟啓沃主德，尚能效力一二。」心喜而覺，曰：「予方有事崇儒之委末，就神交名儒，豈無意乎？」謹爲之記。記曰：

夫道，一而已矣。無聖無儒，語體也；有聖有儒，語造也。孟軻氏曰「終條理者，聖之事也」，曰「大而化之之謂聖」。曰「終條理」，則必有所以始者；曰「不可知」，則必有善、信、美、大爲之基者，非聖學之正宗歟？夫子詔子夏爲儒，提衡君子、小人二語，儒本爲君子，而復有小人贋出其間，何哉？聖道如天，天體圓，圓則不可端倪；儒學如地，地體方，方則不無廉隅。蓋常論儒至有宋盛矣。其弊至模倣形跡之似，鹵莽自得之義，象山氏出，直指本心，不假修證，足醒俗學之支離，聖學至象山明矣。其弊至以情識爲性，而放蕩禮法之場，康齋氏出，嚴毅方正，師道自任，足挽末俗之頽波。迺世儒之宗聖者，一曰吾心明矣，跡涉有爲，皆足以障性而礙道；一曰吾行敦矣，語涉心性，未免逃儒而入佛，則意之過也。眎二先生之教，何如哉？二先生者，撫産也，其知則圓，其行則方，翊先聖而開來學，功灼灼如是，生其鄉不知其教，可乎？雖然，聖其的也，儒又希聖之梯也。予讀禮至儒行篇，其懿美未更僕數然，曰自立、曰特立、曰獨立、曰剛毅有執。聖人語自立、特立不一而足，命儒之意，概可想見。他日又曰：「可與適道，未可與立。」象易之恒曰：「君子以立不易方。」則立誠，儒者居身之珍也。夫所謂立者，戴仁而行，抱義而處，非禮弗履，可貧可賤，可生可死，而不可辱。六七先生者，其於聖體所見，或全或微，雖不能盡同，然居廣居，立正位，行大道，不淫、不移、不屈，則一而已。聖人者，與乾坤而合德，諸先生得易之恒者也。恒其德，洵足信今而傳後；苟不恒其德，惡足以共學而適道？登斯堂者，願勉旃哉！知欲圓而崇效天，行欲方而卑法地。若儒行闊略，藉口聖真，徹藩籬而毁廉隅，無論不足以入聖，而害政害事，良非淺鮮，亦非諸君子重道崇儒之旨矣。

或曰：「三陸孝友，二吴篤實，南豐有功六經，粹然無疵，獨荆國史有遺議，何耶？」鄒子曰：「荆公，儒而無欲者也，拜相之日，矢寒山以自老；罷相之後，托頹垣以終身。徬徨塵垢之外，逍遥無爲之業。斯其人可得而磷淄耶？當時爲諸人攻者，惟新法耳。新法之行，荆國固失之驟，新法之罷，君實亦失之激。急於罷者，若以爲弊政不可一日有，而今一一以爲良法，公固儒而有爲者也。身未執政，天下譽之不加信，及既執政，天下毁之不加沮。彼其心視毁譽如浮靄之往來太虚，公又儒而自信者也。六先生享有令譽，如無瑕之玉，公犯衆怒羣猜，如百煉之金，其趣操何後先殊焉？且麟經絶響，是非無憑久矣，九原有作，執鞭吾所忻願焉，子於公又奚疑？

鄉縉紳樂相厥成者，則瑞泉伍公、龍津陳公、谷南高公、春江劉公、養和謝公、文臺吴公、望坪祝公、念庭周公、念初聶公、繼疎吴公、諸生某等，予昔侍諸君子同官於朝，今復同棲於野，諸君子慨然先哲，示我周行，可謂一世盛事。予迂儒也，於諸先生學術，徒啜其糟粕，亡能有所發明，謹爲述其崖略如此。憶昔登太華，望金、臨諸峰，龍躍霄漢，允矣仁賢都會。於他日當齋心而來，跬武法席，謦欬德音，增所未聞，諸先生許我乎？是爲記。

畫像贊

書王荆公騎驢圖

【宋】黄庭堅

荆公晚年删定字説，出入百家，語簡而意深，常自以爲平生精力盡於此書。好學者從之請問，口講手畫，終席或至千餘字。金華俞紫琳清老嘗冠秃巾，衣掃塔服，抱字説追逐荆公之驢，往來法雲、定林，過八功德水，逍遥游亭之上，龍眠李伯時曰：「此勝事，不可以無傳也。」

豫章黄先生文集卷二七

王荆公畫像贊

【宋】王雱

列聖垂教，參差不齊。集厥大成，光于仲尼。

邵氏聞見後録卷二〇

王安石配享孔廟大成殿座像贊

【宋】某學士〔一〕

孔、孟云遠，六經中微。斯文載興，自公發揮。推闡道真，啓迪群迷。優入聖域，百世之師。

通鑑長編紀事本末卷一三〇

王荆公畫像贊

【宋】翁彦深

壯長圖書癖，老大禪寂痼，枉教黄閤開，竟把蒼生誤。

斐然集卷二六右朝奉大夫集英殿修撰翁公神道碑引

〔一〕通鑑長編紀事本末卷一三〇：「（紹聖）三年六月戊申，詔荆國公王安石配享孔子廟廷。四年五月癸亥，河東提舉學事言絳州州學申荆國公王安石未有贊，國子監乞依鄒國公例詔學士院撰贊頒降。學士，張康國、鄧洵仁也，不知撰贊者誰，當考。」

書王荆公遊鍾山圖

【宋】陸佃

荆公退居金陵，多騎驢遊鍾山，每令一人提經，一僕抱字説，前導一人，負木虎子隨之。元祐四年六月六日，伯時見訪坐小室，乘興爲予圖之。其立松下者，進士楊驥、僧法秀也。後此一夕，夢侍荆公如平生，予書「法雲在天，寶月便水」二句，「便」初作「流」字，荆公笑曰：「不若『便』字之爲愈也。」既覺，悵然自失。念昔横經座隅，語至言極，迨今閲二紀，無以異于昨夕之夢。人之生世何如也，伯時能爲我圖之乎？

題王荆公尋僧圖

【元】釋大訢

荆公操守學問，以經濟自任，及爲相，不酌夫時世之異，取周官國服爲息之意，行青苗、市易之法，如唐相房琯用春秋車戰而敗也。公猶以望重，時君相如哲宗、温公莫敢終非之。始蔣山元老期公於早歲，爲能甘澹泊如頭陀，棄名利如脱髮。故晚年閒居，若悟其失，以應夫外者，既愆於用，而是非榮辱，復何足較？不若齊得喪，一死生，以策勛于内，可窮天地、振萬世之爲得也，乃日尋禪老游，有深旨矣。後人不能悼其才，悲其志廣而用迂，復過爲詆毁，吾故取唐史論琯事，以見其義云。

蒲室集卷一四

題王荆公畫像

【清】彭家屏

公名安石，字介甫，撫州臨川人也。生宋天禧之己未年，以元祐元年卒於金陵，葬鍾山之麓。予同年顧君棟高欲爲公編緝年譜，以補藝苑之闕，且求公像繪於簡端。予因從公裔孫處得遺像覽之，橅其副本，應顧君之請，重裝潢是軸，并爲題識，付公子孫藏之，至公之文章政事，前人論之詳矣。兹不多贅，時乾隆十五年季冬月，中州彭家屏書於紫薇官舍。

王荆公年譜考略卷首之二

王荆公真贊

【清】蔡上翔

嗚呼，此何人哉？是世所傳「囚首喪面垢污不洗」，則有辨姦之蘇洵，而黄魯直云：「予嘗熟觀其風度，真視富貴如浮雲，不溺於財利酒色，一世之偉人也。」二説背馳，一越一秦，而真安在哉？我拜公像，是身非身，亦讀其書，誰與爲鄰？其爲年譜也，非徒爲面洗其垢、整風度而常新，固將貽諸衆惡必察者，而迢遥以俟乎千春也。

王荆公年譜考略卷首之二

序、題跋

跋王荆公書

【宋】蘇軾

荆公書得無法之法，然不可學，無法故。僕書畫意作似蔡君謨，稍得意似楊風子，更放似言法華。

仇池筆記卷下

跋王荆公書陶隱居墓中文

【宋】黄庭堅

熙寧中，金陵、丹陽之間，有盜發冢，得隱起甎於冢中，識者買得之。讀其書，蓋山中宰相陶隱居墓也。其文尤高妙，王荆公常誦之，因書於金陵天慶觀齋房壁間，黄冠遂以入石。予常欲摹刻於僰道，有李祥者聞之，欣然礱石來請。斯文既高妙，而王荆公書法奇古，似晉、宋間人筆墨，此固多聞廣見者之所欲得也。李君字聖祺，僰道人，喜炎黄岐雷之書，嗜好酸鹹，與世殊絶。

常從軍，得守國子四門助教。歸而杜門，家有山水奇觀，教諸子讀書而宴居，自從其所好。不喜俗人，一再見輒罵絶之，此孟子所謂有所不爲者也。

跋王荆公惠李伯牖錢帖

【宋】黄庭堅

此帖是唐輔文初捐館時也。荆公不甚知人疾痛苛癢，於伯牖有此賻卹，非常之賜也。及伯牖以疾棄官，歸金陵，又借官屋居之，間問其飢寒，以釋氏論之，似是宿債也。

跋王介甫帖

【宋】黄庭堅

余嘗評東坡文字，言語歷劫，贊揚有不能盡，所謂竭世樞機，似一滴投于巨壑者也。而此帖論劉敞侍讀晚年文字，非東坡所及，蝍蛆甘帶，鴟鴉嗜鼠，端不虚語。

以上宋黄文節公全集正集卷二五

跋王荆公禪簡

【宋】黄庭堅

荆公學佛，所謂「吾以爲龍又無角，吾以爲蛇又有足」者也。然余嘗熟觀其風度，真視富貴如浮雲，不溺於財利酒色，一世之偉人也。莫年小語，雅麗精絶，脱去流俗，不可以常理待之也。

題王荆公書後

【宋】黄庭堅

王荆公書字得古人法，出於楊虚白。虚白自書詩云：「浮世百年今過半，校它蘧瑗十年遲。」荆公此二帖近之。往時李西臺喜學書，題少師大字壁後云：「枯杉倒檜霜天老，松煙麝煤陰雨寒。我亦生來有書癖，一回入寺一回看。」西臺真能賞音，今金陵定林寺壁，荆公書數百字，未見賞音者。

以上宋黄文節公全集正集卷二六

跋元章所收荆公詩

【宋】李之儀

荆公得元章詩筆，愛之而未見其人。後從辟金陵幕下，既到而所主者去，遂不復就職。荆公奇之，總不可留。後親作行筆，録近詩凡二十餘篇寄之，字畫與常所見不類，幾與晉人不辨。頃見此字，乃知荆公未嘗不學書者也。元章懷舊戀知，故過其墳爲之形容，讀其詩可見其意也。

姑溪居士文集卷三九

跋荆公金剛經書

【宋】李之儀

骨多肉少則瘦，肉多骨少則肥。惟骨肉相稱，然後爲盡善。或謂荆公知骨而不知肉，今見此經，則知傳者不識荆公書，遽以常所見清勁爲瘦也。

姑溪居士文集卷四〇

跋荆國公書

【宋】李之儀

魯直嘗謂學顔魯公者，務期行筆持重，開拓位置，取其似是而已。獨荆公書得其骨，君謨書得其肉。君謨喜書多學，意嘗規摹。而荆公則固知其未嘗學也，然其運筆如插兩翼，凌轢于霜空雕鶚之後。比其晚年所作，紙上直欲飛動，信所謂得之心而應之手，左右逢其原者也。

跋荆公所書藥方後

【宋】李之儀

一

用藥如用人，非知其老可以任此責，則未嘗輒用，故能終始以收其功。古之人多用單方，蓋識病知藥乃如是。後人浸昧兹理，遂雜用諸品，至有君、有臣、有使，强自主宰，以文其所昧，良可嘆也。

二

作字爲文，初必謹嚴于法，造語須有所出，行筆須有所自，往往涉前人轍跡，則爲可喜。久之，語以不蹈襲爲工，字則縱横皆中程度，故能名家傳世，自成標準。凡學者從此卷首尾求之，當知吾言爲不妄發也。宛陵巨孝叔書，余三十年前曾見于李正叔家，宛陵乃其人也，最後一絶，集中不載，故未嘗見。

跋荆公薦醫生德餘奏章

【宋】李之儀

始余居當塗，蕭然環堵間，人不堪之。一人秀眉明目，持刺字前見，如有位與有聞于時者，逡巡前後，却而不敢進。余亟與之接，則以醫自名，稍即之，蓋有識，能文詞，表表秀出一時之士也。云：「我以君流落至此，邂逅此行，故相過焉。」又云：「我家金陵，世以醫行。先人從王荆公遊，寓于家學，實則雅相師友者。荆公屢勉其進取，而辭焉，曰：『是亦爲政，奚其爲爲政？醫與仕何擇？能不愧于人，不怍其行足矣。』荆公曰：『子果不凡也。』即以其術上之，其所草奏，則當時親筆，我以是藏之。非謂荆公而有夸也，姑誌一時之事，以見我先人之所不可奪。」余未之信，遂請見其藏，而聊識于後。比徙金陵，居久之，而後信其所守爲不妄，相與周旋，日愈親而愈可愛。然其相過，不辨色，則燭下。問之，乃以病告者户外之足相踵也。其來至奔走旁數百地，得一脈，死生無所憾；得一藥，無異自天而下。巧發奇中，藥入病去，如易置肘掖。獨不與在事者俱，而在事者亦莫之知也。余與所待哺者，皆恃以安。而日下徐德父兄弟亦深知之，嘗曰：「德父兄弟，君子也。我得其知，而君實先焉，他不復計。」其名修，字德餘。大觀二年八月十一日書。

跋荆公補成良臣充太醫生奏草後

【宋】李之儀

山濤啓事蓋以一時人物爲己先務，故上自朝廷公相，下至草澤方技，山所啓者，往往名世。荆公自任以天下之重，固不可以濤比，然其所因與夫因之者則異也。崇寧三年十月二十四日。

以上姑溪居士文集卷四一

四明尊堯集序

【宋】陳瓘

「臣聞先王所謂道德者，性命之理而已矣。」此王安石之精義也。有三經焉，有字説焉，有日録焉，皆性命之理也。蔡卞、蹇序辰、鄧洵武等，用心純一，主行其教。其所謂大有爲者，性命之理而已矣；其所謂繼述者，亦性命之理而已矣。其所謂一道德者，亦以性命之理而一之也；其所謂同風俗者，亦以性命之理而同之也。不習性命之理者謂之曲學，不隨性命之理者謂之流俗。黜流俗則竄其人，怒曲學則火其書。故自卞等用事以來，其所謂國是者，皆出于性命之理，不可得而動摇也。臣昨在諫省，所上章疏嘗以安石比于伊尹。伊尹，聖人也，而臣迺以安石比之者，臣于時猶蔽于國是故也。又臣所上章疏，謂安石爲神考之師。神考，堯、舜也，任用安石止于九年而已矣。初用後棄，何嘗終以安石爲是乎？臣以安石爲神考之師者，臣于此時猶蔽于國是故也。臣昨者以言取禍，幾至誅殛，賴陛下委曲保全，賜臣餘命。臣感激流涕，念念循省，得改過之義焉。蓋臣之所當改者，亦性命之理而已矣。孔子曰：「乾道變化，各正性命。」又曰：「地道無成，而代有終也。」性命之理，其有以易此乎？臣伏見治平中安石唱道之言曰：「道隆而德駿者，雖天子北面而問焉，而與之迭爲賓主。」自安石唱此説以來，幾五十年矣，國是之淵源蓋兆于此。臣聞天尊地卑，乾坤定矣，定則不可改也。天子南面，公侯北面，其可改乎？今安石性命之理，迺有天子北面之禮焉。夫天子北面以事其臣，則人臣何面以當其禮？臣于性命之理安得而不疑也？傳曰：「君之所以不臣于其臣者二：當其爲祭主，則弗臣也；當其爲師，則弗臣也。」師無北面，則是弗臣之禮也，豈有天子而可使北面者乎？漢顯宗之于桓榮，所以事之者可謂至矣，而所施之禮，亦不過滎坐東嚮而已矣。若乃以君而朝臣，以父而拜子，則是齊東野人之語，龐勛無父之教，以此爲教，豈不亂名分乎？亂名分之教，豈可學乎？臣既誤學其教，豈可以不悔乎？易曰：「不遠復，无祇悔，元吉。」臣于既往之誤，豈敢祇悔而不改乎？臣昔以安石爲神考之師，是臣重安石而輕神考也；臣昔以安石比伊尹之聖，是臣戴安石而誣陛下也。臣爲陛下耳目之官，而妄進輕誣之言，臣之罪惡如丘山矣。臣若不洗心自新，痛絶王氏，則何以明臣改過之心乎？臣之所以著尊堯集者，爲欲明臣改過之心而已矣。莊周曰：「明此以南嚮，堯之爲君也；明此以北面，舜之爲臣也。」莊周之道，虚誕無實，而不可以治天下，然于名分之際不敢不嚴也。飛蜂走蟻猶識上下，豈可以人臣自聖，而至于缺名分哉？孔子曰：「名不正則言不順，言不順則事不成。」安石北面之言，可以謂之順乎？崇此不順之教，則所述熙、豐之事何日而成乎？廢大法而立私門，啓攘奪而生後患，可謂寒心，孰大于此？臣請序而言之。

昔紹聖史官蔡卞，專用王安石日録以修神考實録，薄神考而厚安石，尊私史而壓宗廟。臣居諫省，請改裕陵實録，及在都司，進日録辨。當是之時，臣于日録未見全帙，知其爲私史而已，未知其爲增史也。自去闕以來，尋訪此書，偶得全編，遂獲周覽。竄身雖遠，不廢討論。路過長沙，曾留轉藏之語；待盡合浦，又著垂絶之文。考詆誣譏玩之言，見蔡卞僞增之意。尚謂安石趣録，皆可憑據，卞之所增，迺有誣僞。當是之時，臣于日録考之未熟，知其爲增史而已，未知其爲悖史也。蓋由臣智識昏鈍，覺悟不早，追思諫省奏章，乃至合浦舊述，語乖正理，隨俗妄談，既輕神考，又誣陛下。若他時後日，陛下以此怒臣，臣將何以自救，敢不悔乎？日録云「卿，朕師臣也」，乃安石矯造之言；又云「督責朕有爲」，豈神考親發之訓？既託訓以自譽，又託訓以輕君。輕君則訕侮譏薄，欲棄名分；自譽則驕蹇陵犯，前無祖宗。其語實繁，聊具一二，其日録云：「朕自覺材極凡庸，恐不足以有爲，恐古之賢君，皆須天資英邁。」此非託訓以輕君乎？又云：「朕頑鄙，初未有知，自卿在翰林，始得聞道德之説，心稍開悟。」此非託訓以輕君乎？又云：「卿初任講筵，勸朕以講學爲先，朕意未知以此爲急。」此非託訓以輕君乎？又云：「卿莫只是爲在位久，度朕終不足與有爲，故欲去？」此非託訓以輕君乎？又云：「所以爲君臣者，形而已矣，形故不足累卿。」此非託訓以輕君乎？訕侮輕薄，欲棄名分，可以略見于此矣。日録又云：「王安石造理深，能見得衆人所不能見。」此託詞以自譽也。又云：「如安石不是智識高遠精密，不易抵當流俗。天生明俊之才，可以庇覆生民。」此託訓以自譽也。又云：「卿無利欲，無適莫，非獨朕知卿，人亦盡知，若餘人則安可保？」此託訓以自譽也。又云：「卿才德過于人望，朕知卿了天下事有餘。」此託訓以自譽也。又云：「朕用卿豈與祖宗時宰相一般。」此託訓以自譽也。驕蹇陵犯，前無祖宗，可以略見于此矣。聖上以奉先爲孝，羣臣以承上爲忠，明知其誣，誰敢覈實？則可以箝塞衆口，可以熒惑聖聽，誣脅之術，莫工于此！始則留身乞批，以脅制于同列；終則著書矯訓，以傳述于後人。誣脅臣鄰，何足縷道，上干君父，可不辨乎！自到闕以來，至爲參政之始，不録經筵之欸對，但書七對之遊辭。載神考降問之咨詞，無一問仰及于三代。言神考但慕魏、葛，謂厥身不異皋、伊。仍于供職之初辰，首論理財之不可，恐宣利而壞俗，陳孟子之耻言。凡他人極論之辭，掠爲己説；彼所獻管、商之術，歸過先猷。書神考之謙辭，則曰「以朕比文王，豈不爲天下後世笑」；論太祖之征伐，則曰「江南李氏何嘗理曲」。恣揮悖躁之筆，盡假烈考之詞，矯誣上天，孰甚于此！祖宗之威靈如在，聖主之繼述日新，若不辨託訓之誣，何以解在天之怒？而況託訓之外，肆詆尤多。神考小心慎微，彼則曰「好察細務」；神考畏天省事，彼則曰「畏慎過當」；神考欲除苛細之法，彼則曰「元首叢脞」；神考欲寬疑似之獄，彼則曰「陛下含糊」；神考體貌勳賢，彼則曰「含容奸慝」；神考嘉納忠直，彼則曰「不懲小人」，又謂「奸罔之徒，陛下能誅殺否」？比忠良于元濟，責神考爲憲宗。謂不可以罷兵，當必殺而後已。神考守祖宗不殺之戒，以天地好生爲心，厭棄其言，眷待寖薄，先逐鄧綰，次出安石。至熙寧之末，而安石前日之所怒者復見收矣。至于元豐之末，司馬光等前日之所言者復見思矣。卞等不遵神考末命，但務圖己之私，以專紹安石爲心，以必行誅殺爲事。請于哲宗，而哲宗不許；請于陛下，而陛下拒之。人心歸仁，天助有德，遂使奸謀内潰，逆黨自彰。卞既不敢居金陵，人亦不復聖安石，悔從王氏，豈獨臣哉？朝廷縉紳，協心享上；庠序義理，士所同然。科舉藝能，孰肯遽陳其所蘊；有用之士，亦將先忍而後爲。變王氏誣君之習，合春秋尊元之義。濟濟多士，何患無人？又況安石所施，其事既往，若不自述于文字，後人安知其用心？著爲此書，天使之也。然安石著書之意，豈是便欲施行？卞所安排，非無次序。自謂舉無遺策，何乃急于流傳，宣示遠近，不太速乎？然則流傳之速，天使之也。天之右序我宋，而不助王氏，亦可知也。如臣昔者妄推安石，謂之聖人，如視蟻垤以爲泰山，如指蹄涔以爲大海。易言無責，鬼得而誅；駟不可追，齰舌何補！聖人，人倫之至也，傲上亂倫，豈聖人乎？聖人，百世之師也，教人誣僞，豈聖人乎？孔子，集大成者也，尚以不居爲謙；光武，有天下者也，猶下禁言之詔。豈可身處北面人臣之位，而甘受子雱驕僭之名乎？雱爲安石畫像贊曰：「列聖垂教，參差不齊。集厥大成，光乎仲尼。」蔡卞書之，大刻于石，與雱所撰諸書經義並行于世。臣昔以荅義應舉，析字談經，方務趣時，何敢立異？改過自新，請自今始。

于是取安石日録，編類其語，得六十五段，釐爲八門：一曰聖訓，二曰論道，三曰獻替，四曰理財，五曰邊機，六曰論兵，七曰處己，八曰寓言。事爲之論，又于逐門總而論之，凡爲論四十有九篇。合二門爲一卷，并序一卷，共爲五卷。臣以憂患之餘，精力困耗，披文索義，十不得一。加以海隅衰陋，人無賜書，神考御集，無由恭録。又日録矯誣，與御批、日歷、時政記牴牾同異，無文可考，欲校不得，但專據私書，略分真僞。雖不能盡究底蘊，亦可以闚其大概矣。凡臣之所論，以紹述宗廟爲本，以辨明聖訓爲先。蓋所述在彼，則宗廟不尊，誣詰未判，則真訓不白，何以光揚神考有爲之心？何以將順陛下述事之志？凡今之士，學古入官，身雖未試于朝廷，心亦不忘于畎畝，戴天履地，寧忍同誣？日拙心勞，徒唱爾僞。犯古今之公議，極典籍之所非，陰奉竄言，顯違格訓。安石欲置四輔，神考以爲不可；神考欲建都省，安石以爲不然。今則四輔成矣，都省毁矣，道路爲之流涕，聖主能不痛心？皆獨罪于一京，安知謀發于蔡卞？至于宿衛之法，亦敢更張；變亂舊規，創立三衛。用私史包藏之計，據新經穿鑿之文，以畏憚不改爲非，以果斷變易爲是。按書定計，以使其兄，當面贊成，退而竊喜。京且由之而不悟，他人豈測其用心？事過而闋，蹤跡乃露。賫咨痛恨，雖悔何追。在私家何足備論，于國事豈宜如此？謂塘濼未必有補，可以決水爲田；謂河北要省民徭，可以減州爲縣。至於言江南利害，則曰州縣可析；論民兵將領，則曰獎拔豪傑。四海本是一家，何爲分彼分此？大法無過宿衛，安得率爾動摇？棄舊圖新，厥意安在？昔元祐更張之始，方安石身殁之初，衆皆獨罪于惠卿，或以安石爲樸野，優加贈典，欲鎮浮薄。司馬光簡尺具存，吕惠卿責詞猶在。深懲在列，曲恕元台。凡同時議論之臣，無一人指黜安石，往往言章疑似，或干裕陵。致卞以窺伺爲心，包藏而待，潤色誣史，增污忠賢。凡愠懟曾布之言，與怒罵惠卿之語，例皆刊削，意在牢籠，欲使共述私書，將以濟其大欲。布等在其術內，卞計無一不行。良由議贈之初，不稽其敝；若使早崇名分，何至橫流？司馬光誤國之罪，可勝言哉！臣聞熙寧之初，論安石之罪而中其肺肝之隱者，呂誨一人而已矣。熙寧之末，論安石之罪而中其肺肝之隱者，呂惠卿一人而已矣。呂誨之言曰：「大奸似忠，大詐似信。外視樸野，中藏巧詐。驕蹇傲上，陰賊害物。」呂惠卿之言曰：「安石盡棄素學，而隆尚縱横之末數，以爲奇術。以至譖愬脅持，蔽賢黨奸，移怒行狠，方命矯令，罔上要君。凡此數惡，莫不備具。雖古之失志倒行而逆施者，殆不如此。平日聞望，一旦掃地，不知安石何苦而爲此也？謀身如此，以之謀國，實無遠圖。而陛下既以不可少而安之，臣固未易言也。」又曰：「陛下平日以何如人遇安石，安石平日以何等人自任？不意窘急，乃至于此。」又曰：「君臣防嫌，豈可爲安石而廢哉！」又曰：「臣之所論，皆中其肺肝之隱。」臣某竊謂，元祐臣僚于呂誨之言則譽之太過，于惠卿之言則毁之太過。此二臣者，趣向雖異，至于論安石之罪，獻忠于神考，則其言一也，豈可專譽呂誨而偏毁呂惠卿乎？偏毁惠卿，此王氏所以益熾也。元祐之偏，可不鑑哉！臣竊以天下譬如一舟，舟平則安，舟偏則危。臣之以言取禍，初緣此語，然臣自視此語，猶野人之視芹也。切于愛君，又欲貢獻，前日之欲殺臣者必益瞋矣。然臣之肝腦本是報國之物，臣若愛吝此物，則陛下不得聞安石之罪矣。陛下不得聞安石之罪，則人臣之利美咸在矣。爲我宋之臣，豈可以不思乎？乃者天子幸學，拜謁宣尼，本朝故臣，坐而不立。躋此逆像，卞倡之也。輔臣縱逆而養交，禮官舞禮而行諂。僭自内始，達于四方，萬國寒心，外夷非笑。鷩冕夷俟，載籍所無，履加于冠，何以示訓？自有中國以來，五品不遜，未有此比。然則觀此一像，而八十卷之大概可以未讀而知矣。蔡氏、鄧氏、薛氏皆塑安石之像，祠于家廟。朝拜而頌之曰：「聖矣！聖矣！」暮拜而頌之曰：「聖矣！聖矣！」國學，風化之首也，豈三家之家廟乎？臣故曰，廢大法而立私門，啓攘奪而生後患，可爲寒心，莫大于此。尊主愛國之士，孰敢以此爲是乎？是非之心，人皆有之，極天下之所非，而可以謂之國是哉！嗚呼，講先王之道，而以咈百姓爲先；論周公之功，而以僭天子爲禮。咈民歲久，蠹國日深；僭語爲胎，遂産逆像。以非爲是，態度日移，廢道任情，今甚于昔。昔者初立國是，使惇行之；惇既竄逐，移是于布；布又竄逐，移是于京。三是皆發于卞謀，三罪同歸乎誤國。然則果國是乎？果卞是乎？若以卞是爲是，則操心頗僻，賦性奸回，如鄧綰者，不當逐也；若以卞是爲是，則以塗炭必敗之語詆誣神考，如常立者，不當竄也。神考逐綰，可以見悔用安石之心；哲宗竄立，可以見斥絶安石之意。兩朝威斷，天下皆以爲至明。陛下光揚，亦以去卞爲先務。掃除舊穢，允協人心；布澤日新，上合天意。樂于將順，搢紳所同，夢闕馳誠，各恨疎遠。彼元祐、元符之籍雖漸縱弛，而人未見用；應詔上書之罪雖已釋放，而士猶沮辱。沮辱者不可復問，未用者自當退藏。其餘雖在朝廷，或非言路，明哲之士，又務保身，縱有彊聒之流，自無私史之隙。惟臣因論私史，禍隙至深，得存餘命，全由獨斷，臣之所以報聖恩者，敢不勉乎！兼臣年老病多，決知處世難久，與其齎志于歿後，寧若取義于生前？義在殺身，志惟尊主，故以臣所著日録論，名之曰四明尊堯集云。

四明尊堯集後序

【宋】陳瓘

右四明尊堯集者，芻蕘改過之書也。昔諫省所論，合浦所述，妄推王荆公以爲神考之師，又妄以王荆公擬於伊尹，議論乖錯，得罪公議，窒惕悔恨，故不敢不改也。夫芻堯者，匹夫之采薪者爾，其人未必有知，而其言或不可廢，心竊效之，此集之所以作也。聖主詢知，因命取焉，此集之所以達於上也。野人之芹，欲獻無路，適逢詔索，鼓舞而進之，自以爲適及其時，不知其可不可也。集有序，進集有表，自得罪至臺，又有謝表，瓘所以改過之因，并所以得罪之由，皆具於二序一表之中矣。夫辟雍坐像，天下之有目者無不見也；天子無北面之禮，天下之有耳者無不聞也；神考任相，先舉後黜之序，合於虞舜，天下之有心者無不知也。芻蕘雖是，亦有目有耳有心之民耳。四海九州豈獨一芻蕘哉？集衆説而進之者，乃芻蕘之任，易輕生者爾。其心以我宋爲重，而不合乎明哲保身之義，下愚不移，不可改也已。

政和元年十一月，始至竄所。二年正月，尚書省劄子委台守取索尊堯集副本。副本在明州徐璋秀才家，台守於朝旨之外遣兵官突來追攝，因之於石佛寺，然後遣兵官入家搜索，并牒明州遣兵官搜索徐璋之家。初，瓘之所撰尊堯集有二，合浦其一也，四明其二也。凡合浦所著，不忍以荆公爲非，故其論皆回隱不直之辭。每自覽此書，内愧外汗，是故離家之日，獨取改過一集置於行篋。到台不敢復閲，即以寄於數百里之外，屬友人藏之。及自石佛寺得釋，又遣僕往通州本家取索前集之藁，以俟再索。五月，果又有旨取合浦集副本。然切考批中之詔，辭旨温潤，然後知正月之索，奉行峻切，非聖主之意也。瓘自抵丹丘，詭姽尤極，人情畏惡，日甚一日。當此之時，察之於衆毁之中，知其有愛君之意，雖在危辱，或庶幾乎無憾者，復何人哉？賢士大夫嗟憫之餘，或惡其以訐爲直，或責其干時而動，或疑其所以著書者初緣私隙，或謂其所以忘生者專爲取名，往往多中其病。嗚呼，直而不訐，動而不干時，以公滅私，名實相副，此皆賢知之事也。愚不肖者，而責之以此，是乃賢士大夫樂成人之美者汎愛長厚之情爾。又或以謂，善善惡惡者，春秋之義也，芻蕘之書，曷可僭此？瓘則以爲不然。孔子曰：「吾志在春秋。」孟子曰：「乃所願，則學孔子也。」夫孔子乃萬世聖賢之父，孟子乃百世學者之兄。父其父、兄其兄者，皆子弟也。父之志、兄之願皆本於春秋，則天下之爲子爲弟者當繼其志、隨其願而已矣。義當繼隨，乃古今子弟日日常講之事，若以是爲僭，則是棄此而取彼者爲不僭矣。又況天尊地卑，即是君臣之義，凡在覆載之間，有心知血氣之類，皆由其理；由之而不知者，非不具也。父坐而子立，羔羊有之；君一而臣二，螻蟻有之。夫羊蟻芻蕘，其性雖異，而同具之本皆出乎一理。自太古易其位，則此理倒矣。芻蕘之所論者，論此而已爾。故瓘進四明表云：「豈敢有善善惡惡之辭，但欲明尊尊卑卑之義。」何嘗有僭擬之論乎？取諸羊、蟻，驗諸天地，然後知辟廱坐像及天子北面之説爲不然耳。初，建中靖國元年，蒙恩除實録院檢討官，瓘辭不敢受。當是之時，未有辟廱坐像，而王氏自聖之書已在史院矣。鋪張短薄之詞，紀述我宋之事，知而爲之，其亦忍乎？自王氏作畫贊以來，宗王氏者皆以荆公爲過孔子矣。畫贊唱於前，坐像應於後，迨今三十餘年，元祐學術雖已焚蕩，而熙寧之異論，其在人心者未泯也。如中丞呂公所陳十事，瓘盡取其言載於集中。又日録所造熙寧之初對上之言曰：「他時共致太平，惟呂惠卿一人可望。」又嘗謂：「呂太尉之學出於生知。」又熙寧之末，呂太尉宛丘奏劄之言曰：「安石聞望一旦掃地。」又謂「臣之所言，皆中安石肺肝之隱」。瓘於尊堯集亦載此語，因繫之以言曰：「呂某呂某，其趣雖異，而中其肺肝之隱，則一也。」凡集中所載，如此之類雖曰得之公議，然而取捨之際亦繫芻蕘一時之見，豈敢以私意斷其是非乎？更在後之君子審辨而已。

瓘竊謂，天下大理，譬如一身。衆賢之在身，猶手之有拳指也。其爲拳也，融納而不貳；其爲指也，分布而不一。指縮而爲拳，拳舒而爲指，或弛或張，皆此手也，一動一寂，皆此身也。身者，天下之大理也，鼓身之物，其唯手乎！聖主聖度如天，無不包覆，前日放廢之臣，時一敘復，不終棄也。一日舉而詢之，則必各有對上之言矣。開陳大理，博訪公議，則神考任相終始之意，我宋强盛不拔之本，何患於不白哉？今日芻蕘之死生何足算也！俚諺曰：「市無丹砂，勿棄赤埴。盧、華並試，野醫退藏。」此亦自然之勢也，敢不知乎！敢不知乎！前年初抵丹丘，即杜其門，默自喻曰：心所欲陳，苟已無憾，而今而後，可以忘言矣。然而録取副本，内外紛擾，又半年而後定。方追逮囚閉之時，旨外施行既不可測，顧計日前，因有係吝之意。既而愧且嘆曰：「口談致命，而心則動摇，將何以善其死哉？」念自離合浦以後，十年之間，光陰精力畢於此集矣，終誤咨詢，聲實俱墮，尚欲操之而不捨乎？初政典局，奉旨取索，瓘以此集未經奏御，非人臣所得先見，故亟封具奏，請於御前開拆，由是徑達一覽。方舜主繼堯之時，聞尊堯之説，舜心開納，留中不復降出，昔者竊聞之矣。及尚書省取索本副，劄子付台守，乃云：「其尊堯集元初進本在張商英家，已下衡州取索，兹乃實封，不下司。」密劄之語，非萬方疎遠所可遽闚者也。今除副本之外，尚如此藁，不敢復藏於私室矣。欲罄其餘語，跋於此集之後，以俟後賢。而心力疲乏，恍忽健忘，每思索文字，則悸眩不寧。臨紙數休，勉强累日，僅能終篇。人知其軀尫且死，而不知其衰耗又如此矣，雖復戀此餘生，將何以哉！又況絶禄以來，苟營活路，積垢如山，死有餘愧，雖並舉百川之水，其將何以自滌乎？就使鵂鶹之命，幸脱寬綱，而身心垢穢，亦明時之棄物矣，敢不知乎！敢不知乎！

「安養不在彼，浮雲非我有」，此涑水公所謂安樂國也，洗心之藥莫良於此。晁文元公亦云：「但以無生一方徧治衆病。」前哲之所自悟，先覺之所躬行，實告之矣，心不頓革，敢不習乎！淵冰之地，死將及之，尚敢懈乎！蓋捐書不讀，亦不復爲文，冥心待盡，自今日始。嗚呼！生而爲太平采薪之民，歿作我宋無憾之鬼，復何事哉！而今而後，真可以忘言矣。此可與知者道，難與不知者言也。政和六年八月二日，特勒停送台州羈管、前宣德郎賜緋魚袋陳瓘書於寶城之南。

四明尊堯集卷一〇

書歐陽公贈王介甫詩

【宋】王十朋

「翰林風月三千首，吏部文章二百年。老去自憐心尚在，後來誰與子争先？」此歐公贈介甫詩也。介甫不肯爲退之，故答歐公詩云：「他日略曾窺孟子，終身何敢望韓公？」由今日觀之，介甫之所成就，與退之孰優孰劣，必有能辨之者。予謂歐公此詩，可移贈東坡，贈者不失言，當者無媿色。

梅溪先生文集卷一九

跋王順伯所藏荆公詩卷

【宋】洪适

予頃在會稽，整比隸釋，始識臨川王厚之，好古博聞，賴其助爲多。作别十年，千里命駕，出其先正荆國公遺墨，展玩再三，敬書其後。

盤洲文集卷六三

跋王荆公所書佛偈

【宋】汪應辰

荆公贈太傅，其制云「少學孔、孟，晚師瞿、聃」，世或以爲有所譏。然公自謂「余幼習孔子，長聞佛、老之風而悦之」，則制詞，蓋公志也。公所書彌勒偈，此特其一爾，可見公之于異學，其篤好如此。

跋王荆公與吕申公書

【宋】汪應辰

右王介甫與吕申公書。介甫自少氣高一世，而于申公屈服推重如此。然一旦同朝議論少異，則詆之惟恐不力，況疎遠之人而欲與之較長短哉？觀末後一紙，無復異時之綢繆矣。

以上文定集卷一一

跋荆公書彌勒偈

【宋】韓元吉

阿逸多偈，讖悔法也。蔡元度自謂荆公好書此，不知幾本。豈平時行事，于心有所不安，亦如暮年捨居爲蘭若者耶？不然，是蓋學佛之末耳。

南澗甲乙稿卷一六

跋荆公詩

【宋】陸游

右荆公手書詩一卷。前六首，贈黄慶基；後七首，贈鄧鑄。石刻皆在臨川。淳熙七年七月十七日，陸某謹題。

跋半山集

【宋】陸游

右半山集二卷，皆荆公晚歸金陵後所作詩也。丹陽陳輔之嘗編纂刻本于金陵學舍，今亡矣。淳熙戊申上巳日，笠澤陸某書。

以上渭南文集卷二七

題王荆公家書

【宋】周必大

右王荆公與和甫二書。前一幅嘉祐五年爲江東提刑時，後一幅當在熙寧末或元豐初也。卷首十字，乃亡弟子柔遺跡，展讀隕涕。淳熙七年三月一日，周某子充題。

文忠集卷一五

跋王介甫彌勒偈

【宋】周必大

王荆公書楷法如此者絶少，端明胡公已茂所謂不敢以易心爲之者是也。又平生儉約，未嘗輕用縑帛，獨于佛語用之。

文忠集卷一七

跋半山老人帖

【宋】楊萬里

半山老人此帖，蓋與劉丞相之子元忠待制也。紙尾云「外物之來，寬以處之」，此老心法也。佩玉廟堂而面帶騎驢荒陂之色，觀其字，見其人。

誠齋集卷九八

題伯恭所抹荆公日録

【宋】朱熹

伯恭病中讀書，漏刻不去手。既定詩説，記古今大事，而其餘力又及此，然皆未及終篇而卒，讀者恨之。此書經楊、陳二公掊擊不遺餘力，而其肺腑之際，猶有未盡白者。今觀伯恭於書首四卷乃不加一詞，而其幾微毛髮之間皆不得有所遁。學者於此，不唯可以究觀前事而極夫治亂之源，抑亦可以反求諸心而審其得失之端矣。淳熙壬寅正月十七日，來哭伯恭之墓，而叔度出此編視予，感歎之餘，爲書其左。朱熹仲晦父。

題荆公帖　【宋】朱熹

先君子自少好學荆公書，家藏遺墨數紙，其僞作者率能辨之。先友鄧公志宏嘗論之，以其學道於河雒，學文於元祐而學書於荆舒爲不可曉者。今觀此帖，筆勢翩翩，大抵與家藏者不異，恨不使先君見之，因感咽而書于後。朱熹書。

題荆公帖　【宋】朱熹

熹家有先君子手書荆公此數詩，今觀此卷，乃知其爲臨寫本也。恐後數十年未必有能辨之者，略識于此。新安朱熹云。

以上晦庵先生朱文公文集卷八二

跋王荆公進鄴侯遺事奏稿〔一〕

【宋】朱熹

先君子少喜學荆公書，每訪其蹟。晚得此稿，以校集本，小有不同，意此爲未定也。熹常恨不曉寫進李鄴侯傳於宇文泰、蘇綽事何所預，而獨愛其紙尾三行語氣凌厲，筆勢低昂，尚有以見其跨越古今、斡旋宇宙之意，疑此非小故也。後讀熙寧奏對日録，乃得其説如此。甚矣，神宗之有志而公之得君也！然其後募兵之費竟不能損，而保甲之擾遍天下，則所謂定計數於前，必事功於後者，果何如哉？因抄日録、家傳本語以附于後，覽者有考焉。紹熙壬子春二月十九日，新安朱熹。

再跋王荆公進鄴侯遺事奏稿

【宋】朱熹

熹家所藏荆公進鄴侯家傳奏草，臨川石刻摹本，丞相益公論之詳矣。然所議上番義勇，當時竟不聞有所施行，而保甲、保馬之法，人多不以爲便，蓋鄴侯所謂得時用勢，舍勢用力，利害相

〔一〕按，此文文首尚有一段朱熹抄撮王安石奏稿及熙寧日録之語，今删去。

遠，固如此也。抑公此紙，詞氣激烈，筆勢低昂，高視一時，下陋千古。而版本文集所載，乃更爲卑順容悦之意，是必自疑其亢厲已甚而抑損之，其慮深矣。然論其實，似不若此紙之云，發於邂逅感觸之初，尤足以見其胸懷本趣之爲快也。夫以荆公之得神祖，可謂千載之一時矣。顧乃低徊若此，而猶未免有鬱鬱未盡之懷，君臣之際，功名之會。嗚呼，難哉！紹熙甲寅臘月辛巳夜讀有感，因書以識其後。

以上晦庵先生朱文公文集卷八三

跋王介甫帖一

【宋】張栻

後一帖，大理少卿許遵守京口時王丞相與之書，遵刻之石。始遵在登州論阿云獄事，丞相爲從臣，力主之。自後殺人至十惡，亦許案問自首減死，長惡惠姦，甚逆天理。今此帖乃謂遵「壽考康寧，子孫蕃衍」，由其議法求所以生之之故。蓋丞相炫於釋氏報應之説，故以長惡惠姦爲陰德。議國法而懷私利，有所爲則望其報，其心術之所安，蓋莫掩於此，予故表而出之。

跋王介甫帖二　【宋】張栻

金陵王丞相書初若不經意，細觀其間，乃有晉、宋間人用筆佳處。但與人書帖，例多匆匆草草。此數紙及予所藏者皆然，丞相平生何有許忙迫時邪？

跋王介甫帖三　【宋】張栻

予喜藏金陵王丞相字畫，辛卯歲過雪川，有持此軸來售而得之。丞相於天下事多鑿以己意，顧於字畫獨能行其所無事如此。此又其晚年所書，尤覺精到，予所藏他帖皆不及也。

以上南軒集卷三五

題王介甫荀卿論下　【宋】唐仲友

不盡仁智之道，不足以知己而愛己；能知己愛己，未有不能知人愛人者也。若其使人知己愛己，則所謂在彼者，聖人之所不能必也。今子路之言曰：「智者使人知己，仁者使人愛己。」是未知所謂在我者當盡，而在彼者不必求也。子貢之言曰：「智者知人，仁者愛人。」是雖知仁智之用，而未知其本也。獨顔淵不然，不責之人，不求之遠，反諸身而已，是可謂深知仁智者也。孔子不云乎：「克己復禮，天下歸仁焉。」孟子不云乎：「仁者如射，射者正己而後發。」由是言之，則卿之所載，誠孔子之言，闕之者過爾。

悦齋文鈔卷九

跋王荆公帖後

【宋】曾豐

右荆公手筆。外著顴頷之形，中函嫖姚之氣，頎乎喬松之聳壑，挺乎修竹之鼓風，頹乎疏梅之横水也。態度不同，同歸於清，所謂瘦硬通神幾是耶？大抵公之字猶其人。蓋嫖姚者，公得志於時，又若顴頷，則公所守固，不爲富所淫。雖身享廟廊之奉，日饜棧羊，終猶有飯蔬氣習在，其貌曾未改山澤之臞也歟？

緣督集卷二〇

跋王荆公字帖

【宋】員興宗

右一紙，荆國王文公筆也，其體簡遠殊甚。某得之於先翁通儒，通儒得之於伯祖文饒。公在翰苑時，文饒故爲賓客者也，家是以有此帖。乾道己丑冬，敬拜於大丞相圖書之聚。或曰：「世故放紛，起諸斯人，是應流爲逸塵，蕩爲冷埃，固也，是安足寶乎？相國豈少此哉？」蓋不知夫天地之間，英靈形實之相遭，凡才絶人而用物。壯者，皆當不磨者也。昔歐陽子集古之以李斯爲冠，而蘇彦瞻所受乞銘之硯，乃許敬宗物也，而況是紙也乎？相國其試以是觀之。門人九華子員某書。

九華集卷二〇

題荆公詩後

【宋】葉適

或言：「蘇公書荆公『高下數家村』詩，疑『武陵源』句爲不工，且云：『也是别無好韻。』」審爾則「欲宿娩桑門」，當又疑矣。

水心集卷二九

書陳忠肅公尊堯書後

【宋】程珌

金陵半山寺，王荆公故宅也。頃於其寺見其象，漫面不髭，氣狠而盈，故上不知有君父，中不知有賢者，下不知有生民。傲兀冥行，略無旁忌，睹象誅心，令人鬱然。讀了翁尊堯一書，千百世之下聞者爲之興起。

洺水集卷九

跋陳了齋辯王荆公日録

【宋】魏了翁

古人之學自格物致知，誠意正心，修身齊家，治國平天下，初無二本。自本諸身至證諸庶民，考諸三王，建諸天地，質諸鬼神，俟諸後聖，亦是一理。今曰不通政事却深於經術，又曰其人節行過人甚多，審如其説，是能格物致知，能正心誠意，而不能以行之天下國家。本諸身矣，而於庶民且不合，三王、後聖、天地、鬼神從可知也。此理曉然易知，而能惑世誣民於十九年間，以養成亂本，又能使紹聖以後守其説而莫之改。嗚呼，天不欲使斯世平治邪！何了齋諸人聯章累疏而莫一省也。後了齋之死一百三年，臨邛魏某撫卷太息而書其後。

鶴山先生大全文集卷六二

讀王荆公詩説跋

【元】方回

王荆公詩説極有佳者。其説七月之詩曰：「仰觀日星霜露之變，俯察蟲魚草木之化，以知天時，以授民事，女服事乎内，男服事乎外，治自内而外，化自上而下。上以誠愛下，下以忠利上。父父子子、夫夫婦歸，養老而慈幼，食力而助弱。不作無益也，備豫乎桑田之事而已，非特備豫乎桑田之事而已也，苟可以除患者，皆備豫焉；不貴異物也，致美乎桑田之器而已，非特致美乎桑田之器而已也，苟可以成禮者，皆致美焉。人無遺力矣，故事不足治也；地無遺利矣，故物不可勝用也。女不淫而仁也，又有禮焉；士不惰而武也，又有義焉。其祭祀也時，其燕享也節。夫然故天不能災，人不能難，上下内外和睦而以逸樂終焉。此七月之義也。」回謂此一段文，鏗鏘瀏亮。

又「流火」至「栗烈」説：「彼曰七月、九月，此曰一之日、二之日，何也？陽生矣則言日，陰生矣則言月。與易臨至于八月有凶、復七日來復同意。然則四月，正陽也，秀葽言月，何也？秀葽以言陰生也。陰始於四月，生於五月，而於四月言陰者，氣之先至者也。周正建子，而此所言皆夏時者，夏時稼人所見，所謂人正也，授民時則用人正，固其理也。」此説回得之王厚齋，極喜之。惟「剥棗」説云：「剥棗者，剥其皮而進之，養老故也。」古註音朴，讀爲剥皮之剥，非也。荆公集中已有奏狀，乞删改矣。

回謂荆公之學似管仲，管子書今行於世，其所以興利致富强之術，與先王之意相背馳如冰炭矣。而其言語議論亦時出於先王之緒餘。觀之者以爲此先王之所爲也，而實則不然。荆公説七月之詩，論先王之治如指諸掌，然卒亂天下者何也？其少也，以文章學問知名，未必有自任治天下之意。文章學問之名既盛，位日以高，主眷日隆，於是一旦以其意治天下，而文之以先王之言，於道理規模，實則未有真見，非若管仲猶有所見於一二也。然管仲之禍，止於齊國，而荆公之禍，至今未艾者，管仲止於治一國，身死之後，伯移於晉，故其禍淺；荆公合天下宗其説，身已死而姻黨盤錯於中外，諸君子攻之不勝，繼之以章惇、曾布、京、卞之報復，舉天地間心術皆壞焉，而莫敢爲異，是以其禍如此其烈也。管子之書，文多可觀，而其術有市井之所不爲，太史公及蘇子由或不盡信之，以爲游士附益之説。荆公之書，往往可觀，勝於管仲，今天下亦不甚宗之，然前輩鉅公不以其行事廢其立言，或猶有味其説焉，是重可嘆也。管仲明知王霸之異，急於立功救時，故託王之名，行霸之實，霸功成而王道衰，開天下後世功利之習，自管仲始，而一時尊周攘狄，亦中國之一幸。故回嘗謂，管仲者，一時之功臣，而萬世之罪人，功取其事之可取，而罪以誅其心之當誅；荆公者，其心灼然以爲王者之始止於如吾所爲，其聚斂也，其用兵也，其踈君子、進小人也，自以爲此皆王道也，聖人亦不過如是，則其所見又出管仲下矣。荆公者，尚不識王霸之分者也。

桐江集卷三

跋荆公墨蹟

【元】王惲

予嘗觀壽國高公所藏心畫水鏡，知此爲臨川所書無疑。雖風骨遒勁而筆勢散落，無繩削可據，殆似公當軸時，變新法，調夸毗子，青苗助役，無所紀極。噫，一念之差，至於筆墨間尚能髣髴其爲人如此，後之學者，處心擇術，當如何哉？至元壬申重陽前四日，書於平陽官舍。

秋澗先生大全集卷七一

跋荆公帖

【元】袁桷

吕嘉問以元豐元年自金陵改知潤州，二年四月，落職罷郡。方是時，朝廷積息之弊極矣。公時家居，然猶不悟其非，何哉？昔山谷老人嘗言：「荆公不甚知人痛痒。」余謂此説殊不近理。夫人之厚薄，皆生於情之好惡，方熙寧間，荆公之所惡者多矣。至於晚年，而其所好者又皆背叛構禍，宜其平昔簡牘漠然，若無世俗之情。今觀此帖，勞問勤懇，且憂其乏絶。噫，以嘉問之姦，何得公之深若此？余嘗讀荆公與嘉問詩，末章云：「所懷在分襟，藉草淚如洗。」惜不爲范蜀公、司馬公諸賢發之。

跋荆公帖　【元】黄溍

廣漢張子言：公書如大忙中寫。新安朱子以爲切中其病，而又謂先君喜學公書。今觀此帖，風神閒逸，韻度清美，臨學之家，宜有取焉。評書者未可以彼而廢此也。金華黄先生文集卷二一

跋王荆公手書　【元】吴師道

丞相荆公與人書間每有「匆匆」字，先儒謂丞相何緣有許多忙迫時，今此帖亦云俗事紛紛，滅裂上問，豈以爲信筆常語而不之察耶？公書字學王濛，要爲蕭散高遠，非餘人所可及也。禮部集卷一八

跋王荆公詩

【明】楊士奇

王荆公與其弟平甫此君堂詠竹詩二首，相傳皆公所書，石刻在今應天府學。公書氣韻飄逸，勢若率然，而未嘗無從容整暇之意，亦自成一家。昔人論公書類忙時所作，此説非也，但學書者不可爲法耳。

東里文集卷十

次王半山韻詩跋

【明】陳獻章

一日忽興動，和得半山詩一十八首，稿寄時矩收閲。作詩當雅健第一，忌俗與弱，予嘗愛看子美、后山等詩，蓋喜其雅健也。若論道理，隨人深淺，但須筆下發得精神，可一唱三嘆，聞者便自鼓舞，方是到也。須將道理就自己性情上發出，不可作議論説去。離了詩之本體，便是宋頭巾也，大概如此。中間句格聲律，便一一洗滌平日習氣，涣然一新，所謂濯去舊見，以來新意，作詩亦正用得著也。批判去改定，乞再録來見示爲幸，稿中有工拙，請下一轉語，以觀識趣高下，可乎？

白沙子卷之五

跋荆公絶句

【明】倪岳

右荆公天童山溪絶句一首，思致幽曠，有唐人風。愛者書之縑素，筆法清勁，可謂二美矣。吾鄉陳君明遠實先世所藏，因裝褫成卷，屬題其後。昔之論者，謂公令鄞時，行青苗法，甚便於民，及入相，遂欲推之天下，竟以爲民害。聖賢所行良法美意，並施而不可者，此説其信然歟？明遠與兄聖遠皆爲令佐郡邑間久，其於民情亦稔矣。政令之行，固有宜於此而不宜於彼者歟？此詩正公令鄞時所作，故因明遠之請，聊與論之。

青溪漫稿卷二〇

半山老人擬寒山詩跋

【明】釋真可

月在秋水，春在花枝。若待指點而得者，則非其天矣。吾讀半山老人擬寒山詩，恍若見秋水之月，花枝之春，無煩生心而悦，果天耶？非天耶？具眼者試爲薦之。

跋半山老人擬寒山子詩

【明】釋真可

受持千百萬過，心地花開，香浮鼻孔，鼻孔生香，香不聞香，善知此者，則半山老人，舌根拖地，亦不分外也。

以上紫柏老人集卷八

書辨姦論

【明】孫慎行

蘇明允不過一文士，其言曰：「天之所與我者，豈偶然哉？雖天子宰相不能奪之。」常怪其自許之過，及讀辨姦論，知安石爲不世大姦，比之王衍，敗壞天下，乃知其籌世之明，非真有大負者不能也。堯夫見安石相，發喟於天津橋之杜鵑，當時賢達，推爲内聖外王，夫堯夫固有道術，能先知者，明允何有堯夫之見也？明道每教人尋孔、顔之樂，輒吟風弄月而歸，至今不識其底裏，直以爲樂道耳。近乃知孔、顔不遇三桓，則必不樂飲水曲肱之樂；明道不遇安石，則必不樂吟風弄月之樂，故至今號稱醇儒。然至事後乃知，明允何早有明道之見也？因此知豪傑奮身文章，非真有超越時俗之識、敝蹤富貴之懷，必不能弘遠自立。東坡、子由，屢與奸人角逐，不肯同事，其家庭論議，有自來夫？文必如明允也，乃稱立言，而列于三不朽。又作管仲論曰：「國以一人興，以一人亡。」今更知其痛切，與辨姦同不朽者也。他文皆老大精深，識者以爲非二子所及。

玄晏齋文抄卷三

書王介甫度支廳壁題名記後

【清】黄中堅

介甫此作，文筆甚美，然其説則邪説也。夫人有知愚賢否之異，而貧富因之，愚不肖之不能不見役於智能，貧者之不能不見役於富，自古有然。雖有善齊物者，不能强之使齊也。傳曰：「天有十日，人有十等。故王臣公、公臣大夫、大夫臣士、士臣皂、皂臣輿、輿臣隸，隸臣僚，僚臣僕，僕臣臺，馬有圉，牛有牧，以待百事。」然則使輿、臺、圉、牧之屬一有不備，即事必有所不集矣。且夫公卿以下，雖各有相君之勢，而亦孰非天子之臣？設天子而有所役使，則雖王公之貴，孰敢不竭蹶以趨事，而況乎其下者？故曰：「振其綱則目自張，挈其領則末自舉。」今夫富民設財役貧，内有臧獲婢妾，外有田丁園户，然一奉徵發之令，州縣之符，則皆相率供辦奔走恐後，安在其能與人主争黔首也？吾謂富民乃助人主養黔首者，非謂其能好行其德也。役人者食人，役於人者食於人，其勢然也。故周禮以保息六養萬民，六曰安富，而介甫顧首欲擾之，苟如其説，必將使利孔盡歸於上，而齊民之才且智者皆終身於畎畝，其愚不肖者至無所得食而後已，是大亂天下之道也。異日青苗、市易之禍不已，兆端于此言哉！

蓄齋二集卷七

書王荆公答司馬諫議書後

【清】李光地

公之鋭志强氣，此書可以觀矣。惜乎公之徧於心而疎於術也。夫起千年之積弊，復往古之明規，非精於術者不能也。自謂術之素矣，非公於心而盡於理者亦不能也。公以其所學者，欲試之行，自謂世莫加焉。然周公心法治要布方策者甚多，顧獨取其制度之末、漢儒解釋之誤者以爲據，不可爲精；民議洶洶而不采，多聞直諒之友溢於朝著而不諮，不可爲公且盡。彼夫立功名、破俗論、齊法令、矯民情者，商鞅之餘喙，非聖人之至訓也。

榕村集卷二二

書王介甫三聖人論後

【清】沈德潛

孟子論伯夷、伊尹、柳下惠之聖，曰「清」，曰「任」，曰「和」，而於孔子之聖曰「時」。三子若春秋冬夏，各擅其一，而孔子爲天地一元之氣，有兼四時而渾其跡者。又原四聖人所以偏全之故，而一歸於智，此千古不易之論也。後王介甫作三聖人論，謂有伊尹，而後世多進而寡退，苟得而害義，於是伯夷矯之；有伯夷，而後世多退而寡進，過廉而復刻，於是柳下惠矯之；有柳下惠，而後世多污而寡潔，惡異而尚同，故孔子集其行而製成法於天下。由是言之，三子之聖，好異戾俗矯激而成，非本乎天、率乎性，特立獨行，以各造其極者也。流弊無窮，變亂風俗，非百世之下可以聞風興起者也。是孔子之聖，適當三子之後，古人流弊勢無復之，於是兼三子之行，而集乎大成者。使夷、尹、惠生於孔子之時，則皆時焉而已；使孔子生於夷、尹、惠之時，則亦清焉而已，任焉而已，和焉而已。三子何不幸而居於其前！孔子何幸而居於其後哉！

又云，聖人之大過人者，能以其身救弊於天下，如使三子皆欲爲孔子之聖，而忘天下之弊，不足以爲聖人。果如介甫之説，將以孔子之聖，爲不能轉移乎天下，而仕止久速，各當其可者，祇同于鄉原之行；而孔子之時中，反出清、任、和之下矣，此尤論之繆戾而狂惑者也。

總之，矯弊救時之説，介甫常以之自任，故於論三聖人而發之，遂不覺其多所抵牾，而他日變更成法之禍，即基於此。嗚呼，士君子之學術，可苟也哉！

歸愚文鈔卷一九

書辨姦論後二則

【清】李紱

一

老泉嘉祐集十五卷，原本不可見，今行世本有辨姦一篇，世人咸因此文稱老泉能先見荆公之誤國，其文始見於邵氏聞見録中。聞見録編於紹興二年至十七年。婺州學教授沈斐編老蘇文集，附録二卷，載有張文定公方平所爲老泉墓表，中及辨姦，又有東坡謝張公作墓表書一通，專敘辨姦事，竊意此三文皆贋作，以當日情事求之，固參差而不合也。

按，墓表言：「嘉祐初王安石名始盛，黨友傾一時，其命相制曰：『生民以來，數人而已。』造作語言，至以爲幾於聖人。歐陽脩亦已善之，勸先生與之遊，而安石亦願交於先生。先生曰：『吾知其人矣，是不近人情者，鮮不爲天下患。』」而聞見録敘辨姦緣起，與墓表正同，其引用之耶？當明言墓表云云，不當作自敘語氣。其暗合耶？不應辭句皆同。然則斯言其然耶？抑無有也？攷荆公嘉祐之初，未爲時所用，黨友亦稀，嘉祐三年，始除度支判官，上萬言書，並未施行，明年命修起居注，辭章八九上，始受知制誥，糾察在京刑獄，旋以駁開封尹失入，爲御史舉奏，又以争舍人院申請除改文字忤執政，遂以母憂去，終英宗之世召不赴。乃云嘉祐初黨友傾一時，誤亦甚矣。以荆公爲聖人者，神宗也，命相之制辭在熙寧二年，而老泉卒於英宗治平三年，皆非其所及聞也。墓表又云：「安石母死，士大夫皆弔，先生獨不往，作辨姦論一篇。」按曾文定公作荆公母夫人墓志云卒於嘉祐八年，敘七子官階，稱安石爲工部郎中知制誥，是荆公母卒時官甚卑，安見士大夫皆往弔哉？張文定與荆公同時，其爲此表不應舛錯如是。又考文定鎮益州，已爲大臣，老泉始以布衣見知，年又小於文定，其卒也，官止丞簿，而墓表以先生稱之，北宋風氣近古，必不爲此。曾文定爲二蘇同年友，其作老泉哀辭直稱明允，乃伉直如張文定，反謙抑過情如是？疑墓表與辨姦，皆邵氏於事後補作也。老泉之卒也，歐陽公志其墓，曾子固爲之哀辭，老泉以文字見知於歐陽公，又以不近人情之説相謝，果嘗爲此文，則歐陽公必見之，而墓志中不及辨姦，子固哀辭亦不及辨姦。即當時或不然之，而歐、曾全集從不及辨姦，表謂當時見者多謂不然，是此文已流布矣，何歐、曾獨未之見乎？且子固謂志以納之壙中，哀詞則刻之墓上，是既有哀辭，不應復有墓表矣。老泉以治平三年卒，四年葬，張文定又同時在京師，欲爲墓表，宜即在葬時，今墓表不著作表年月，固已非體，而表中及荆公命相，則神宗之世矣，何其遲耶？瀧岡阡表之遲，蓋云有待，此表豈亦有待？何不言其所以遲也？墓表有「蜀無人」之語，而東坡謝書又云「秦無人」，辭既重複，文氣又相類，則亦邵氏贋作耳。不然，東坡謝書感激至於流涕，其後爲張文定志墓，敍其與父相知，絶不及此論，何耶？

老泉文峻潔無長語，嘗言作文比喻不可太多，而辨姦一篇，援引膚漫，既引王、盧，又引豎刁三人，又引用兵者，何其多耶？其立論既勉强而不可通，其措詞亦粗鄙而不可解也。謂其人口誦孔、老之言，身履夷、齊之行矣，又謂其陰賊險狠，與人異趨。人之爲人，言與行二者而已，言孔、老，行夷、齊，又何多求焉？孟子謂伯夷爲聖人，而百世之師也，履夷、齊之行，可謂之陰賊險狠乎？衣巨盧之衣，所食狗彘之食，不知其爲何等衣食？聞有牛衣，不聞有犬衣；聞犬彘食人食，不聞人食犬彘之食也。或以巨盧爲臣虜，蓋用李斯語；犬彘之食，亦極言其粗惡如監門之養。果爾，則益不當訾議，臣虜之衣、監門之養，蓋昔人以述堯、舜、神禹者，孔子以耻惡衣食者爲不足與議於道，今不耻惡衣食而談詩、書，乃反以爲姦，豈老泉所見賢於孔子耶？荆公祖父並由進士歷官，兄弟登制科者四人，簪纓華腴，衣食宜不至甚惡，況惡衣惡食固不足耻乎？若夫收召好名之士、不得志之人，相與造作言語，以爲顔淵、孟軻復出，則荆公本傳與荆公全集具存，並無此事，荆公生平孤立，曾文定而外，不妄交一人，本傳謂借援韓、吕爲重，亦本聞見録揣度之妄言耳。韓持國之賢，明道以爲最不可及，康節以持國與君實、晦叔、伯淳並稱，作洛陽四賢吟。申公尤二程所深交，而元祐所謂賢相也，非有以深服其心，安肯冒昧爲人援引，而吕、韓世家，又非所謂好名而不得志者也。荆公執政之後，或有依附之徒，而老泉已没，匪能逆知。若老泉所及見之荆公，則官卑跡遠，非有能收召之力，吾不知所謂好名而不得志者果何人？蓋辨姦論斷非老泉作也。

夫人之作姦，必有所利而爲之，荆公生平以皋、夔、稷、契自命，千駟弗視，三公不易，此天下所共信者，復何所爲而爲姦？彼誠見夫宋之積弱儳然不可以終日，而公卿大臣如處堂之燕雀，晏然自以爲安，不得不出而任天下之重，而又幸遭大有爲之主，遂毅然相與立制度、變風俗、排衆議而行之，凡以救國家之弊，圖萬世之安，非有絲毫自私自利之意，其術即未善，而心則可原，曾何姦之有哉？自宋至今，天下所共信其言者，無若程、朱二子，然明道上書，首言變法，荆公新法之行，首用明道爲條例司官，十閲月而後求外。考亭論當時駁新法者，其議論識見皆出荆公下。觀二子之言，則以新法爲姦者，其論果足據乎？或謂蘇氏尚機謀而薄經術，故老泉以荆公爲姦；喜放達而惡檢繩，故東坡以伊川爲姦。辨姦之作，容或有之，惟其論不足憑耳。東坡元祐之奏，謂臣素嫉程頤之姦，今之人固未有因東坡之言，遂確以伊川爲姦者，論之真贋，又無足辨也。

二

余少時閲世俗刻本老泉集，嘗書其辨姦論後，力辨其非老泉作，覽者猶疑信相半，欲得宋本參攷之，而購求多年，未之得也。蓋馬貴與經籍考列載蘇明允嘉祐集十五卷，而世俗所刻，不稱嘉祐，書名既異，又多至二十卷，併刻入洪範、謚法等單行之書，又增附録二卷，意必有佗人贋作闌入其中。近得明嘉靖壬申年太原守張鏜翻刻巡按御史澧南王公家藏本，其書名卷帙並與經籍考同，而諸論中獨無所謂辨姦論者，乃益信爲邵氏贋作確然而無疑，而又歎作僞者之心勞日拙，蓋僞固未有不破者也。

書邵氏聞見録後

【清】李紱

虞書戒無稽之言，而周禮大司徒以鄉八刑糾萬民，七曰造言之刑。造言必加之刑者，誠以其妄言無實，足以變亂是非，使當之者受禍，即在身後，亦蒙詬於無窮也。幸而其言出於浮薄小人，聞之者猶疑信相半，不幸而造言者謬附於清流，則雖賢人君子亦且信之，而受之者之誣，乃萬世而不白，豈不酷哉？自唐人好爲小説，宋、元益盛，錢氏之私志，魏泰之筆録，聖主賢臣，動遭污衊，至碧雲騢、焚椒録而悖亂極矣。其若可信者，無過邵氏聞見録，由今觀之，其游談無根，誣枉而失實，與錢、魏諸人，固無以異也。邵氏所録最駭人聽覩者，莫甚於記王元澤論新政一事，嚴君之前，賢者在座，乃囚首跣足，攜婦人冠，矢口妄談，欲斬韓、富，容貌辭氣，癡妄醜惡，至於如是，使天下後世讀之者惡元澤，因併惡荆公。余雖鄉曲之私，亦且切齒而莫能以相恕也。顧嘗思之，元澤以庶幾之資，早窮經學，著書立説，未及弱冠以數萬言，豈中無知識者？是荆公薨後，門祚衰落，苟非經明行修，雖私好者，安能舉癡妄少年排公論而從祀孔廟？恐邵氏之説未可憑信。今歲銷暑，餘暇偶一翻閲，略爲稽攷時日，乃知聞見録蓋無端造謗，絶無影響。舉向時之切齒於元澤者，轉而切齒於邵氏也。考荆公以熙寧二年二月參知政事，夏四月始行新法，八月以明道爲條例司官，明年五月明道即以議論不合外轉簽書鎮寧節度使判官，而元澤以治平四年丁未科登許安世榜進士第，明年戊申，即熙寧元年也，至二年，則元澤久已由進士授旌德尉，遠宦江南，是明道與荆公議新政時，元澤並未在京，直至熙寧四年，召元澤除太子中允、崇政殿説書，然後入京師，則明道外任已逾年矣，安得如邵氏所録與聞明道之議政哉？邵氏欲形容元澤醜劣，則誣爲囚首跣足，欲實其囚首跣足，則以爲是日盛暑，不知明道以八月任條例司，至次年五月即已外轉，始深秋訖初夏，中間並無盛暑之日也。明道長元澤僅九歲，成進士僅早十年，蓋兄事之列，而韓、富年輩則尤在荆公之前，論是時德望，亦非明道可比，邵氏乃謂明道正色言：方與參政論國事，子弟不當預，姑退。而雱即避去。是元澤敢言斬韓、富，獨於年輩不甚遠，又爲其父屬官之人，一斥而即去，抑何前倨而後恭耶？此皆情事所不然者。元澤既除中允、崇政殿説書，即預修三經義，書成，進天章閣待制，凡歷五年，至熙寧九年遷學士，始以病辭。中允、説書、待制，皆侍從之官也，邵氏乃謂宰相子無帶職者，神宗特命雱爲從官，而雱已病，不能朝，皆妄説也。邵氏又曰，荆公在鍾山，恍惚見雱荷枷杻如重囚，因施所居爲寺，則鬼魅之妄説，尤不足辨。司馬温公謂三代以前，何故並無一人誤入地獄，見所謂十王者，伯温爲温公通家子，獨未之聞乎？吾不知伯温所聞於父師者，果何學也？今邵氏此説，編入正史，故不可不辨，無使元澤蒙惡聲於後世，而稗官小説作僞之風滋長，重爲人心風俗之害也。或曰：聞見録蓋伯温没後，紹興二年其子博所編，伯温不應作僞至此，或博之爲之，蓋是時天下方攻王氏，博欲藉此造言，希世而取寵，未可知也。

以上穆堂類稿初稿卷四五

王荆國文公年譜序

【清】顧棟高

余編次温公年譜既成，家玉停謂余：「汴宋之局，温公與荆公二人爲乘除，盍將荆公事敘次之，則於熙寧及元祐之故益瞭然。」余然其言，因就公集，參以史氏記及他書舊聞，得熟觀公前後本末，乃喟然歎曰：宋以相忍爲國，積且百年；神廟思雪歷代之恥，奮然欲刷幽冀、笞靈夏，特念其事重大，未敢明言於廷。得一荆公者，拔於庶僚之中，而驟用之。公入對，口稱堯、舜之道，實挾管、商之術，以傾動主上。故神廟之悉心聽命於公者，此如燕昭之築臺，以禮望諸；昭烈之枉駕，以迎諸葛，欲伸其積志，而舉國以聽其所欲爲也。

公之設計，以爲欲用兵，必先聚財，欲聚財，不得不立法。而貸民出息，興修水利，已所親試之，而歷有效，因益恣意更張。其用兵也，先於交趾及西南諸夷，非其本意也。特欲擊滅一二弱小之國，以試吾武力，而足吾甲兵。待吾輿圖日廓，賦入益廣，儲待充而士卒練，然後可以惟吾所爲，而無不如志。而靈夏之强，次於幽薊，乃用昔人攻瑕之策，並力從事，欲先舉西夏，以漸及於契丹，此公設施次第本謀也。故凡可以斂天下之財者無不爲，凡言財利者無不用，迨一旦靈夏稽首，幽燕遠遁，然後息財利而言仁義，絀心計之臣，而崇用老成之士。公所日夜圖謀者如是。卒之大欲難酬，契丹見形生疑，更求地界，而公持「欲取姑與」之説，捐地七百里矣。西夏禍結，兵連不解，最後興永樂之師，得不償失，喪師徒六十萬矣。財詘于上，民怨於下，譬如爲人行賈，罄其人之家貲，商於巨洋絶島之區，一出而遇颶風，再出而罹寇盜，家貲蕩盡，猶復持籌不已。噫，謀國如此，豈不殆哉？自古居甚美之名，而欲行難成之事，違衆人之欲，以僥倖不可必之功，力小任重，鮮不蹶者。使非温公從其後而補救之，則汴宋之亡，當不待青城之辱。余於兩公循環終始之故，不禁三歎息也。

既因家玉停之言，而敘公生平，編以年月先後，爲上、中、下三卷，並論其所以然者，附于温公年譜之後。雍正乙卯九月中浣書。

王荆國文公年譜卷首

荆公周禮新義題詞

【清】全祖望

三經新義，盡出於荆公子元澤所述，而荆公門人輩皆分纂之，獨周禮則親出於荆公之筆，蓋荆公生平用功此書最深，所自負以爲致君堯、舜者俱出於此。是固熙、豐新法之淵源也，故鄭重而爲之。蔡絛以爲政和祕閣所藏，其書法如斜風細雨，定爲荆公手蹟。其後國學頒行之板，爲國子司業莆田黄隱所毁，世間流傳遂少，僅見王氏訂義所引而已。而明文淵閣書目所有，當猶屬政和底本，顧世之人無從見，今則無矣。相傳崑山徐尚書雕經解，以千金購之，不能得。

雍正乙卯，予於永樂大典中得之，亟喜而鈔焉。會修三禮，予因語局中諸公，令鈔大典所有經解，而荆公書尤爲眉目，惜其地、夏兩官已佚，終不得其足本也。荆公解經，最有孔、鄭諸公家法，言簡意賅，惟其牽纏於字説者，不無穿鑿，是固荆公一生學術之祕，不自知其爲累也。蓋嘗統荆公之經學而言之，易傳不在三經之内，説者謂荆公不愜意而置之，然伊川獨令學者習其書。容齋記毛詩「八月剥棗」，荆公一聞野老之言輒改其説，則亦非任情難挽者。朱子於尚書推四家，荆公與焉，且謂其不强作解事，而禮記之方、馬數家，亦禀荆公之意而爲之者，至今禮記注中不能廢。爾雅成於陸氏，而以其餘爲埤雅，既博且精，彼其門人所著，尚有不可掩者如此。至若春秋之不立學官，則公亦以其難解而置之，而並無「斷爛朝報」之説，見於和靖語録中所辨。予觀宋志，荆公嘗作左氏解一卷，則非不欲立明矣。荆公又嘗與陳用之、許允成解論、孟，然則去其字説之支離，而存其菁華，所謂六藝不朽之妙，良不可雷同而詆也。而況是書，又荆公所最屬意者乎？

荆公之書，五官而已，有鄭宗顔者采其説，别注攷工記一卷，今新義已缺其二，而攷工尚有存者，并附之。

結埼亭集外編卷二三

題雁湖注荆公詩

【清】全祖望

荆公詩注五十卷，見於昭德讀書志，而不詳誰作。今雁湖之卷與之合，然晁侍郎年輩不及見嘉定以後書，則志所列別是一本，非雁湖作也。但不知雁湖之前既有注，何以絶不一引及之，不可解矣。雁湖居撫州，築峨峰草堂以箋公詩，又引曾景建以自助，其功甚勤，其材甚博，然尚不能無失者，如錢公輔築偃月堤於四明，故公贈之詩曰：「載沙築成天上路。」今泛引唐人宰相沙堤以證之，疏矣。江鰩柱爲春産，車螯爲冬産，今雁湖謂江鰩柱即車螯，謬之甚者。又謂曾文定公未第時，嘗游四明，其説無據。三者皆關吾鄉掌故，故特詳之。至引後山、紫微詩句入注，益屬無謂。荆公乃後山前輩，豈有反引用後山詩者？紫微則荆公不及見矣。以雁湖之多學，而譌誤在所不免，信乎，注書之難也！

鮚埼亭集外編卷三一

跋王荆公改正經義劄子

【清】全祖望

荆公改正經義劄子，其中第二道曰：「臣近具劄子，奏乞改正經義，尚有七月詩剥棗者，剥其皮而進之，養老故也，謂亦合删去。如合聖心，乞付外施行，取進止。」案毛傳解剥爲擊，故釋文音普卜翻。荆公不以爲是，乃以養老解之。偶一日到野老家，問主人何在？其家曰：「撲棗去矣。」荆公悵然自失，歸而請刊去之，見容齋隨筆。古人訓詁之學不可輕易如此。

結埼亭集外編卷三四

題王半山鄞女志

【清】全祖望

舒王之葬殤女，在吾鄉崇法院旁，謝皋羽過而題句者。相傳院中多舒王與曾老往來墨跡，戴曾伯「驚風急雨」之詩是也。先侍郎少女許嫁屠侍郎子本畯，未笄而卒，附葬於檢討公墓，啓土得一石，則舒王志也，因拚之而稍移於北。嘻，是一塊土者，世爲殤女之壙耶？先侍郎曾有文記之，今失去，乃補之集中。

結埼亭集外編卷三五

書王荆公文集後

【清】袁枚

荆公上仁宗書，通識治體，幾乎王佐之才，何以新法一行，天下大病？讀其度支廳壁記，而後嘆其心術之謬也。

夫財者，先王以之養人聚人而非以之制人也。今其言曰：「苟不理財，則閭巷之賤人，皆可以擅取與之利，以與人主争黔首，而放其無窮之欲。」然則荆公之所以理財者，其意不過奪賤人取與之權，與之争黔首，而非爲養人、聚人計也。是乃商賈角富之見，心術先乖，其作用安得不悖？三代聖人，無理財之官，但求足民，不求足國，其時黔首熙熙，一心歸附，譬之臧獲婢妾，仰食于家主，然所以畜之者，恃有恩意德教維繫其間，不徒恃財力以相制也。後世秦、隋兩朝，專求足國，不求足民，卒之與争黔首者，陳涉、竇建德之流，貧民乎？富民乎？

夫物之不齊，物之情也。民之有貧富，猶壽之有長短，造物亦無如何，先王因物付物，使之强不凌弱，衆不暴寡而已。春秋時，阡陌未開，豪强未并。孔門弟子業已富者自富，貧者自貧，而聖人身爲之師，亦不聞哀多益寡，損子貢以助顔淵，勸子華使養原憲者，何也？

宋室之貧，在納幣、郊費、冗員諸病，荆公不揣其本，弊弊然以賒貸取贏，考其所獲不逮桑、孔而民怨則過之，以利爲利，不以義爲利，争黔首反失黔首矣。悲夫！

小倉山房文集卷二三

王荆公年譜考略序

【清】蔡上翔

予竊不自揆，編次荆國王文公年譜有年。所閲正史及百家雜説，不下數千卷，則因年以考事，考其事而辨其誣，已略具於斯編矣。因名其書曰考略。

古之著書者，必推原其所以作是書之意，而予於是譜告成，顧惝然若失，言有所不能盡，意有所不必達，則又何也？君子疾没世而名不稱焉，則凡善有可紀，與惡之當褫，不出於生前事實。而後之論者，雖或意見各殊，褒貶互異，而事實固不可得而易也。唯世之論公者則不然。公之没，去今七百餘年。其始，肆爲詆毁者，多出於私書。既而采私書爲正史，而此外事實愈增，欲辨尤難，由此更千百年，又將何所底止耶？所謂言有所不能盡者此也。

若其意尤有所不必達，因憶公有上韶州張殿丞書，其言曰：「昔三代之時，國各有史，而當時之史，多世其家，往往以身死職，不負其意。蓋其所傳，皆可考據。後既無諸侯之史，而近世非尊爵盛位，雖雄奇儁烈，道德滿衍，不幸不爲朝廷所稱，輒不得見於史。而執筆者，又雜出一時之貴人，觀其在廷論議之時，人人得講其然否，尚或以忠爲邪，以異爲同，誅當前而不慄，訕在後而不羞，苟以饜其忿好之心而止耳。而況陰挾翰墨，以裁前人之善惡，疑可以貸褒，似可以附毁，往者不能訟當否，生者不得論曲直，賞罰謗譽，又不施其間，以彼其私，獨安然無欺於冥昧之間耶？」嗚呼，盡之矣！此書不知作於何年，要必爲先人而發，在乎慶曆、皇祐間，當是時公已見稱於名賢鉅公，而未嘗有非毁及之者也。然每讀是書，而不禁歔欷累歎，何其有似後世詆公者，而公已先言之也。

自古前代有史，必由繼世者修之。而其所考據，則必有所自來。若爲宋史者，元人也，而元人盡采私書爲正史。當熙寧新法初行，在朝議論蜂起，其事實在新法，猶爲有可指數者。及乎元祐諸臣秉政，不惟新法盡變，而黨禍蔓延，尤在范、吕諸人初修神宗實録。其時邵氏聞見録，司馬温公瑣語、涑水記聞，魏道輔東軒筆録，已紛紛盡出，則皆陰挾翰墨，以饜其忿好之私者爲之也。又繼以范沖朱墨史、李仁甫長編，凡公所致慨於往者不能訟當否，生者不得論曲直，若重爲天下後世惜者。而不料公以一身當之，必使天下之惡皆歸，至謂宋之亡由安石，豈不過甚已哉！宋自南渡至於元，中間二百餘年，肆爲詆毁者，已不勝其繁矣。由元至明中葉，則有若周德恭，謂神宗合赧、亥、桓、靈爲一人；有若楊用修，斥安石合伯鯀、商鞅、莽、操、懿、温爲一人，抑又甚焉。又其前，若蘇子瞻作温國行狀，至九千四百餘言，而詆安石者居其半，無論古無此體，即子瞻安得有如是之文？後則明有唐應德，著史纂左編，傳安石至二萬六千五百餘言，而亦無一美言，一善行，是尚可與言史事乎哉！昔唐朱敬則爲正議大夫並修國史，韋安石閱其史稿，歎曰：「董狐無以加。」世人不知史官權重于宰相，宰相能制生人，而史官兼制生死。夫以彼好爲私書者，無宰相之權，而有重于史官之勢，豈所謂不能無欺於冥昧之間非耶？且夫温柔敦厚，詩教也，書以道政事，春秋辨是非，尤在於屬辭比事而不亂，而後世有著春秋者曰「讞」，嗚尚書者曰「冤辭」，則又有講學同門異户，而亦明之曰「公案」。若皆以爰書從事，此豈談經術言道德者所宜然。惟是非乎安石者，累累若公案，若冤辭，雖有明哲若交相讞焉，欲從而復説之不能。故曰意有所不必達也。

嗚呼！以予之爲斯譜，既不免類發憤者所爲，然言有所不能盡，意有所不必達，終於公上張殿丞書，不能無感於斯文。後之覽者，即以知予作是書之意可也。夫好而不知其惡，惡而不知其美，均辟也。予固好公者，然則予又焉敢居一於此也哉？嘉慶九年甲子夏五月上澣日，金溪後學蔡上翔元鳳謹書，時年八十有八。

書蘇明允辨姦論後

【清】管同

蘇明允辨姦論詆斥荆公，宋方勺泊宅編言其本末甚備，頃見周密浩然齋雅談，謂嘗見陳振孫説此論亦間及二程。此本臆説無憑，而近世闢宋儒者多喜道之，其亦謬矣。明允之卒，張方平爲墓碣，特載此文爲荆公而作，子瞻有謝書可考也。當明允至京，蓋在嘉祐、治平之世，其時歐公既爲介甫延譽，而潞公爲相，又請不次擢用，以激奔競之風。故論曰：「蓋世之名而賢者有不知。」若明道、伊川則自神、哲兩朝始出仕，其於是論無一可合焉。夫面垢不洗、衣垢不澣者，介甫之實事，當其少年，嘗見戒於韓魏公矣，世豈有囚首喪面之二程也？嗚乎！道學之尊，猶天地日月也。縱使明允著論譏之於二程亦何損？又況牽合臆決，絶不考其當時之事，彼振孫與密者，亦何心哉？

因寄軒二集卷一

論

辨姦論

舊題【宋】蘇洵〔一〕

事有必至，理有固然。惟天下之静者，乃能見微而知著。月暈而風，礎潤而雨，人人知之。事之推移，理之相因，其疏闊而難知，變化而不可測者，孰與天地陰陽之事。而賢者有不知，其故何也？好惡亂其中，而利害奪其外也。

昔者，山巨源見王衍曰：「誤天下蒼生者，必此人也！」郭汾陽見盧杞曰：「此人得志，吾子孫無遺類矣！」自今而言之，其理固有可見者。以吾觀之，王衍之爲人，容貌言語，固有以欺世而盜名者。然不忮不求，與物浮沉。使晉無惠帝，僅得中主，雖衍百千，何從而亂天下乎？盧杞之姦，固足以敗國。然而不學無文，容貌不足以動人，言語不足以眩世，非德宗之鄙暗，亦何從而用之？由是言之，二公之料二子，亦容有未必然也！

〔一〕按，是篇作者自清代李紱以來，學者多有争議，今姑從舊説，題作蘇洵，又於前加「舊題」二字。

今有人，口誦孔、老之言，身履夷、齊之行，收召好名之士、不得志之人，相與造作言語，私立名字，以爲顔淵、孟軻復出，而陰賊險狠，與人異趣，是王衍、盧杞合而爲一人也，其禍豈可勝言哉？夫面垢不忘洗，衣垢不忘浣，此人之至情也。今也不然，衣夷狄之衣，食犬彘之食，囚首喪面而談詩、書，此豈其情也哉？凡事之不近人情者，鮮不爲大姦慝，豎刁、易牙、開方是也。以蓋世之名，而濟其未形之患，雖有願治之主、好賢之相，猶將舉而用之，則其爲天下患，必然而無疑者，非特二子之比也。

孫子曰：「善用兵者，無赫赫之功。」使斯人而不用也，則吾言爲過，而斯人有不遇之歎，孰知其禍之至於此哉？不然，天下將被其禍，而吾獲知言之名，悲夫！

皇朝文鑑卷九七

論王安石

【明】劉定之

一

帝問翰林學士王安石以唐太宗何如？曰：「陛下當法堯、舜，何以唐太宗爲哉？」帝深納之，尋以爲參知政事，行新法。

安石爲神宗變法，大取民財與力，而用之也在於兵，兵之所用，至於破遼而志願畢矣。取民財之法曰「青苗」，春貸而秋償之，收息十二；秋又貸而春償之，亦收息十二。歲再收息，則名爲十二，其實十四也。名爲貸償，其實無故歲取民財也。曰「免役」，凡民出力以役於官者，皆無出力而但輸錢，官自以錢雇民應役，名爲均役，而其實欲自操其雇錢之奇贏也。夫民孰皆不貸償而自足哉？私貸償焉，治世之所不免，今也禁其貸償，而官與之貸償，以利其息錢之入；民孰皆不雇募而自役哉？私雇募焉，亦治世之所不禁，今也免其自役，而官與之雇募，以利其雇錢之餘。即此二端言之，其他取民財之法無遺巧矣。而又編保伍以練兵，則民自爲兵，而養兵之費不以煩官，是曰「保甲」。編保伍以養馬，則馬皆在民，而養馬之費不以煩官，是曰「保馬」。豈不謂古者寓兵於農也，然今既有保甲矣，而待餔之兵何嘗爲之廢？亦豈不謂漢嘗括民馬，今使民養無害也，然民既增保馬之勞，而他勞何嘗爲之損？是其取民力幾於竭矣。民財與力，悉歸於我，自以爲我非用之於土木、非用之於狗馬聲色、非用之於仙佛，欲用之於兵而復漢、唐之故疆，無不可也。然畏遼之大，故將於遼，必先於夏，又先於羣小夷狄，自小至大，嘗試以圖之。安石君臣相與深謀密議，而悉掃異己者之論，無非此心也。於是王韶試於熙、河，章惇試於湖北，熊本試於瀘夷，郭逵試於交趾，皆能尚有所得。而試於夏，則馴至於徐禧之死，得不償其失。彼遼者，不待其試而先來求地，安石低徊躊躇，爲「欲取之必與之」之説，卒遣韓縝割與七百里之地，無得而有失焉。若獵者，罝狐兔、刺鹿豕而辟易於虎，失其所操以歸，蓋安石之技窮，而神宗漸以沮悔矣。然所援引共事之人固在也，踵其故智以用於哲、徽之時，互起迭進，以至賢路盡壅、民命僅存之秋，適值遼有釁，躍然攻之，以卒安石之所圖，而遽以國斃焉。故前宋之亡，本於安石爲神宗謀破遼而已，向使其不謀破遼，則不用兵；不用兵，則不大取民財與力；不大取民財與力，則何至俾羣小爲之交攫互噬於天下也？抑遂其始謀，亦不過如唐太宗擒頡利可汗，然太宗用魏徵，先以養民爲務，而兵自强；安石先弊其民，不及魏徵矣，乃動以堯、舜、周、孔藉口，其誣矣哉！

二

安石創製三司條例司，以蘇轍爲檢詳文字，使使者八人查訪農田、水利、役法，程顥與焉，轍與顥皆以議不和，相繼罷去。

鋭意以新法爲善而行之者，安石也；其附和者，志在於求富貴而已，未必其心皆以新法爲善也。其口則云然，爾後使神宗覺悟新法之不善，安知附和者不群然毀訾之也？何以知其然也？陳升之附和新法至宰相，志願滿矣則立異，欲不與條例司事，以自解免於公議，□事變而□受責也。吕惠卿附和新法，思天下皆以安石爲愈己，乃起鄭俠、李士寧之獄，發其無使上知之書以□□之。其餘若唐坰附和新法，未得美官，乃歷數安石之惡於朝；陳舜俞以論新法被罷，抑鬱無聊，又上書言青苗實便，皆迷不知爾。其乍合乍離，或譽或毁，惟繫乎富貴之得不得，豈計新法之善不善哉？

惟君子則不然，若轍與顥，始焉有檢詳之權、察訪之遣，爲安石用者，欲於其法有所斡旋增損，以去其不善而就其善，故受職而不辭也。已而知其不可化誨則去之者，富貴不足以動其心，由其識之明、志之高、量之宏、藴之美而能然也。識明者謂富貴因有命矣，詎可爲非義以求之？志高者謂吾當自□□用世，何庸託權要以進，而爲此□攀狐媚也？量宏者孤貧賤隱，約自能安，有不熱中□欲去之之急□□者，其中足以自樂，所謂飲□□者，不□於□□；□□□者，不易於羊皮也。當時元老□德居高□顯之君子，言新法取忤者固多，而轍與顥新進之士，蒙安石引致富貴之途，乃直道□□以爲絶之，其猶可謂之難也。其後轍克助元祐清明之政，而顥遂傳道學繼絶之統。孟子曰：「人有不爲也，而後可以有爲。」不其然乎？

論王安石

【明】陈汝錡

一

介甫以新法負謗於當時，貽指摘於後世，善狀不彰而惡聲之嘈嘈滿耳，此古今一大寃案，卒未有開而赦之者，何也？今姑無論其立法之是非，與閭閻之利病，試就攻介甫之人而反覆其議論，有以見攻之者之好勝而不情，而曲不在介甫也。

熙寧新法，所稱爲民最害者，莫如免役、青苗，而斷斷新法立赤幟而攻之者，在當時莫如蘇子瞻、范堯夫，而在後莫如朱元晦。子瞻論免役之害，謂役人必差用鄉户，如衣之必用絲麻，食之必用五穀不得以他物代换。及君實議復差役，又極言役可雇不可差，雖聖人復起，不能易農民應差。官吏百端需求，比於僱役，苦樂十倍。而堯夫亦謂差役一事當熟講，不然滋爲民害。然則向之所謂必不可行，而以爲有錢荒之弊者，又後之所謂必不可罷，罷則滋害而以俟聖人於百世者也。朱元晦恨介甫汲汲財利，使天下囂然喪其樂生之心。及建社倉，則夏受粟而秋息以償，猶之乎青苗法也。有問之者，元晦奮然曰：「介甫獨散青苗一事是耳。」因作社倉記以述其意，復上其法於朝，朝以其法下之於諸路。而堯夫當元祐時，亦嘗有復散青苗足國用之請。然則熙寧諸老所鬩争而以爲有蠹食、督責之弊者，又堯夫所復請以足國，而元晦所陽避其名而陰祖其實者也。即三君子以例餘人，而一時争辨皆好勝可知。即免役法之不可罷，青苗法之可已罷而復行，乃可易名爲社倉，以例餘法，而一切設施皆便盡可知。周茂叔不嘗喜好介甫與語連日夜乎？不娓娓頌熙寧新政之美乎？事具蒲宗孟墓碣。以茂叔所嘉與而樂頌者，而流俗嘵嘵不已，後之人又從而吠聲焉。嘻，甚哉！

原介甫所以負當時謗而貽後世指摘不解者，一則峻逐言者以期於法之必行，而爲士大夫所不喜；一則更張無序，講非常之原於旦夕間，以與愚民慮始，紛紛而爲閭里市井所驚疑，重以用事諸臣，推行太過，浸違初旨者，比比有之，此則介甫所不得不任其咎者，而法無恙也。奈之何咎介甫而遷怒於介甫之法哉？豈惟遷怒於其法，且併遷怒於其所與之人，而俾之無所容於天地，如李定是已。定之自秀州入也，舉朝喙詈爲匿服不孝，而定自辨實不知爲仇氏所生，疑不敢服，故以父老侍養解官。本傳亦謂定分財賑族，家無餘資，得任子以與兄息，死之日諸子皆布衣，用情厚矣。世有厚於宗族與兄之子，而反薄於其母乎？世有能解官侍養父，而不能持所生母服乎？此事理之必不然者。今徒以附合新法之故，横而被之以不孝之名，不以本傳求之，一往污衊，無浣濯之路矣。嗚呼，厚士而忍污衊之甘心焉，又何怪良法而不嘵嘵争曰罪之魁而禍之首也？

二

楊中立當靖康初，論蔡京以繼述神宗爲名，實挾安石以圖身利，故推尊加王，配享孔廟，今日之事，雖成於蔡京，實釀於安石。此語既倡，口實翩翩以熙寧爲禍敗靖康之始基，以安石爲鼓舞蔡京之前茅，不惟下誣安石，抑亦上累神考。

今史牒具在，凡京所逢迎，如虛無是溺，土木是崇，脂膏朘剥於下而墮慢盤樂於上，蠹國害民非一政，然何者爲熙寧之政？凡京所交結，如内侍則童貫、李彥、梁師成，佞倖則沖、勔父子，執政則王黼、白時中、李邦彥輩，挑釁召亂非一人，然何者爲熙寧之人？雖京弟卞館甥介甫，而京不以卞故受知介甫，用事於熙寧、元豐之間也，何與介甫事而以爲致有今日之禍者王安石乎？推尊配享，特借此爲欺君盜寵之地，而庶幾彌縫其不肖之心耳。如篡漢爲魏者，未嘗不藉口於舜、禹之事，造作符命；弄孺子嬰於股掌者，未嘗不以周公之居攝爲解。然豈可謂三讓登壇，厲階于讓德稽首，而負扆南面，乃教後世以稱假皇帝成即真之謀哉？

夫京惟不能繼述熙寧之法，京而繼述熙寧之法，即保甲一事，已足以尊武救敗，杜南牧之萌，而寢北轅之釁矣。何者？宋，武衰而積弱之國也。將權釋於杯酒，而藩方之兵弱；天子之禁軍以戍邊備征討，而王畿之兵弱；招遊手而涅刺之，既違土著，兼困民供，而所在防禦之兵弱。以故金虜一訌，陷朔、代，圍太原，下燕、薊，直擣汴京，有南朝無人之嘆，而太后手詔亦有人不知兵之恨。使保甲不廢，則訓練以時，韜、鈐日熟，家有干櫓而人皆敵愾，縱胡馬南嘶，亦何至掉臂行数千里，無一城一壘攖其鋒者？而又何至紛紛召集，下哀痛勤王之詔哉？故吾以爲編保甲，習民兵，已逆知他日之必有靖康，而靖康之所以河決魚爛者，正以保甲之法壞，蒙其名而棄其實，額日廣而鋭日銷，驅病婦弱子張空拳以與餓豺狼鬬，而立碎於爪吻之下耳。尚介甫之詛且詈乎？

抑又有疑熙寧新法，皆法所不得不新，而獨增置宫觀使以處異議落職之人，爲崇左道而紊官制。然先後諸老靡不喋喋新法之争者，至於宫觀有差，則以天子之心膂侍從勾管昏淫之鬼而提舉之，反安焉噤不聞出一語，而太一、神霄、醴泉、萬壽之踵相望而奉祠者，皆前日扼腕新法之人也。豈祠禄實便於己而諸法乃無一便於國，而更以爲靖康禍本乎？信矣夫，宋人之議論多也。

王夫之論王安石

【明】王夫之

王安石以堯舜震神宗

言有大而無實，無實者，不祥之言也。明主知之，知其拓落而以是相震，則一聞其説，而屏退之惟恐不速。唯智小而圖大，志陋而欲飾其短者，樂引取之，以箝天下之口而遂其非。不然，望而知其爲妄人，豈難辨哉？

王安石之入對，首以大言震神宗。帝曰：「唐太宗何如？」則對曰：「陛下當法堯、舜，何以太宗爲哉？」又曰：「陛下誠能爲堯、舜，則必有臯、夔、稷、契，彼魏徵、諸葛亮者，何足道哉！」嗚呼，使安石以此對颺于堯、舜之廷，則靖言庸違之誅，膺之久矣。抑誠爲堯、舜，則安石固氣沮舌噤，而不敢以此對也。夫使堯、舜而生漢、唐之後邪，則有稱孔明治蜀，貞觀開唐之政於前者，堯、舜固且揖而進之，以畢其説，不鄙爲不足道而遽斥之。何以知其然也？舜於耕稼陶漁之日，得一善則沛然從之，豈耕稼陶漁之侶，所言善言，所行善行，能軼太宗、葛、魏之上乎？大其心以函天下者，不見天下之小；藏於密以察天下者，不見天下之疏。方步而言趨，方趨而言走，方走而言飛，步、趨、走猶相近也，飛則固非可欲而得者矣。故學者之言學，治者之言治，奉堯、舜以爲鎮壓人心之標的，我察其情，與緇黄之流推高其祖以樹宗風者無以異。韓愈氏之言曰：堯以是傳之舜，舜以是傳之禹，相續不斷以至于孟子。愈果灼見其所傳者何道邪？抑僅高舉之以誇其所從來邪？愈以俗儒之詞章，安石以申、商之名法，無不可曰堯、舜在是，吾甚爲言堯言舜者危也。

夫堯、舜之學與堯、舜之治，同條而共貫者也。安石亦知之乎？堯、舜之治，堯、舜之道爲之；堯、舜之道，堯、舜之德爲之。二典具存，孔、孟之所稱述者不一，定以何者爲堯、舜之治法哉？命岳牧，放四凶，敬郊禋，覲羣后，皆百王之常法。唯以允恭克讓之心，致其精一以行之，遂與天同其巍蕩。故堯曰「無名」，舜曰「無爲」，非無可名而不爲其爲也，求一名以爲獨至之美，求一爲以爲一成之俐，不可得也。今夫唐太宗之于堯、舜，其相去之遠，夫人而信之矣，而非出號令、頒科條之大有異也。藉令堯、舜而舉唐太宗所行之善政，允矣其爲堯、舜；抑令唐太宗而倣堯、舜所行之成蹟，允矣其僅爲唐太宗而止；則法堯、舜者之不以法法，明矣。德協於一，載於王心，人皆可爲堯、舜者此也。道貞乎勝，有其天綱，湯、武不師堯、舜之已迹，無所傳而先後一揆者此也。法依乎道之所宜，宜之與不宜，因乎德之所慎。舍道與德而言法，韓愈之所云「傳」，王安石之所云「至簡、至易、至要」者此也。皋、夔、稷、契以其恭讓之心事堯、舜，上畏天命，下畏民碞。匹夫匹婦有一善，而不敢驕以所不屑，唐、虞之所以時雍也。顧乃取前人經營圖度之苦心以撥亂扶危者而淩躐之，愕然曰：「堯、舜之道至易，而無難旦夕致也。」商鞅之以脅秦孝公者，亦嘗用此術矣。小人而無忌憚，夫亦何所不可哉？

揚堯、舜以震其君，而誘之以易；揭堯、舜以震廷臣，而示之以不可攻。言愈高者志愈下，情愈虚者氣愈驕。言及此，而韓、富、司馬諸公亦且末如之何矣。曹丕曰吾舜、禹也，則舜、禹矣；源休曰吾蕭何也，則蕭何矣。姦人非妄不足以利其姦，妄人非姦無因而生其妄。妄人興而不祥之禍延於天下，一言而已蔽其生平矣，奚待其潰隄決岸，而始知其不可遏哉！

王安石以桑弘羊劉晏自任

君子之道，有必不爲，無必爲；小人之道，有必爲，無必不爲。執此以察其所守，觀其所行，而君子小人之大辨昭矣。必不爲者，斷之自我，求諸己者也。雖或誘之，而爲之者必其不能自固而躬冒其爲焉。不然，熒我者雖衆，弗能驅我於叢棘之中也。必爲者，强物從我，求諸人者也。爲之雖我，而天下無獨成之事，必物之從而後所爲以成，非假權勢以迫人之應，則鋭於欲爲，勢沮而中止，未有可必於成也。以此思之，居心之邪正，制行之得失，及物之利害，其樞機在求人求己之間，而君子小人相背以馳，明矣。

夫君子亦有所必爲者矣。子之事父也，臣之事君也，進之必以禮也，得之必以義也。然君子之事父不敢任孝，而祈免乎不孝；事君不敢任忠，而祈免乎不忠。進以禮者，但無非禮之進，而非必進；得以義者，但無非義之得，而非必得。則抑但有所必不爲，而無必爲者矣。況乎任人家國之政，以聽萬民之治。古今之變遷不一，九州之風土不齊，人情之好惡不同，君民之疑信不定。讀一先生之言，暮夜得之，雞鳴不安枕而揣度之，一旦執政柄而遽欲行之，從我者愛而加之膝，違我者怒而墜諸淵，以迫脅天下而期收功於旦夕；察其中懷，豈無故而以一人犯兆民之指摘乎？必有不可問者存矣。夫既有所必爲矣，則所迫以求者人，而所惛然忘者己矣。故其始亦勉自鈐束，而有所不欲爲；及其欲有爲也，爲之而成，或爲之而不成，則喜怒横行，而乘權以逞。於是大不韙之事，其夙昔之所不忍與其所不屑者，苟可以濟其所爲而無不用。於是而其獲疚於天人者，昭著而莫能揜。夫苟以求己、求人、必爲、必不爲之衡，而定其趨嚮，則豈待決裂已極而始知哉！

故王安石之允爲小人，無可辭也。安石之所必爲者，以桑弘羊、劉晏自任，而文之曰周官之法，堯、舜之道，則固自以爲是，斥之爲非而不服。若夫必不可爲者，即令其反己自攻，固莫之能遁也。夫君子有其必不可爲者，以去就要君也，起大獄以報睚眦之怨也，辱老成而獎游士也，喜諂諛而委腹心也，置邏卒以察誹謗也，毁先聖之遺書而崇佛、老也，怨及同産兄弟而授人之排之也，子死魄喪而捨宅爲寺以丐福於浮屠也。若此者，皆君子所固窮瀕死而必不爲者也，乃安石則皆爲之矣。抑豈不知其爲惡而冥行以蹈污塗哉？有所必爲，骨彊肉憤，氣溢神馳，而人不能遂其所欲，則荆棘生於腹心，怨毒興於骨肉，迨及一蹟，而萎縮以沈淪，其必然者矣。

夫君子相天之化，而不能違者天之時；任民之憂，而不能拂者民之氣。思而得之，學而知其未可也；學而得之，試而行之未可也；行而得之，久而持之未可也。皆可矣，而人猶以爲疑，則且從容權度以待人之皆順。如是而猶不足以行，反己自責，而盡其誠之至。誠至矣，然且不見獲於上，不見信於友，不見德於民，則奉身以退，而自樂其天。唯是學而趨入於異端，行而沈没於好利，興羅織以陷正人，畏死亡而媚妖妄，則弗待遲回，而必不以自喪其名節。無他，求之己者嚴，而因乎人者不求其必勝也。唯然，則決安石之爲小人，非苛責之矣。

或曰，安石而爲小人，何以處夫黷貨擅權導淫迷亂之蔡京、賈似道者？夫京、似道能亂昏荒之主而不能亂英察之君，使遇神宗，驅逐久矣。安石唯不如彼，而禍乃益烈。諓諓之辯，硜硜之行，奚足道哉！

神宗蓄志理財備邊

神宗有不能暢言之隱，當國大臣無能達其意而善謀之者，於是而王安石乘之以進。帝初涖政，謂文彦博曰：「養兵備邊，府庫不可不豐。」此非安石導之也，其志定久矣。國家之事，相仍者之必相變也，勢也。大張之餘，［必］仍之以弛；大弛之餘，必仍之以張。善治者，酌之於未變之前，不極其數；持之於必變之日，不毁其度。不善治者反此，而大張大弛，相乘以勝，則國乃速敝。夫神宗固承大弛而勢且求張之日也。仁宗在位四十一年，解散天下而休息之。休息之是也，解散以休息之，則極乎弛之數，而承其後者難矣。歲輸五十萬於契丹，而頫首自名曰「納」；以友邦之禮禮元昊父子，而輸繒帛以乞苟安，仁宗弗念也。宰執大臣、侍從臺諫，胥在廷在野賓賓嘖嘖以争辨一典之是非，置西北之狡焉若天建地設而不可犯，國既以是弱矣。抑幸無耶律德光、李繼遷鷙悍之力，而暫可以賂免。非然，則劉六符虚聲恐喝而魄已喪，使疾起而捲河朔以嚮汴、雒，其不爲石重貴者何恃哉？於是而神宗若處栫棘之臺，晝然不容已於傷心，奮起而思有以張之，固仁宗大弛之反授之以決裂之資，然而弗能昌言於衆，以啓勁敵之心，但曰「養兵備邊」，待廷臣之默喻。宰執大臣惡容不與其焦勞，而思所以善處之者乎？

夫神宗之誤，在急以貧爲慮，而不知患不在貧，故以召安石聚斂之謀而敝天下。然而無容怪也，凡流俗之説，言彊國者，皆不出於聚財之計，太祖亦嘗爲此言矣。飽不宿則軍易潰，賞不重則功不興。器仗、甲胄、牛馬、舟車、糗糒、芻稾、椎牛、釃酒，不庀不腆，則進不速而守不固。夫孰謂其不然者，要豈有國者之憂哉！漢高起於亭長，無儋石之儲，秦據六國之資，斂九州之賦于關中，而不能與爭一戰之生死，且以爲興亡之大數，置勿論也。劉裕承桓玄播亂、盧循内訌之餘，以三吴一隅之物力，俘姚泓、縛慕容超，拓拔氏束手視其去來，而莫之敢較。唐積長安之金帛米粟，安禄山擁之，而肅宗以朔方斥鹵之鄉，崛起東嚮，驅之速遁。德宗匹馬而入梁州磽确之土，困朱泚而誅夷之。則不待積財已豐，然後可彊兵而挫寇，亦較然矣。

若夫仁宗之過於弛而積弱也，實不在貧也。密勿大臣如其有定識與，正告神宗曰：「以今日之力，用今日之財，西北之事無不可爲也。仁宗之休養四十年，正留有餘，聽之人心，以待後起之用。而國家所以屈於小醜者，未得人耳。河北之能固圉以待用者，誰恃而可也？綏、延之能建威以制寇者，誰恃而可也？守先皇之成憲，而益之殷憂，待之十年，而二虜已在吾指掌。」則神宗不言之隱，早授以宅心定志之弘圖，而戢其求盈無已之妄，安石揣摩雖工，惡能攻無瑕之玉哉？

夫宋之所以財窮於薦賄，國危於坐困者，無他，無人而已矣。仁宗之世，亦孔棘矣。河北之守，自畢士安撤備以後，置之若遺。西事一興，韓、范二公，小爲補葺，輒貢心膽寒裂之謡，張皇自炫。二公雖可分閫，固不能出張子房、李長源之上，藉使子房執桴鼓以敵秦、項，長源佩櫜鞬以決安、史，勢固不能。而其爲彭、韓、李、郭者何人？宋固不謀也。懷黃袍加身之疑，以痛抑猛士，僅一王德用、狄青而猜防百至。夫豈無可恃之才哉？使韓、岳、劉、吳生北宋之代，亦且束身偏裨，老死行間，無以自振；黃天蕩、朱僊鎮、藕塘、和尚原之績，豈獲一展其赳雄邪？唯不知此，而早以財賈自沮，乃奪窮民之銖累，止以供無益之狠戾，而畜其所餘，以待徽宗之奢縱。若其所恃以挑敵者，王韶已耳，徐禧已耳，高遵裕已耳，又其下者，宦者李憲已耳，以兵爲戲，而以財爲彈鵲之珠。當國大臣，無能以定命之訏謨，爲神宗辰告，徒欲摧抑其有爲之志，宜神宗之厭薄已亟，固必曰：贊仁宗四十餘年養癰之患者，皆此儔也。言之徒長，祇益其驕而已。

嗚呼，宋自神宗而事已難爲矣。仁宗之弛已久，仍其弛而固不可，張其弛而又已乖。然而酌其所自弛以漸張之，猶可爲也，過此而愈難矣。安石用而宋敝，安石不用而宋亦敝。神宗急進富公與謀而無以對也，宋之日敝以即於亡也，可於此而決之矣。

温公明道之善王安石

王安石之未試其虐也，司馬君實於其新參大政，而曰衆喜得人。明道亦與之交好而不絕，迨其後悔前之不悟而已晚矣。知人其難，洵哉其難已！子曰：「不知言，無以知人也。」夫知言者，豈知其人之言哉！言飾於外，志藏於中；言發於先，行成於後。知其中，乃以驗其外；考其成，乃以印其先。外易辨而中不可測，後易覈而先不能期。然則知言者，非知其人之所言可知已。商鞅初見孝公而言三王，則固三王之言矣。王莽進漢公而言周公，則固周公之言矣。而天下或爲其所欺者，知鞅、莽之言，而不知三王與周公之言也。知言者，因古人之言，見古人之心，尚論古人之世，分析古人精意之歸，詳説羣言之異同，而會其統宗；深造微言之委曲，而審其旨趣。然後知言與古合者，不必其不離矣；言與古離者，不必其不合矣。非大明終始以立本而趣時，不足以與于斯矣。

立聖人之言於此以求似，無不可似也。爲老氏之言者曰「虛静」，虛静亦聖人之德也。爲釋氏之言者曰「慈閔」，慈閔亦聖人之仁也。爲申、韓、管、商之言者曰「足兵食，正刑賞」，二者亦聖人之用也。匿其所師之邪慝，而附以君子之治教，奚辨哉？揣時君之所志，希當世之所求，以獵取彝訓，而跡亦可以相冒。當其崇異端、尚權術也，則弁髦聖人以恣其云爲。及乎君子在廷，法言羣進，則抑捃拾堯、舜、周公之影似，招摇以自詭於正。夫帝王經世之典，與貪功謀利之邪説，相辨者在幾微。則苟色莊以出之，而不易測其懷來之所挾，言無大異於聖人之言，而君子亦爲之動。無惑乎温公、明道之樂進安石而與之言也。

夫知言豈易易哉！言期於理而已耳，理期于天而已耳。故程子之言曰：「聖人本天，異端本心。」雖然，是說也，以折浮屠唯心之論，非極致之言也。天有成象，春其春，秋其秋，人其人，物其物，秩然各定而無所推移，此其所昭示而可言者也。若其密運而曲成，知大始而含至仁，天奚在乎？在乎人之心而已。故聖人見天於心，而後以其所見之天爲神化之主。知言者，務知其所以言之密藏，而非徒以言也。如其有一定之是非，而不待求之于心，則惻怛不生于中，言仁者即仁矣，羞惡不警於志，言義者即義矣。飾其言於仁義之圃，而外以毒天下，內以毁廉隅，皆隱伏於內，而仁義之言抑可不窮。安石之所能使明道不斥絶而與之交者，此也。當其時，秀慧之士或相獎以寵榮，或相溺於詩酒。而有人焉，言不及於戲豫，行不急於進取，則奉天則以鑒之，而不見其過；將以爲合於聖人之言，而未知聖人之言初不僅在於此。乃揖而進之，謂是殆可與共學者與！實則繇言之隱，與聖人傳心之大義微言相背以馳，尤甚於戲豫詭遇之徒。何則？彼可裁之以正，而此不可也。

若温公則愈失之矣。其於道也正，其於德也疏矣。聖人之言，言德也，非言道也，而公所篤信者道。其言道也，尤非言法也，而公所確持者法。且其憂世也甚，而求治也急，則凡持之有故，引之有徵，善談當世之利病者，皆嘉予之，而以爲不謬於聖人之言。於明道肅然敬之矣，於安石竦然慕之矣，乃至於蕩閑敗度之蘇氏，亦翕然推之矣。侈口安危，則信其愛國；極陳利病，則許以憂民；博徵之史，則喜其才之有餘；雜引於經，則羨其學之有本。道廣而不精，存誠而不知閑邪，於以求知人之明，不爲邪慝之所欺，必不可得之數矣。凡彼之言，皆聖人之所嘗言者，不可一概折也。惟於聖人之言，洗心藏密，以察其精義，則天之時，物之變，極乎深而研以其幾，然後知堯、舜、周、孔之治教，初無一成之軌則，使人揭之以號於天下。此之謂知言，而人乃可得而知，固非温公之所能及也。窮理，而後詭於理者遠；盡性，而後淫於性者詘；至於命，而後與時偕行之化，不以一曲而廠道之大全。知言者，「窮理盡性以至於命」之謂也。明道早失之而終得之，温公則一失已彰，而又再失焉，悔之於安石敗露之餘，而又與蘇氏爲緣。無他，唯知其人之言，而不知古今先哲之言也。

熙豐新法

熙、豐新法，害之已烈者，青苗、方田、均輸、手實、市易，皆未久而漸罷。哲、徽之季，姦臣進紹述之説，亦弗能强天下以必行。至於後世，人知其爲虐，無復有言之者矣。其元祐廢之不能廢，迄至於今，有名實相仍行之不革者，經義也，保甲也；有名異而實同者，免役也，保馬也；數者之中，保馬之害爲最烈。

保馬者，與民以值使買馬，給以牧地而課其孳生以輸之官。洪武以後，固舉此政於淮北、山東而廢牧苑。愚民貪母馬之小利於目前，幸牧地之免征於後世，貿貿然而任之。迨其子孫貧弱，種馬死，牧地徙，間歲納馬，馬不能良，則折價以輸，一馬之值至二十五金。金積於同寺，而國無一馬，户有此役，則貧餓流亡，求免而不得，皆保馬倡之也。夫馬，非其地弗良，非其人弗能牧也。水旱則困於芻粟，寒暑則死於疾疫。唯官有牧苑，而羣聚以恣其游息；官有牧人，而因時以蠲其疾；官有牧資，而水旱不窮於飼；則一虛一盈，孳產自倍。自成周以迄於唐，皆此制也。漢、唐車騎之盛，用捍邊陲，而不憂其匱，奈何以誘愚民而使陷於死亡哉？行此法者，曾不念此爲王安石之虐政，徒以殃民，而無益於國馬，相踵以行，禍延無已，故曰害最烈也。

保甲之法，其名美矣，好古之士，樂稱説之；飾文具以塞責之俗吏，亟舉行之。以爲可使民之親睦而勸於善邪？則非片紙尺木之能使然矣。以爲團聚而人皆兵，可以禦敵邪？則寇警一聞而攜家星散，非什保之所能制矣。以爲互相覺察而姦無所容邪？則方未爲盜，誰能詰之；既已爲盜，乃分罪於鄰右，民皆重足以立矣。以爲家有器仗，盜起而相援以擒殺之邪？則人持數尺之梃，蝕鏽之鐵，爲他人以與盜爭生死，誰肯爲之？責其不援而加以刑，賕吏猾胥且乘之以索賄，而民尤無告矣。如必責以器仗之精，部隊之整，拳勇者賞之，豪桀者長之；始勸以梟雄，終任以嘯聚。當熙、豐之世，乘以爲盜者不一，而禍尤昭著者，則鄧茂七之起，殺掠徧於閩中，實此致之也。溺古不通之士，無導民之化理、固國之洪猷，竇此以爲三代之遺美，不已愚乎！

免役之愈於差役也，當温公之時，朝士已羣争之，不但安石之黨也。民寧受免役之苛索，而終不願差役者，率天下通古今而無異情。驅遲鈍之農人，奔走於不習知之政令，未受役而先已魂迷，既受役而弗辭家破，輸錢畢事，酌水亦甘，不復怨杼柚之空於室矣。顧免役之害日增，而民重困者，有自來也。自宇文氏定租庸調之三法以徵之民也，租以田，庸以夫。庸者，民之應役於官，而出財以輸官，爲雇役之稍食也。庸有征而役免矣。承平久而官務簡，則庸恒有餘，而郡庫之積以豐，見於李華所論清河之積財，其徵也。及楊炎行兩税之法，概取之而斂所餘財歸之内帑，於是庸之名隱，而雇役無餘資。五代僭僞之國，地狹兵興，兩税悉充軍用，於是而復取民於輸庸之外，此重征之一也。安石唯務聚財，復行雇役之法，取其餘羡以供國計，而庸之外又征庸矣。然民苦於役，乃至破産而不償責，抑不復念兩税之已輸庸，寧復納錢以脱差役之苦。繇是而或免或差，皆瑣屑以責之民；民雖疲於應命，然止於所應派之役而已。朱英不審，而立一條鞭之法，一切以輸之官，聽官之自爲支給。民乍脱於煩苛，而欣然以應，乃行之漸久，以軍興設裁減之例，截取編徭於條鞭之内，以供邊用。日減日削，所存不給，有司抑有不容已之務，酷吏又以意爲差遣，則條鞭之外，役又興焉。於是免役之外，凡三徵其役，概以加之田賦，而游惰之民免焉。至於亂政已亟，則又有均差之賦而四征之。是安石之立法，已不念兩税之已有雇貲；而温公之主差役，抑不知本已有役，不宜重差之也。此歷代之積敝已極，然而民之願雇而不願差者，則脂竭髓乾而固不悔也。

若夫經義取士，則自隋進士科設以來，此爲正矣。納士於聖人之教，童而習之，窮年而究之，涵泳其中而引伸之。則耳目不淫，而漸移其不若之氣習。以視取青妃白，役心於浮華蕩冶之中者，貞淫之相去遠矣。然而士不益端，學不益醇，道不益明，則上之求之也亡實，而下之習之也不令也。六經、語、孟之文，有大義焉，如天之位於上，地之位於下，不可倒而置也。有微言焉，如玉之韞於山，珠之函於淵，不可淺而獲也。極之於小，而食息步趨之節，推求之而各得其安也。擴之於大，經邦制遠之猷，引伸之而各盡其用也。研之於深，保合變化之真，實體之而以立其誠也。所貴乎經義者，顯其所藏，達其所推，辨其所異於異端，會其所同於百王，證其所得於當人之心，而驗其所能於可爲之事，斯焉尚矣。乃司試者無實學，而干禄者有鄙心，於是而王鏊、錢福之徒，起而爲苟成利試之法。法非義也，而害義滋甚矣。大義有所自止，而引之使長；微言有所必宣，而抑之使隱；配之以比偶之詞，絡之以呼應之響，竊詞賦之陋格，以域窮理體道之文，而使困於其中。始爲經義者，在革詞賦之卑陋，繼乃以詞賦卑陋之成局爲經義，則侮聖人之言者，白首經營，傾動天下，而於道一無所覿。如是者凡屢變矣。而因其變以變之，徒争肥癯勁弱於鏡影之中，而心之不靈，已瀕乎死。風愈降，士愈偷，人争一牘，如兔園之册，復安知先聖之爲此言者將以何爲邪?是經義之納天下於聾瞽者,自成、弘始,而潰決無涯,豈安石之爲此不善哉?

合此數者觀之,可知作法之難矣。夫安石之以成憲爲流俗而亟改之者,遠奉堯、舜,近據周官,固以脅天下曰:「此聖人之教也。」夫學聖人者,得其精意,而古今故以一揆矣。詩云:「思無疆,思馬斯臧。」此國自牧畜之證,而保馬可廢矣。子曰:「苟子之不欲,雖賞之不竊。」此不責民以弭盜之證也,而保甲徒勞矣。周官行於千里之畿,而胥盈於千,徒溢於萬,皆食於公田,則此民不充役之驗也。則差役之虐政捐,而免役之誅求亦止矣。記曰:「順先王詩、書、禮、樂以造士。」則經義者,允爲良法也。而曰順者,明不敢逆也。爲瑣瑣之法以侮聖言者,逆也。絀其逆,而士可得而造,存乎其人而已矣。誠得聖人之精意以行之,而天下大治。自立辟以擾多辟之民,豈學古之有咎哉!

王安石奇王韶圖夏之策

老氏之言曰:「以正治國,以奇用兵。」言兵者師之,爲亂而已矣。王韶請擊西羌,收河湟以圖夏,王安石稱爲奇策而聽之,誠奇矣,惟其奇也,是以進無尺寸之功,而退有邱山之禍也。以奇用兵而利者有之矣。正不足而以奇濟之，可以暫試，不可以常用；可以脱險，不可以制勝；可乘疲寇而速平，不可禦彊敵而徐效。如其用之，抑必有可正而後可奇也。舍正用奇，而恃奇以爲萬全之策，此古今畫地指天之妄人，誤人家國者所以積也。論者皆咎陳餘之不用李左車也，使餘用左車之策，韓信抑豈輕入其阱中者？前車偶涉，伏起受挫，信亦自有以制之。以漢之彊，信之勇，加脆弱之孤趙，井陘小蹶，四面環攻，餘固無術以繼其後，惡足以救其亡哉？一彼一此，一死一生，視其力而已矣。唯在兩軍相持而不犯，不須臾之頃，姑試其奇，發於其所不及防而震撓之，可矣。然而其不可震撓者，固自若也。議之於朝廷，傳之於天下，明示以奇，而延之歲月以一試，吹劍首者之一吷而已矣。

夏未嘗恃西羌以爲援，西羌未嘗導夏以東侵，河、湟之於朔方，不相及也。拓拔、赫連端視劉裕之拔姚泓而不爲之動，知裕之適爲己滅泓也。則使宋芟盡羣羌，全有河湟之土，十郡孤懸，固不能守，祇爲夏效驅除，其能乘風席捲，進叩諒祚之壘乎？如其能大舉以西征，與擇大將、整六師，壓諒祚之疆以討僭逆之罪，而諒祚據賀蘭以自保，於是遣偏師掠西羌以潰其腹心，是或一策也，收蜀者棧道、夔門夾攻之術也。然而西羌各保其穴，固且阻頓而不能前。今一矢不及於銀、夏，而遠涉沙磧、河、洮之險，薄試之於羌，一勝一負，一叛一服，且不能制羌之死命，夏人睥睨而笑之。然且栩栩自矜曰：「此奇策也。」安石之愚，不可砭矣。

在昔繼遷死，德明弱，謂從曹瑋之請捕滅之，可以震讋契丹者，彼一時也。席太宗全盛之餘，外無澶州納賂之辱，宋無所屈於契丹，内無畢士安散甲歸農之令，兵雖力未有餘，而尚未自形其不足。且繼遷肉袒稱臣，與契丹爲脣齒，則威伸於德明而契丹自震，固必然之勢也。抑謂兵不可狃於不戰，而以征夏之役，使習勇而不倦，亦其時夙將猶存，部曲尚整，有可用之資，勿以不用窳之也。今抑非其時矣。弛不虞之防、狎安居之樂者，凡數十年。徒以羣羌散弱，乘俞龍珂内附之隙，徼幸以圖功；然且謀之五年而始城武勝，七年而始降木征，操彈雀之弓，欲射猛虎，惡足以自彊，而使彼畏我以不相侵乎？木征之降未幾，而孱懦之秉常且憑淩而起，宋之死者六十萬人，其於正也，無毫髮之可恃，而孤持一奇以相當，且其奇者，又非奇也，然而不敗者，未之有也。

是故奇者，舉非奇也。用兵者，正而已矣。不以猜疑任將帥，不以議論爲謀略，不以文法責進止。峙芻糧，精甲仗，汰老弱，同甘苦，習擊刺，嚴營陳，堂堂正正以臨之，攻其所必救，搏其所必争。誠有餘也，而後臨機不決，間出奇兵以迅薄之，而收速效。故奇者將帥應變之權也，非朝廷先事之算也。趙充國曰：「帝王之兵，以全取勝。」此之謂也。老氏者，持機械變詐以徼幸之祖也，師之者，速斃而已矣。

王安石引吕惠卿蔡確章惇諸奸

國民之交敝也，自苛政始。苛政興，足以病國虐民，而尚未足以亡；政雖苛，猶然政也。上不任其君縱欲以殄物，下不恣其吏私法以戕人，民怨漸平，而亦相習以苟安矣。唯是苛政之興，衆論不許，而主張之者，理不勝而求贏於勢，急引與己同者以爲援，羣小乃起而應之，竭其虔矯之才、巧黠之慧，以爲之效。於是汎濫波騰，以導諛宣淫蠱其君以毒天下，而善類壹空，莫之能挽。民乃益怨，釁乃倏生，敗亡沓至而不可禦。嗚呼，使以蔡京、王黼、童貫、朱勔之所爲，俾王安石見之，亦應爲之髮指。而羣姦尸祝安石，奉爲宗主，彈壓天下者，抑安石之所不願受。然而盈廷皆安石之仇讎，則呼將伯之助於吕惠卿、蔡確、章惇諸姦，以引凶人之旅進，固勢出於弗能自已，而聊與爲緣也。勢漸迤者趨愈下，志蕩於始而求正於末者，未之有也。是故苛政之足以敗亡，非徒政也；與小人爲類，而害乃因緣以蔓延。倡之者初所不謀，固後所必至也。

夫欲使天下之無小人，小人之必不列於在位，雖堯、舜不能。其治也，則惟君子勝也，君子勝而非無小人；其亂也，則惟小人勝也，小人勝而固有君子；其亡也，則惟通國之皆小人，通國之皆小人，通國之無君子，而亡必矣。故苛政之興，君子必力與之争；而争之之權，抑必有所歸而不可以泛。權之所歸者，德望兼隆之大臣是已。大臣不能持之於上，乃以委之於羣工，於是而争者競起矣。其所争者正也，乃以正而争者成乎風尚，而以争爲正。越職弗問矣，雷同弗問矣。以能言爲長，以貶削爲榮，以罷閒爲樂，任意以盡言，而惟恐不給。乃揆其所言，非能弗相刺謬也，非能弗相勦襲也；非能無已甚之辭，未然而斥其然也；非能無蔓延之語，不然而强謂然也。撟舉及於纖微之過，訐讁及於風影之傳，以激天子之厭惡，以授羣小之反攻，且躍起而自矜爲君子，而君子小人遂雜糅而莫能致詰。如攻安石者，無人不欲言，無言不可出，豈其論之各協于至正，心之各發於至誠乎？乃至懷私不逞之唐坰，反覆無恒之陳舜俞，亦大聲疾呼，咨嗟涕洟，而惟舌是出。於是人皆乞罷，而空宋庭以授之小人。迨乎蔡京、王黼輩興，而言者寂然矣。通國無君子，何怪乎通國之皆小人哉！

乃其在當日也，非無社稷之臣，德重望隆，足以匡主而倚國是，若韓、富、文、吕諸公者，居輔弼之任，而持之不堅，斷之不力，如先世李太初之拒梅詢、曾致堯，王子明之抑王欽若、陳彭年；識皆有所不足，力皆有所不逮，而以潔身引退，倒授其權於新進之庶僚；人已輕而言抑瑣，不足聳人主之聽，祇以益安石之横。且徒使才氣有裨之士，挫折沈淪，不爲國用，而驅天下干禄者懲其覆軌，望風遥附，以羣陷於邪。諸公過矣，而韓公尤有責焉。躬任兩朝定策之重，折母后之垂簾，斥權奄以獨斷，德威樹立，亘絶古今。神宗有營利之心，安石挾申、商之術，發乎微已成乎著，正其恩怨死生獨任而不可委者，曾公亮、王陶之瑣瑣者，何當榮辱，而引身遽退，虚端揆以待安石之縱横哉？韓公尤過矣！雖然，抑非公之過也。望之已隆，權之已重，專政之嫌，先起於嗣君之肺腑。則功有不敢居，位有不敢安，權有不敢執，身有不可辱，公亦末如之何也。夫秉正以拒邪，而使猝起争鳴之安石不得逞者，公之責也。斥曾公亮之姦，訟韓公之忠，以覺悟神宗安韓公者，文、富二公之責也。乃文之以柔居大位，無獨立之操；富抑以顧命不與，懷同堂之忌，睨韓公之遠引，而隱忍忘言。及安石之狂興，而姑爲緩頰，下與小臣固争緒論，不得，則乞身休老，而自詡不污，亦將何以質先皇而謝當世之士民乎？韓公一去，而無可爲矣。白日隱而繁星熒，嘒彼之光，固不能與妖孛競燿也。

夫神宗有收燕雲、定銀夏之情，起仁宗之積弛，宋猶未敝，非不可圖也。和平中正之中，自有固本折衝之道。而籌之不素，問之莫能酬答，然且懷私以聽韓公之謝政，安得謂宋有人哉？無大臣而小臣瓦解，小臣無可效之忠，而宵小高張，皆事理之必然者。司馬、范、吕諸公强挽已發之矢而還入於彀，宜其難已。然則宋之亡也，非法也，人也。無人者，無大臣也。李太初、王子明而存焉，豈至此乎！

以上宋論卷六

元祐罷新法

極重之勢，其末必輕，輕則反之也易，此勢之必然者也。順必然之勢者，理也；理之自然者，天也。君子順乎理而善因乎天；人固不可與天爭，久矣。天未然而爭之，其害易見；天將然而猶與之爭，其害難知。爭天以求盈，雖理之所可，而必過乎其數。過乎理之數，則又處於極重之勢而漸以嚮輕。君子審乎重以嚮輕者之必漸以消也，爲天下樂循之以不言而辨，不動而成，使天下各得其所，嶷然以永定而不可復亂。夫天之將然矣，而猶作氣以憤興，若旦夕之不容待，何爲者邪？古之人知此也審，故生民塗炭之極，察其數之將消，居貞以俟，徐起而順衆志以圖成。湯之革夏，武、周之勝殷，率此道也。況其非革命改制之時乎！

漢武帝鋭意有爲，而繁苛之政興，開邊牟利，淫刑崇侈，進羣小以荼苦其民，勢甚盛而不可撲也。然而溢於其量者中必餒，馳於其所不可行者力必困，怨浹於四海者，心必怵而不安。故其末年罷兵息役，弛刑緩征，不待人言之洊至，而心已移矣，圖已改矣。其未能盡革以復文、景之治者，霍光輔孝昭起而承之，因其漸衰之勢，待其自不可行而報罷。於是而武帝之虐劉天下者，日消月沈，不知其去而自已。無他，唯持之以心，應之以理，一順民志，而天下不見德，大臣不居功，順天以承祐。承天之祐者，自無不利也。

考神宗之初終，蓋類是矣。當其始也，開邊之志，聚財之情，如停水於脆土之隄而待決也。王安石乘之以進，三司條例使一設，而震動天下以從其所欲。於是而兩朝顧命之老，且引退而不能盡言；通國敢言之士，但一鳴而即逢貶竄；羣小揣意指而進者，喧不可息也。此勢之極重者也，然而固且輕矣。安石之所執以必爲者，爲之而無效矣。河不可疏，而淤田不登矣；田不可方，而故籍難廢矣；青苗之收息無幾，而逋欠積矣；保馬之孳息不蕃，而苑牧廢矣；民怨於下，士怨於廷，而徹乎上聽矣。高遵裕之敗，死尸盈野，棄甲齊山，而天子且爲之痛哭矣。安石則不肖之子撓之於内，反面之黨訟之於廷，神宗亦不復以心膂相信。鄧綰、吕嘉問且嬰顯罰，王安禮糾兄之過，而亟進升庸。手實、方田，自安石創者，皆自神宗而報罷矣。使神宗有漢武之年，其崩不速，則輪臺之詔，必自己先之，弗待廷臣之亟諫。蓋否極而傾，天之所必動，無待人也。幾已見矣，勢已移矣。則哲宗立，衆正升，因其欲熸之餘燄，撤薪以息之者，平其情，澄其慮，抑其怒張之氣以涖之。其不可行者，已昭然其不可行；無所利者，已昭然其有害；敝而弗爲之修，弛而弗爲之督，三年之中，如秋葉之日向於凋，坐而待其隕矣。而諸君子積怒氣以臨之，弗能須臾忍也，曾霍光之弗若，奚論古先聖哲之調元氣而養天下於和平哉！

牛之鬭虎，已斃而鬭之不已，牛乃力盡而死。安石既退，吕惠卿與離叛而兩窮。吕申公、司馬温公以洎孫固、吴充，漸起而居政地。彼蔡確、章惇、王珪、曾布之流，無安石博聞彊識之學、食淡衣麤之節，豈元祐諸公之勁敵哉？操之已蹙者，畏之已甚；疾之已亟者，疑之已深。授之以不兩立之權，而欲自居於畸重，則昔之重在彼者輕，而今之重在諸公者，能長保其重哉？天方授我，而我不知，力與天爭，而天且去之矣。夫豈有蒼蒼不可問之天哉？天者，理而已矣；理者，勢之順而已矣。此之不察，乃曰：「天祚社稷，必無此慮。」天非不祚宋也，謀國者失之於天，而欲强之於人以居功而樹德者爲之也。

蔡京復行新法

政之善者，一再傳而弊生，其不善者，亦可知矣。政之善者，期以利民，而其弊也，必至於厲民。立法之始，上昭明之，下敬守之，國受其益，人受其賜。已而奉行者非人，假其所寬以便其弛，假其所嚴以售其苛，則弊生於其間，而民且困矣。政之不善者，厲民以利國，而其既也，國無所利，因以生害，而民之厲亦漸以輕。立法之始，刻意而行之，令必其行，禁必其止，怨怒積於下而不敢違，已而亦成故事矣。牧守令長之賢者，可與士民通議委曲，以苟如其期會而止，而不必盡如其法。若其不肖者，則雖下不恤民瘼，上亦不畏國法，但假之以濟其私，而塗飾以應上，亦苟且塞責而無行之之志。則其爲虐於天下者，亦漸解散而不盡如其初，則害亦自此而殺矣。故即有不善之政，亦不能操之數十年而民無隙之可避。繇此言之，不善之政，未能以久賊天下；而唯以不善故，爲君子所争，乃進小人以成其事，則小人乘之以播惡，而其禍乃延。故曰：「有治人，無治法。」則亂天下者，非亂法亂之，亂人亂之也。

蔡京介童貫以進，與鄧洵武、温益諸姦勸紹述之邪説，推崇王安石，復行新法。乃考京之所行，亦何嘗盡取安石諸法，督責吏民以必行哉！安石之晝謀夜思，搜求衆論，以曲成其申、商、桑、孔之術者，京皆故紙視之，名存而實亡者十之八九矣。則京之所爲，固非安石之所爲也。天下之苦京者，非其苦安石者也。是安石之法，未足以致宣、政之禍；唯其雜引吕惠卿、鄧綰、章惇、曾布之羣小，以授賊賢罔上之秘計於京，則安石之所以貽敗亡於宋者此爾。載考熙、豐之時，青苗、保甲、保馬、市易之法，束濕亟行，民乃毁室鬻子，殘支體，徙四方，而嘑號徧野。藉令迄乎宣、政，無所寬弛，則天下之氓，死者過半，揭竿起者，不減秦、隋之季。乃紹聖踵行，又二十餘年，而不聞天下之怨毒倍於前日。方臘之反，敺之者朱勔花石之擾，非新法迫之也。此抑可以知政無善惡，俱不足以持久，倚法以求贏，徒爲聚訟而已矣。

神宗之求治也迫，安石之欲售其邪僻之術也堅，交相鶩而益之以戾氣，力持其是以與君子争，無從欲偷安之志以緩之，故行之決而督之嚴，吏無所容其曲折，民無所用其推移，則如烈火之初炎，而無幸存之宿艸。及哲宗而以怠心行之，及徽宗而抑以侈心行之矣。則吏民但可有盈餘以應誅求，飾文具以免勘督者，自相遁於下而巧避之。且如保甲之法，固可以一紙報成功；青苗之息，固可洒派於户口土田而分勞於衆。醉夢之君，狹邪之相，苟足其欲，而以號於人曰：「神宗之所爲，吾皆爲之矣。」而民之害，亦至此而稍紓矣。

繇此言之，政無善惡，統不足以持久。吏自有其相沿之習，民自有其圖全之計。士大夫冒譴以争訟於庭而不足，里胥編户協比以遁於法而有餘。故周公制六官，敘六典，纖悉周詳，規天下於指掌，勒爲成書，而終不以之治周。非不可行也，行之而或遁之，或乘之，德不永而弊且長也。

人主而爲國計無疆之休，任賢而已矣；大臣而爲君建有道之長，進賢而已矣。所舉賢，而以類升者，即不如前人之懿德，而沿流風以自淑，必不爲蝨賊者也。所舉不肖，而以類升者，豈徒相效以邪哉！趨而愈下，流而愈淫，即求前人之不韙而不可得。嗚呼！安石豈意其支流之有蔡京哉？而京則曰：「吾安石之嫡系也。」諸君子又從而目之曰：「京所法者，安石也。」京之惡乃益以昌矣。故善治天下者，章民者志也，貞民者教也，樹之百年者人也。知善政之不足恃，則非革命之始，無庸創立己法；知惡政之不可久，則雖苛煩之法，自可調之使馴。讀一先生之言，欲變易天下而從己，吾未見其愈於安石也，徒爲蔡京之口實而已。

論王安石

【清】沈德潛

辨姦者，辨不近人情之姦易，辨近人情之姦難。彼蓋以近人情者，爲蠱惑人君之本，而旋以不近人情之術恣肆行之，斯天下受其毒，不至于亡國敗家不止。則夫借近人情以售其姦者，所當燭其微而防其漸也。

蘇洵之論王安石也，謂合王衍、盧杞爲一人，而其所以爲姦者，總以不近人情斷之。其言誠然，然此見其陰賊險狠之已露其迹，而不知其先之立説以欺世者，固本乎王道，而無一不近人情者也。觀其上仁宗皇帝一書，意在法先王之政，而其所由法先王者，在于裕人才、修教養、因人力、足財用，而一歸於至誠惻怛之心，果如其言，雖二帝、三王之政莫踰乎此。又觀其議茶法一篇，引桑弘羊興榷酤之利，霍光屈其論、罷其法以爲義能勝利之鑒。繹其立言，凡古今聚斂之臣，欲盡財利於毫末者，一推其弊而曲中之，此皆當乎理而近乎人情者也。彼若謂我如是以立言，則英君哲相皆在我籠絡中矣。而果也，諸大臣信之而薦之，而人主引而近之。迨乎得君既專，羽翼既盛，即盡反向日之言，而攫民之利以肆其虐，以固其位，以遍傾陷天下之賢人，當日即有侃侃力争如司馬光諸人者，彼若曰予已知之，予前已言之矣，則彼之稱先王引經術者，非正藉以爲曲行其姦地哉？

且從來爲大姦慝者，惟以一身害及天下，獨安石之新法，繼起者紹述之，呂惠卿、章惇、鄧綰以後，蔡確、蔡卞以及蔡京六賊之徒，轉相流毒，直至徽、欽亡國而後已焉。而原其始禍，實以近人情之論逢君媚世，以至此極也。而其時正人君子，祗以學術偏頗，執拗不曉事目之，似安石爲愚人而非姦人也者，即蘇氏之論亦就其矯拂人情論之，而豈知尚未直窺其巧詐也耶？故曰，辨不近人情之姦易，辨近人情之姦難也。然則何以辨之？曰，誠至明生，由窮理知言以尋究其所以、所由、所安，斯姦人不得而蒙蔽也夫。

歸愚文鈔卷六

與方靈皋論删荆公虔州學記書

【清】李紱

殿中編校事煩，屢辱迴車左顧，缺爲趨答，悚仄非言，讀所删荆公虔州學記文氣益加遒緊，前賢畏後生，今乃信之。反覆省觀，似尚有未安者，曾、王學記，發明古聖王修己治人之術於周、程未顯之前，蓋昔人所謂佐佑六經之作也。荆公生平爲文最爲簡古，其簡至於篇無餘語，語無餘字，往往束千百言、十數轉於數行中，其古至於不可攀躋踪跡。引而高如緣千仞之崖，俯而深如縋千尋之谿，而曠而愈奥，如平楚蒼然而萬象無際。其爲此文乃獨不以簡而以詳，不以奇拔峭急爲古而以雍容温潤爲古，以其爲學記也。蓋論學之法，不得不詳，而教學者之辭氣，必安詳而恭敬也。

今就所删者觀之：「士牧民」數語，由士以及民也，删之則遺民矣。「庸之、承之、威之」，所謂則古昔、稱先王也，删之則似憑空立論矣。「諸侯之所教」一段，就州縣學言，蓋上文所陳，皆天子之事也，此等皆不可删。「是心非特秦也」一段，又推秦所以廢學校之原，蓋人知秦之廢學，而不知其所以廢亦漸而然也，以漸而廢，亦以漸而興，故引楊子之説。又曰「今天子新即位，庶幾能及此」，意似少緩，亦可删可不删也。至「守吏實古諸侯」句，亦不可删，删之則下文所謂「受於朝廷」者孰受之耶？其删之而無甚關者，惟「政非爲勸沮」及「又不止此」二語而已。至所謂見甚卓而格調近時，亦似未然。文之高下，因乎所見，未有所見高而格調反低者。爲時文之人，固有摹古文之形似者矣，摹之而反疑古文之近時，則何以異於黎邱之老不怪鬼之似其子而反疑其子之似鬼也，毋乃傎乎？其雍容優裕之氣與參差屈折之姿，究亦非時文所能似也。

安溪先生深於經術，其爲文皆六籍之腴，弟所心悦而誠服者，既以所删爲是，自不可易，然嘗與先生論文，間有未合，亦未嘗阿所好，惟不阿所好，則所服者乃真心悦而誠服耳。足下吾畏友，故亦不敢阿焉。

穆堂類稿初稿卷四三

王安石論

【清】錢大昕

世稱王安石誤用周禮而宋以亡，非也。安石曷嘗用周禮哉？記云：「經禮三百，曲禮三千。」經禮者，周官也；曲禮者，儀禮也。晉韓宣子觀易象與魯春秋，而知周禮之盡在魯，安石立經義法，廢儀禮、春秋不用，至詆聖人之經爲斷爛朝報，而驅士大夫以習其所爲新經義者，其妄且誕如此，安知所謂周禮哉？所以尊周禮者，將以便其新法也。六官之中，大綱細目，無所不備，獨取泉府一官以證其青苗、市易之法，安石曷嘗用周禮哉？

安石之入對也，勸神宗每事當以堯、舜爲法，而譏唐太宗所爲不盡合法度，可謂責難於君矣。及觀其詩，有云「今人未可輕商鞅，商鞅能令政必行」，而其子雱遂亟稱鞅爲豪傑之士。夫鞅之所爲，三尺童子恥之，安石將以經術致君堯、舜而稱鞅不置，何爲乎？

安石平生好爲大言欺當世，一旦得君，欲去舊臣及異己者，而惟其所欲爲，於是乎亟變法令，而以富强之説進，又以爲不託於聖人之法，則無以堅人主之信而箝異己者之口，此即商鞅之挾三術以鑽孝公者也。其託於用周禮者，安石之僞也。予嘗論安石之學出於商鞅，而鞅之法專而一，安石之法繁而紛，則才已不逮。鞅自言其治之不如三代，而安石藉口講學，動必稱先王，以揜其言利之名，則鞅猶不若是之詐也。此所以敗壞決裂，不如鞅之尚有小效也。范純仁申中書狀，謂其「捨堯、舜知人安民之道，講五伯富國强兵之術，尚法令則稱商鞅，言財利則背孟軻」。蓋切中安石之病，後之人重其文辭，因欲末減其誤國之罪，如公議何？

語録

二程論王安石

明道先生曰：「必有關雎、麟趾之意，然後可行周官之法度。」

伯淳先生嘗曰：「熙寧初，王介甫行新法，並用君子小人。君子正直不合，介甫以爲俗學，不通世務，斥去。小人苟容諂佞，介甫以爲有才，知變通，適用之。君子如司馬君實不拜副樞以去，范堯夫辭修注得罪，張天祺以御史面折介甫被責。介甫性很愎，衆人以爲不可，則執之愈堅。君子既去，所用小人争爲刻薄，故害天下益深。使衆君子未與之敵，俟其勢久自緩，委曲平章，尚有聽從之理，則小人無隙可乘，其害不至如此之甚也。」

王介甫爲舍人時，有雜説行於時，其粹處有曰：「莫大之惡，成於斯須不忍。」又曰：「道義重，不輕王公，志意足，不驕富貴。」有何不可？伊川嘗曰：「若使介甫只做到給事中，誰看得破？」

以上河南程氏外書卷一二

問：「荆公可謂得君乎？」曰：「後世謂之得君可也，然荆公之智識，亦自能知得，如表云：『忠不足以信上，故事必待於自明；智不足以破姦，故人與之爲敵。』智不破姦，此則未然；若君臣深相知，何待事事使之辨明也？舉此一事便可見。」曰：「荆公『勿使上知』之語，信乎？」曰：「須看他當時因甚事説此話。且如作此事當如何，更須詳審，未要令上知之；又如説一事，未甚切當，更須如何商量體察，今且勿令上知。若此類，不成是欺君也？凡事未見始末，更切子細、反復推究方可。」

問：「如荆公窮物，一部字解，多是推五行生成。如今窮理，亦只如此著工夫，如何？」曰：「荆公舊年説話煞得，後來却自以爲不是，晚年盡支離了。」

以上河南程氏遺書卷一八

「易有百餘家，難爲偏觀。如素未讀，不曉文義，且須看王弼、胡先生、荆公三家。理會得文義，且要熟讀，然後却有用心處。」

以上河南程氏遺書卷一九

劉安世論王安石

先生因言及王荆公學問，先生曰：「金陵亦非常人，其操行與老先生略同。」先生呼温公則曰「老先生」，呼荆公則曰「金陵」。其質朴儉素，終身好學，不以官職爲意，是所同也。但學有邪正，各欲行其所學爾，而諸人輒溢惡，此人主所以不信與夫？天下之士，至今疑之，以其言不公，故愈毁之而愈不信也。嘗記漢時大臣於人主之前説人短長，各以其實，如朱雲，是其一也，僕退而檢朱雲傳，華陰守丞嘉封事薦朱雲爲御史大夫，下其事問公卿，衡對以爲雲素好勇，數犯法亡命，受易，頗有師道。僕後見先生，因舉此言，先生曰：「是矣，凡人有善有惡，故人有毁有譽，若不稱其善而併以爲惡而毁之，則人必不信有是惡矣。」故攻金陵者，只宜言其學乖僻，用之必亂天下，則人主必信；若以爲以財利結人主如桑弘羊，禁人言以固位如李林甫，姦邪如盧杞，大佞如王莽，則人不信矣。蓋以其人素有德行，而天下之人素尊之，而人主夷考之無是事，則與夫毁之之言亦不信矣。此進言者之大戒。

先生問僕曰：「世之所以罪金陵者，何也？」僕以新法對。先生曰：「此但一事耳。其爲大害，不在是也。且論新法多成周之法，且五帝之法尚不同，而金陵乃以成周之法行於本朝，何哉？且祖宗所以不多爲法令者，正恐官吏緣此以撓民也。正如莊子言，剖斗折衡，則民不爭。使天下人皆如莊周，自可不爭；使天下吏人皆如臨川，可以不要人錢也。」僕曰：「所謂大害何也？」先生曰：「正在僥倖路開耳。譬如一大室中，聚天下珍寶，只有一門，門前有一正路甚廣大，然極迂遠難到，若非其人，輒趨此路者必有人約迴之，然此室又有數小邪路可到，有數小門可入，自古聖君賢臣相與同心極力閉此門，若有由邪路来者，則拒之使不得入，或時放一兩人入，亦不至甚害也。若乃廣開此路，大開此門，則人乘此徑路而入，自此門一開之後，不復可閉，何況有人於室中招之乎？嘉祐之末，天下之弊，在於舒緩，金陵欲行新法，恐州縣慢易，因擢用新進少年，而僥倖之路從此遂啓。又教人主作福作威之術，故有不次用人，至於特旨、御前處分、金字牌子、一時指揮之類，紛紛而出，以爲賞罰人主之柄，且此柄自持可也。若其勢必爲姦臣所竊，則賞罰綱紀大壞，天下欲不亂，得乎？」

先生曰：「金陵有三不足之説，聞之乎？」僕曰：「未聞。」先生曰：「金陵用事，同朝起而攻之，金陵闢衆論，進言於上，曰：『天變不足懼，祖宗不足法，人言不足恤。』此三句，非獨爲趙氏禍，乃爲萬世禍也。老先生嘗云：『人主之勢，天下無能敵者，或有過舉，人臣欲回之，必思有大於此者巴攬，庶幾可回也。天子者，天之子也。今天變乃天怒也，必有災禍，或可回也。今乃教人主使不畏天變、不法祖宗、不卹人言，則何等事不可爲也？」僕曰：「此言爲萬世禍，或有術以禁絶其説，使不傳於後世乎？」先生曰：「安可絶也，此言一出，天下莫不聞之，不若著論明辨之曰：此乃禍天下後世之言。雖聞之，必不從也。譬如毒藥不可絶，而神農與歷代名醫言之曰：此乃毒藥，如何形色，食之必殺人，故後人見而識之，必不食也。今乃絶之不以告人，既不能絶而人誤食之，死矣。」先生又曰：「『巴攬』兩字，賢可記取，極有意思。」

先生與僕論變法之初，僕曰：「神廟必欲變法，何也？」先生曰：「蓋有説矣。天下之法，未有無敝者，祖宗以来以忠厚仁慈治天下，至於嘉祐末年，天下之事似乎舒緩，委靡不振，當時士大夫亦自厭之，多有文字論列，然其實於天下根本牢固。至神廟即位，富於春秋，天資絶人，讀書一見便解大旨，是時見兩蕃不服，及朝廷州縣多舒緩，不及漢、唐全盛時，每與大臣論議，有怫然不悦之色，當時執政從官中有識者，以謂方今天下，正如大富家，上下和睦，田園開闢，屋舍牢壯，財用充足，但屋宇少設飾，器用少精巧，僕妾樸魯遲鈍，不敢作過，但有鄰舍來相凌侮，不免歲時以物贈之，其來已久，非自家做得如此，遂不敢承當。上意改革法度，獨金陵揣知上意，以身當之，以激切奮怒之言以動上意，遂以仁廟爲不治之朝，神廟一旦得之，以爲千載會遇。改法之初，以天下公論謂之流俗，内則太后，外則顧命大臣等，尚不能回，何況臺諫、侍從、州縣乎？

祇增其勢爾。雖天下之人羣起而攻之，而金陵不可動者，蓋此八個字，吾友宜記之。」僕曰：「何等八字？」先生曰：「『虚名、實行、强辯、堅志。』當時天下之論以金陵不作執政爲屈，此虚名也。平生行止無一點污，語者雖欲誣之，人主信乎？此實行也。論議人主之前，貫穿經史，今古不可窮詰，故曰『强辯』。前世大臣欲任意行一事，或可以生死禍福恐動之回，此老實不可以此動，故曰『堅志』。因此八字，此法所以必行也。得君之初，與主上若朋友，一言不合己志，必面折之，反覆詰難，使人主伏弱乃已。及元豐之初，人主之德已成，又大臣尊仰將順之不暇，天容毅然正君臣之分，非與熙寧初比也。」

以上元城語録卷上

楊時論王安石

「荆公在上前争論，或爲上所疑，則曰：『臣之素行，似不至無廉耻，如何不足信？』且論事，當問事之是非利害如何，豈可以素有廉耻劫人使信己也夫？廉耻在常人足道，若君子更自矜，其廉耻亦淺矣。蓋廉耻自君子所當爲者，如人守官，曰：『我固不受贓。』不受贓豈分外事乎？」

龜山先生語録卷一

「荆公云：『利者，陰也，陰當隱伏。義者，陽也，陽當宣著。』此説源流發於董仲舒，然此正王氏心術之蔽，觀其所爲，雖名爲義，其實爲利。」

「荆公言云『天使我有是之謂命，命之在我之謂性』，是未知性命之理。其曰『使我』，正所謂使然也，然使者可以爲命乎？以命在我爲性，則命自一物，若中庸言『天命之謂性』，性即天命也，又豈二物哉？如云在天爲命，在人爲性，此語似無病，然亦不須如此説。性、命初無二理，第所由之者異耳。率性之謂道，如易所謂聖人之作易，將以順性命之理是也。」

因論荆公法云：「青苗、免役亦是法，然非藏於民之道。如青苗取息雖不多，然歲散萬緡，則奪民二千緡入官，既入官，則民間不復可得矣。免役法取民間錢雇人役於官，其得此錢，用者蓋皆州縣市井之人，不及鄉民，鄉民惟知輸而已，而不得用，故今鄉民多乏於財也。」「青苗二分之息可謂輕矣，而不見有利於百姓，何也？今民間舉債，其息少者，亦須五七分，多者或倍，而亦不覺其爲害。」曰：「惟其利輕，且官中易得。人徒知目前之利，而不顧後患，是以樂請。若民間舉債，則利重，又百端要勒，得之極難，故人得已且已。又青苗雖名取二分之息，其實亦與民間無異，蓋小民既有非不得已而請者，又有非不得已用之，且如請錢千，或遇親舊於州縣間，須有酒食之費，不然亦須置小小不急之物，只使二百錢，已可比民間四分之息。又請納時往來之用，與官中門户之賂遺，至少亦不下百錢，況又有胥吏追呼之煩，非貨不行，而公家期限，又與私家不同，而民之畏法者，至舉債以輸官，往往沿此遂破蕩産業者固多矣。此所以有害而無利也。或云官中息輕，民得之可以自爲經營，歲豈無二分之息乎？蓋未之思也。若用之商販，則錢散而難集，正公家期逼，卒收不聚，失所指準，其患不細。往年富家知此患也，官中配之請，不得已請而藏之，比及期，出私錢爲息輸之官，乃無患。然使民如此，是無事而侵擾之也，何名補助之政乎？」

以上龜山先生語録卷三

「神宗賜金荆公，荆公即時賜蔣山僧寺爲常住。了翁云：『嘗見人説以此爲曠古所難，其實能有多少物，人所以難之，蓋自其眼孔淺耳。』曰：『荆公作此事，絶無義理，古者人君賜之果，尚懷其核，懷核所以敬君賜也。所賜金，義當受則受，當辭則辭，其可名而受之而施之僧寺乎？是賤君賜也，金可賤，君賜不可賤。書曰：人不易物，雖德其物，若於義當受而家已足，不願藏之家，而班諸昆弟之貧者，則合禮矣。』」

「孟子言大人正己而物正，荆公却云正己而不期於正物則無義，正己而必期於正物則無命。

若如所論，孟子自當言正己以正物，不應言正己而物正矣。物正，物自正也。大人只知正己而已，若物之正，何可必乎？惟能正己，物自然正，此乃篤恭而天下平之意。荆公之學，本不知此。」

「字説所謂『大同于物者，離人焉』。曰：楊子言『和同天人之際，使之無間』，不知是同是不同？若以爲同，未嘗離人。又所謂『性覺真空者，離人焉』，若離人而之天，正所謂頑空。通總老言經中説十識，第八庵摩羅識，唐言白浄無垢；第九阿賴邪識，唐言善惡種子。白浄無垢，即孟子之言性善是也。言性善，可謂探其本。言善惡混，乃是于善惡已萌處看。荆公蓋不知此。」

以上龜山先生語録卷四

朱熹論王安石

問荆公得君之故。曰：「神宗聰明絶人，與群臣説話，往往領略不去，才與介甫説，便有『於吾言無所不説』底意思，所以君臣相得甚懽。向見何萬一之少年時所著數論，其間有説云：本朝自李文靖公、王文正公當國以來，廟論主於安静，凡有建明，便以生事歸之，馴至後來天下弊事極多。此説甚好。且如仁宗朝是甚次第時節！國勢卻如此緩弱，事多不理。英宗即位，已自有性氣要改作，但以聖躬多病，不久晏駕，所以當時謚之曰『英』。神宗繼之，性氣越緊，尤欲更新之。便是天下事難得恰好，卻又撞著介甫出來承當，所以作壞得如此！」又曰：「介甫變法，固有以召亂。後來又卻不别去整理，一向放倒，亦無緣治安。」儒用。

論王荆公遇神宗，可謂千載一時，惜乎渠學術不是，後來直壞到恁地。問：「荆公初起，便挾術數？爲後來如此？」曰：「渠初來，只是要做事。到後面爲人所攻，便無去就。不觀荆公日録，無以知其本末。它直是强辯，邈視一世，如文潞公，更不敢出一語。」問：「温公所作如何？」曰：「渠亦只見荆公不是，便倒一邊。如東坡當初議論，亦要變法，後來皆改了。」又問：「神宗元豐之政，又卻不要荆公。」曰：「神宗盡得荆公許多伎倆，更何用他？到元豐間，事皆自做，只是用一等庸人備左右趨承耳。」又問：「明道、横渠初見時，皆許以峻用，後來乃如此，莫是荆公説已行故然？」曰：「正如吾友適説徐子宜上殿極蒙褒獎，然事卻不行。」曰：「設使横渠、明道用於當時，神宗盡得其學，他日還自做否？」曰：「不然。使二先生得君，卻自君心上爲之，正要大家商量，以此爲根本。君心既正，他日雖欲自爲，亦不可。」又云：「富韓公召來，只是要去，語人云：『入見上，坐亦不定，豈能做事？』」某云：「韓公當仁廟再用時，與韓魏公在政府十餘年，皆無所建明，不復如舊時。」曰：「此事看得極好，當記取。」又問：「使范文正公當此，定不肯回。」曰：「文正卻不肯回，須更精密似前日。」可學。

「荆公初作江東提刑，回來奏事，上萬言書。其間一節云：『今之小官俸薄，不足以養廉，必當有以益之。然當今財用匱乏，而復爲此論，人必以爲不可行。然天下之財未嘗不足，特不知生財之道，無善理財之人，故常患其不足。』神宗甚善其言。後來纔作參政第二日，便專措置理財，遍置回易庫，以籠天下之利，謂周禮泉府之職正是如此。卻不知周公之制，只爲天下之貨有不售，則商旅留滯而不能行，故以官錢買之，使後來有欲買者，官中卻給與之，初未嘗以此求利息也。」時舉云：「『凡國之財用取具焉』，則是國家有大費用皆給於此，豈得謂之不取利耶？朝廷財用，但可支常費耳。設有變故之來，定無可以應之。」曰：「國家百年承平，其實規模未立，特幸其無事耳。若有大變，豈能支耶？神宗一日聞回易庫零細賣甚果子之類，因云：『此非朝廷之體。』荆公乃曰：『國家創置有司，正欲領其繁細。若回易庫中，雖一文之物，亦當不憚出納，乃有司之職，非人君所當問。若人君問及此，則乃爲繁碎而失體也。』其説甚高，故神宗信之。」時舉。

「新法之行，諸公實共謀之，雖明道先生不以爲不是，蓋那時也是合變時節。但後來人情洶洶，明道始勸之以不可做逆人情底事。及王氏排衆議行之甚力，而諸公始退散。」道夫問：「新法之行，雖塗人皆知其有害，何故明道不以爲非？」曰：「自是王氏行得來有害。若使明道爲之，必不至恁地狼狽。」問：「若專用韓、富，則事體如何？」曰：「二公也只守舊。」「專用溫公如何？」曰：「他又別是一格。」又問：「若是二程出來擔負，莫須別否？」曰：「若如明道十事，須還他全別方得。只看他當時薦章，謂其『志節慷慨』云云，則明道豈是循常蹈故塊然自守底人！」道夫。

「呂氏家傳載荊公當時與申公極相好，新法亦皆商量來，故行新法時，甚望申公相助。又用明道作條例司，皆是望諸賢之助，是時想見其意好。後來盡背了初意，所以諸賢盡不從。明道行狀不載條例司事，此卻好分明載其始末。」

「荊公德行，學則非。」若海。

先生論荊公之學所以差者，以其見道理不透徹。因云：「洞視千古，無有見道理不透徹，而所説所行不差者。但無力量做得來，半上落下底，則其害淺。如庸醫不識病，只胡亂下那没緊要底藥，便不至於殺人。若荆公輩，他硬見從那一邊去，則如不識病證，而便下大黄、附子底藥，便至於殺人！」燾。

劉叔通言：「王介甫，其心本欲救民，後來弄壞者，乃過誤致然。」曰：「不然。正如醫者治病，其心豈不欲活人？卻將砒礵與人吃。及病者死，卻云我心本欲救其病，死非我之罪，可乎？介甫之心固欲救人，然其術足以殺人，豈可謂非其罪？」僩。

因語荆公，陸子靜云：「他當時不合于法度上理會。」語之云：「法度如何不理會？只是他所理會非三代法度耳。」居甫問：「荆公節儉恬退，素行亦好。」曰：「他當時作此事，已不合中。如孔子於飲食衣服之間，亦豈務滅裂？它當初便只苟簡，要似一苦行然。」某問：「明道『共改』之説亦是權？」曰：「是權。若從所説，縱未十分好，亦不至如它日之甚。」問：「章子厚説温公以母改子不是，此説卻好。」曰：「當時亦是温公見得事急，且把做題目。」問：「温公當路，卻亦如荆公，不通商量。」曰：「温公亦只是見得前日不是，己又已病，急欲救世耳。哲宗于宣仁有憾，故子厚輩得入其説。如親政次日，即召中官。范淳夫疏拳拳君臣之間，只説到此，向上去不得，其如之何？」問：「宣仁不還政，如何？」曰：「王彦霖繫年録一段可見。嘗對宣仁論君子小人，彦霖云：『太皇於宫中須説與皇帝。』曰：『亦屢説，孫兒都未理會得。』觀此一節，想是以未可分付，故不放下。宣仁性極剛烈，蔡新州之事，行遣極重。」曰：「當時若不得范忠宣救，殺了他，他日諸公禍又重。」曰：「賴有此耳。」又問：「韓師朴、曾子宣建中事如何？」曰：「渠二人卻要和會，子宣日録極見渠心跡。當時商量云，左除卻軾、轍，右除卻京、卞，此意亦好。後來元祐人漸多，頗攻其短，子宣卻反悔，師朴無如之何。」又問：「蔡京之來，乃師朴所引，欲以傾子宣。」曰：「京入朝，師朴遣子迎之十里，子宣卻遣子迎之二十里。京既入，和二人皆打出。」可學。或録云「韓師朴是個鶻突的人，薦蔡京，欲使之排曾子宣」云云。

汪聖錫嘗問某云：「了翁政日録，其説是否？」應之曰：「不是。」曰：「如何不是？」曰：「若言荆公學術之繆，見識之差，誤神廟委任，則可。壯祖録云：「若言荆公學術不正，負神廟委任之意，是非謬亂，爲神廟聖學之害，則可。」卻云日録是蔡卞增加，又云荆公自增加。如此，則是彼所言皆是，但不合增加其辭以誣宗廟耳。又以其言『太祖用兵，何必有名？真宗矯誣上天』，爲謗祖宗，此只是把持他，元不曾就道理上理會，如何説得他倒！」方子。

伯豐問四明尊堯集。曰：「只似討鬧，卻不于道理上理會。蓋它止是於利害上見得，于義理全疏。如介甫心術隱微處，都不曾攻得，卻只是把持。如曰『謂太祖濫殺有罪，謂真宗矯誣上天』，皆把持語也。龜山集中有攻日録數段，卻好，蓋龜山長於攻王氏。然三經義辨中亦有不必辨者，卻有當辨而不曾辨者。」㽦。

「王氏新經盡有好處，蓋其極平生心力，豈無見得著處？」因舉書中改古注點句數處，云：「皆如此讀得好。此等文字，某嘗欲看一過，與摭撮其好者而未暇。」賀孫。

「三舍士人守得荆公學甚固。」銖。

「陳後山説，人爲荆公學，唤作『轉般倉，模畫手，致無贏餘，但有虧欠』。東坡云：『荆公之學，未嘗不善，只是不合要人同己。』此皆説得未是。若荆公之學是，使人人同己，俱入於是，何不可之有？今卻説『未嘗不善，而不合要人同』，成何説話！若使彌望者黍稷，都無稂莠，亦何不可？只爲荆公之學自有未是處耳。」銖。

「介甫解佛經亦不是，解『揭帝揭帝』云：『揭其所以爲帝者而示之。』不知此是胡語！」璘。

蜚卿問荆公與坡公之學。曰：「二公之學皆不正，但東坡之德行那裏得似荆公？東坡初年若得用，未必其患不甚于荆公，但東坡後來見得荆公狼狽，所以都自改了。初年論甚生財，後來見青苗之法行得狼狽，便不言生財；初年論甚用兵，如曰『用臣之言，雖北取契丹可也』，後來見荆公用兵用得狼狽，更不復言兵。他分明有兩截底議論。」道夫。

「荆公後來所以全不用許多儒臣，也是各家都説得没理會。如東坡以前進説許多，如均户口、較賦役、教戰守、定軍制、倡勇敢之類，是煞要出來整理弊壞處。後來荆公做出，東坡又卻盡底翻轉，云也無一事可做。如揀汰軍兵，也説怕人怨；削進士恩例，也説士人失望，恁地都一齊没理會，始得。且如役法，當時只怕道衙前之役，易致破蕩，當時於此合理會，如何得會破蕩？晁以道文集有論役法處，煞好。」賀孫。

「熙寧更法，亦是勢當如此。凡荆公所變更者，初時東坡亦欲爲之。及見荆公做得紛擾狼狽，遂不復言，卻去攻他。如荆公初上底書，所言皆是，至後來卻做得不是。自荆公以改法致天下之亂，人遂以因循爲當然。天下之弊，所以未知所終也。」必大。

「介甫初與吕吉甫好時，常簡帖往來，其一云：『勿令上知。』後來不足，吕遂繳奏之，神宗亦胡亂藏掩了。介甫只好人奉己，故與吕合。若東坡們不順己，硬要治他，如何天生得恁地狠！」義剛。

問：「萬世之下，王臨川當作如何評品？」曰：「陸象山嘗記之矣，何待它人問？」「莫只是學術錯否？」曰：「天資亦有拗强處。」曰：「若學術是底，此樣天資卻更有力也。」曰：「然。」琮。

「世上有『依本分』三字，只是無人肯行。且如蘇氏之學，卻成個物事。若王氏之學，都不成物事，人卻偏要去學，這便是不依本分。近看博古圖，更不成文理，更不可理會，也是怪。其中説一『旅』字云：『王曰：「衆也。」』這是自古解作衆，他卻要恁地説時，是説王氏較香得些子。這是要取奉那王氏，但恁地也取奉得來不好。」義剛。

先生取荆公奏藁進鄴侯家傳者，令人傑讀之。廣録云：「取荆公議府兵奏藁，及鄴侯與德宗議復府兵之説，令諸生誦之。曰：『如今得個宰相如此，甚好。』」又讀益公跋。先生曰：「如益公説，則其事都不成做。」人傑云：「鄴侯有智略，如勸肅宗先取范陽，亦好。」曰：「此策誠善。彼勸肅宗未可取兩京者，欲以兩京藝其四將，惜乎不用也！」人傑云：「荆公保甲行於畿甸，其始固咈人情，元祐諸公盡罷之，卻是壞其已成之法。」曰：「固是。近張元德亦有此議論寄來。」因言：「元祐諸公大略有偏處，多如此。」人傑云：「如棄地與西夏，亦未安。」曰：「當時如呂微仲，自以爲不然。蓋呂西人，知其利害。其他諸公所見，恨不得納諸其懷；其意待西夏倔强時，只欲卑巽請和耳。」因言：「本朝養兵蠹國，更無人去源頭理會，只管從枝葉上去添兵添將。太祖初定天下，將諸軍分隸州郡，特寄養耳，故謂之『第幾指揮』，謂之『禁軍』，明其爲禁衛也。其將校乃衙前，今所謂『都知兵馬使』，謂之『教練』，乃其軍之將也。若都監，乃唐末監軍之遺制。鈐轄、都部署，皆國初制也。部署，即今之總管。今州鈐、路鈐、總管，皆無職事，但大閲時供職一兩日耳。潭州有八指揮，其制皆廢弛。而飛虎一軍獨盛，人皆謂辛幼安之力。以某觀之，當時何不整理親軍？自是可用。卻別創一軍，又增其費。又今之江上屯駐，祖宗時亦無之。某之意，欲使更戍於州郡，可以漸汰將兵，然這話難説。又今之兩淮荆襄義勇皆可用，但人多不之思耳。」人傑。廣録云：「京畿保甲之法，荆公做十年方成。至元祐時，温公廢了，深可惜！蓋此是已成之事，初時人固有怨者，後來做得成，想人亦安之矣。卻將來廢了，可惜！因言軍政後來因事而添者甚多，添得新者，卻不理會舊時有者。祖宗只有許多禁軍散在諸州，謂之禁軍者，乃天子所用之軍，不許他役。而今添得許多御前諸軍分屯了，故諸州舊有禁軍皆不理會。又如潭州緣置飛虎一軍了，都不管那禁軍與親兵。」

以上朱子語類卷一三〇

王安石軼事

王荆公父名益，故其所著字説無「益」字。

老學庵筆記卷六

傅獻簡云：「王荆公之生也，有貛入其室，俄失所在，故小字貛郎。」

邵氏聞見後録卷三〇

昔與小王先生者言：「王舒公介甫何至於無後？」小王先生曰：「介甫，上天之野狐也。又安得有後？」吾默然不平，歸白諸魯公。魯公曰：「有是哉！」吾益駭。魯公始迺爲吾言，曰：「頃有李士寧者，異人也。一旦因上七日入醴泉觀，獨倚殿所之楯柱，視卿大夫絡繹登階拜北神者。適睹一衣冠，亟問之曰：『汝非貛兒乎？』衣冠者爲之拜，迺介甫也。士寧謂介甫：『汝從此去，踰二紀爲宰相矣。其勉旃！』蓋士寧出入介甫家，識介甫之初誕生，故竟呼小字曰「貛兒」也。

鐵圍山叢談卷四

王荆公之生也，有貛出於市。一道人首常戴花，時人目爲戴花道人，來訪其父，曰：「此文字之祥，是兒當之，他日以文名天下。」因述其出處甚詳，俟至執政，自當見之。荆公父書於册，自後休證不少差，荆公甚神之。洎拜兩地，戒閽者，有戴花道人來，不問早暮即通。一日，道人果來，荆公見之，述父所記，渴見之意。道人曰：「自此益得君，謹無復讎。」荆公扣之，曰：「公前身，李王也，戒之。」遂辭去。

雲麓漫鈔卷四

長安西去蜀道有梓橦神祠者，素號異甚。士大夫過之，得風雨送，必至宰相；進士過之，得風雨則必殿魁。自古傳無一失者。有王提刑者過焉，適大風雨，王心因自負，然獨不驗。時介甫丞相年八九歲矣，侍其父行，後乃知風雨送介甫也。

鐵圍山叢談卷四

王荆公少年，不可一世士，獨懷刺候濂溪，三及門而三辭焉。荆公恚曰：「吾獨不可自求之六經乎！」乃不復見。

鶴林玉露甲編卷五

神宗嘗問文定識王安石否？曰：「安石視臣大父行也。臣見其大父日，安石髮未丱，衣短褐布，身瘡疥，役灑埽事，一蒼頭耳。」

邵氏聞見後録卷二〇

荆公在鍾山讀書，有一長老曰：「先輩必做宰相，但不可念舊惡，改壞祖宗格法。」荆公云：「一第未就，奚暇問作宰相，并壞祖宗格法？僧戲言也。」老僧云：「曾坐禪入定，見秦王入寺來，知先輩秦王後身也。」

王介甫乃進賢饒氏之甥，其舅黨以介甫膚理如虵皮，目之曰：「此行貨亦欲求售耶？」介甫尋舉進士，以詩寄之曰：「世人莫笑老虵皮，已化龍鱗衣錦歸。傳語進江饒八舅，如今行貨正當時。」 貴耳集卷中

慶曆二年，御試進士，時晏元獻爲樞密使。楊察，晏壻也，時自知制誥，避親，勾當三班院。察之弟寘時就試畢，負魁天下望。未放牓間，將先宣示兩府，上十人卷子。寘因以賦求察問晏公己之高下焉。晏公明日入對，見寘之賦已考定第四人，出以語察。察密以報寘。……不久唱名，再三考定第一人卷子進御。賦中有『孺子其朋』之言，不懌曰：『此語忌，不可魁天下。』即王荆公卷子。第二人卷子即王珪，以故事，有官人不爲狀元；令取第三人，即殿中丞韓絳；遂取第四人卷子進呈，上欣然曰：『若楊寘可矣。』復以第一人爲第四人。寘方以鄙語罵時，不知自爲第一人也。然荆公平生未嘗略語曾考中狀元，其氣量高大，視科第爲何 靳史卷二一

等事而增重耶！

王荆公於楊寘榜下第四人及第。是時，晏元獻爲樞密使，上令十人往謝。晏公俟衆人退，獨留荆公，再三謂曰：「廷評乃殊鄉里，久聞德行鄉評之美。況殊備位執政，而鄉人之賢者取高科，實預榮焉。」又曰：「休沐日相邀一飯。」荆公唯唯。既出，又使直省官相約飯會，甚慇懃也。比往時，待遇極至。飯罷，又延坐，謂荆公曰：「鄉人他日名位如殊坐處，爲之有餘矣。」且歎慕之又數十百言，最後曰：「然有二語欲奉聞，不知敢言否？」晏公言至此，語欲出而擬議久之。晏公泛謂荆公曰：「能容於物，物亦容矣。」荆公但微應之，遂散。公歸至旅舍，歎曰：「晏公爲大臣，而教人者以此，何其卑也！」心頗不平。荆公後罷相，其弟和甫知金陵時，説此事，且曰：「當時我大不以爲然。我在政府，平生交友，人人與之爲敵，不保其終。今日思之，不知晏公何以知之，復不知『能容於物，物亦容焉』二句，有出處，或公自爲之言也。」

默記卷下

王安石……好讀書，能强記，雖後進投贄及程試文有美者，讀一周輒成誦在口，終身不忘。其屬文，動筆如飛，初若不措意，文成，見者皆伏其精妙。友愛諸弟，俸禄入家，數日輒盡爲諸弟所費用，家道屢空，不一問。議論高奇，能以辯博濟其說，人莫能詘。始爲小官，不汲汲於仕進。

默記卷中

皇祐中，文潞公爲宰相，薦安石及張瓌、曾公定、韓維四人恬退，乞朝廷不次擢用，以激澆競之風。有旨，皆籍記其名。至和中，召試館職，固辭不就，乃除羣牧判官，又辭，不許，乃就職。少時，懇求外補，得知常州。由是名重天下，士大夫恨不識其面，朝廷常欲授以美官，唯患其不肯就也。自常州徙提點江南東路刑獄。嘉祐中，召除館職、三司度支判官，固辭，不許。未幾，命修起居注，辭以新入館，館中先進甚多，不當超處其右，章十餘上。有旨，令閤門吏齎敕就三司授之，安石不受，吏隨而拜之，安石避之於廁，吏置敕於案而去，安石使人追而與之，朝廷卒不能奪。歲餘，復申前命，安石又辭七八章，乃受。尋除知制誥，自是不復辭官矣。

温公瑣語

韓魏公自樞密副使以資政殿學士知揚州，王荆公初及第爲僉判，每讀書至達旦，略假寐，日已高，急上府，多不及盥漱。魏公見荆公少年，疑夜飲放逸。一日從容謂荆公曰：「君少年，無廢書，不可自棄。」荆公不答，退而言曰：「韓公非知我者。」魏公後知荆公之賢，欲收之門下，荆公終不屈，如召試館職不就之類是也。故荆公熙寧日録中短魏公爲多，每曰：「韓公但形相好爾。」作畫虎圖詩詆之。至荆公作相，行新法，魏公言其不便，神宗感悟，欲罷其法。荆公怒甚，取魏公章送條例司疏駮，頒天下。又誣吕申公有言藩鎮大臣將興晉陽之師，除君側之惡，自草申公謫詞，昭著其事，因以摇魏公。賴神宗之明，眷禮魏公，終始不替。魏公薨，帝震悼，親製墓碑，恩意甚厚。荆公有挽詩云：「幕府少年今白髮，傷心無路送靈輀。」猶不忘魏公少年之語也。

邵氏聞見録卷九

維揚芍藥甲天下，其間一花若紫袍而中有黄緣者，名「金腰帶」。金腰帶不偶得之。維揚傳一開則爲世瑞，且簪是花者位必至宰相，蓋數數驗。昔韓魏公以樞密副使出維揚，一日，金腰帶忽出四蘂，魏公異之，乃燕平生所期望者三人，與共賞焉。時王丞相禹玉爲監郡，王丞相介甫同一人俱在幕下，及將燕，而一客以病方謝不敏。及旦日，吕司空晦叔爲過客來，魏公尤喜，因留吕司空。合四人者，咸簪金腰帶。其後四人果皆輔相矣。

鐵圍山叢談卷六

皇祐三年，荆公倅舒，與道人文銳、弟安國擁火遊石牛洞，玩李習之題字，聽泉而歸。故有詩曰：「水泠泠而北出，山靡靡而旁圍。欲窮源而不得，竟悵望而空歸。」

韻語陽秋卷一三

嘉祐中，正獻公言：「君子當正其衣冠，尊其瞻視。王介甫之衣冠不整，亦一大病。」

吕氏雜記卷下

熙寧二年，韓魏公自永興軍移判北京，過闕上殿。王荆公方用事，神宗問曰：「卿與王安石議論不同，何也？」魏公曰：「仁宗立先帝爲皇嗣時，安石有異議，與臣不同故也。」帝以魏公之語問荆公，公曰：「方仁宗欲立先帝爲皇子時，春秋未高，萬一有子，措先帝於何地？臣之論所以與韓琦異也。」荆公强辯類如此。當魏公請册英宗爲皇嗣時，仁宗曰：「少俟，後宫有就閣者。」公曰：「後宫生子，所立嗣退居舊邸可也。」蓋魏公有所處之矣。然荆公終英宗之世，屢召不至，實自慊也。

邵氏聞見録卷九

韓魏公知揚州，介甫以新進士簽書判官事，韓公雖重其文學，而不以吏事許之。介甫數引古義争公事，其言迂闊，韓公多不從。介甫秩滿去。會有上韓公書者，多用古字，韓公笑而謂僚屬曰：「惜乎王廷評不在此，其人頗識難字。」介甫聞之，以韓公爲輕己，由是怨之。及介甫知制誥，言事復多爲韓公所沮。會遭母喪，服除，時韓公猶當國，介甫遂留金陵，不朝參。曾魯公知介甫怨忌韓公，乃力薦介甫於上，强起之，其意欲以排韓公耳。

涑水記聞卷一六

韓魏公，慶曆中以資政殿學士知揚州，時王荆公初及第，爲校書郎、簽書判官廳事，議論多與魏公不合。洎嘉祐末，魏公爲相，荆公知制誥，因論蕭注降官詞頭，遂上疏争舍人院職分，其言頗侵執政；又爲糾察刑獄，駁開封府斷争鵪鶉公事，而魏公以開封爲直，自是往還文字甚多。及荆公秉政，又與常平議不合，然而荆公每評近代宰相，即曰：「韓公德量才智，心期高遠，諸公皆莫及也。」及魏公薨，荆公爲輓詞曰：「心期自與衆人殊，骨相知非淺丈夫。」又曰：「幕府少年今白髮，傷心無路送靈輀。」

王介甫令吾浙之鄞。鄞濱海，其民冬夏乘筏採捕爲生。有田率在山麓，取灌泉水，澇則泄以達海，旱則瀦以養田，故民得指田爲質，以貸豪右之金，豪右得乘急重息之。介甫特出官錢輕息以貸，至秋則田畝之入安然足償，所謂青苗法也。於鄞實善政，及爲相，必欲推而遍於天下，則非矣。鄞人至今德之，立祠陀山下，神亦至靈。東軒筆録卷六

荆公嘗在歐公坐上賦虎圖，衆客未落筆，而荆公草已就。歐公亟取讀之，爲之擊節稱歎，坐客閣筆不敢作。六研齋筆記卷一

王荆公初未識歐文忠公，曾子固力薦之公，願得游其門，而荆公終不肯自通。至和初，爲羣牧判官，文忠還朝，始見知，遂有「翰林風月三千首，吏部文章二百年」之句。然荆公猶以爲非知己也，故酬之曰：「他日儻能窺孟子，此身安敢望韓公。」自期以孟子，處公以爲韓愈，公亦不以爲歉。及在政府，薦可爲宰相者三人同一劄子，吕司空晦叔、司馬温公與苕溪漁隱叢話前集卷三四引漫叟詩話

荆公也。避暑録話卷上

中書待制公翌新仲，嘗言：「後學讀書未博，觀人文字不可輕詆。且如歐陽公與王荆公詩云：『翰林風月三千首，吏部文章二百年。』荆公答云：『他日若能窺孟子，終身安敢望韓公。』歐公笑曰：『介甫錯認某意，所用事乃謝朓爲吏部尚書，沈約與之書，云二百年來無此作也。若韓文公迨今何止二百年耶！』前後名公詩話，至今博洽之士莫不以歐公之言爲信，而荆公之詩爲誤。不知荆公所用之事，乃見孫樵上韓退之吏部書『二百年來無此文也』，歐公知其一而不知其二，故介甫嘗曰：『歐公坐讀書未博耳。』雖然，荆公亦有强辯處。嘗有詩云：『黄昏風雨滿園林，殘菊飄零滿地金。』歐公見而戲之，曰：『秋英不比春花落，傳語詩人仔細吟。』荆公聞之，曰：『永叔獨不見楚詞「夕餐秋菊之落英」耶？』殊不知楚詞雖有『落英』之語，特寓意『朝夕』二字，言吞陰陽之精蕊，動以香浄自潤澤爾。所謂『落英』者，非飄零滿地之謂也。夫百卉皆彫落，獨菊花枝上枯，雖童孺莫不知之。荆公作事，動輒引經爲證，故新法之行，亦取合於周官之書，其大概類此爾。」西塘集耆舊續聞卷一

司馬温公嘗曰：「昔與王介甫同爲羣牧司判官，包孝肅公爲使，時號清嚴。一日，羣牧司牡

丹盛開，包公置酒賞之，公舉酒相勸，某素不喜酒，亦强飲，介甫終席不飲，包公不能强也。某以此知其不屈。」邵氏聞見録卷一〇

舒王性酷嗜書，雖寢食間手不釋卷，晝或宴居默坐，研究經旨。知常州，對客語，未嘗有笑容。一日，大會賓佐，倡優在庭，公忽大笑，人頗怪之。乃共呼優人厚遺之，曰：「汝之藝能使太守開顔，真可賞也。」有一人竊疑公笑不由此，因乘間啓公，公曰：「疇日席上偶思咸、恒二卦，豁悟微旨，自喜有得，故不覺發笑耳。」墨客揮犀卷四

王介甫詭詐不通，外除自金陵過揚州，劉原父作守，以州郡禮邀之，遂留。方營妓列庭下，介甫作色，不肯就坐。原父辨論久之，遂去營妓，顧介甫曰：「燒車與船。」延之上坐。侯鯖録卷三

王介字中甫，衢州人，博學善譏謔。嘗舉制科不中，與王荆公遊甚欵曲，然未嘗降意少相下。熙寧初，荆公以翰林學士被召，前此屢召不起，至是始受命。介以詩寄云：「草廬三顧動幽蟄，蕙帳一空生曉寒。」用蕙帳事，蓋有所諷，荆公得之大笑。他日作詩，有「丈夫出處非無意，猿

鶴從來自不知」之句，蓋爲介發也。

熙寧戊申，邵堯夫聞杜鵑啼，不樂，或問之，曰：「將有人起東南爲相，以文教亂天下，此禍非六十年不已。」未幾，王介甫召自江寧。介甫所建明經術法令，至建炎戊申方熄。石林詩話卷下

王荆公熙寧初召還翰苑。初侍經筵之日，講禮記「曾參易簀」一節，曰：「聖人以義制禮，其詳見於牀笫之間。君子以仁行禮，其勤至於垂死之際。姑息者，且止之辭也，天下之害，未有不由於且止者也。」步里客談卷上

熙寧元年冬，介甫初侍經筵，未嘗講説。上欲令介甫講禮記，至曾子易簀事，介甫於倉卒間進説曰：「聖人以義制禮，其詳至於牀笫之際；君子以仁循禮，其勤見於將死之時。」上稱善。安石遂言：「禮記多駁雜，不如講尚書帝王之制，人主所宜急聞也。」於是罷禮記。老學庵筆記卷九

熙寧初，吴沖卿問王介甫：「若見吴江小龍，怕耶不怕耶？」介甫曰：「亦怕亦不怕。若不曲洧舊聞卷九

怕，無以與民同患；若怕，無以退藏于密。」

東坡中制科，王荆公問吕申公：「見蘇軾制策否？」申公稱之。荆公曰：「全類戰國文章，若安石爲考官，必黜之。」故荆公後修英宗實録，謂蘇明允有戰國縱横之學云。吕氏雜記卷下

王介甫在館閣時，僦居春明坊，與宋次道宅相鄰。次道父祖以來藏書最多，介甫借唐人詩集日閱之，過眼有會于心者，必手録之，歲久殆遍。或取其本鏤行于世，謂之百家詩選，既非介甫本意，而作序者曰：「公獨不選杜、李與韓退之，其意甚深。」則又厚誣介甫而欺世人也。不知李、杜、韓退之外，如元、白、夢得、劉長卿、李義山輩，尚有二十餘家。以予觀之，介甫固不可厚誣，而世人豈可盡欺哉？蓋自欺耳。邵氏聞見後録卷一四

吕晦叔、王介甫同爲館職，當時閤下皆知名士，每評論古今人物治亂，衆人之論必止於介甫，介甫之論又爲晦叔止也。一日論劉向當漢末，言天下事反復不休，或以爲知忠義，或以爲不達時變，議未决。介甫來，衆問之，介甫卒對曰：「劉向强聒人耳。」衆意未滿。晦叔來，又問之，風月堂詩話卷下

則曰：「同姓之卿歟！」衆乃服。故介甫平生待晦叔甚恭，嘗簡晦叔曰：「京師二年，鄙吝積於心，每不自勝。一詣長者，即廢然而反。夫所謂德人之容使人之意消者，於晦叔得之矣。以安石之不肖，不得久從左右，以求於心而稍近於道。」又曰：「師友之義，實有望於晦叔。」故介甫作相，薦晦叔爲中丞。晦叔迫於天下公議，及言新法不便，介甫始不悦，謂晦叔有驩兜、共工之姦矣。邵氏聞見録卷一二

韓子華爲閣長，一時名公如劉原父、王介甫之徒，皆在館職。介甫最爲子華所服，事多折衷於介甫。一日，館中會話，論及劉更生。介甫以當漢衰靡，王莽擅權，勢不復興，而更生曉曉强聒，近不知時，其中是非者相半。子華繼自外至，問曰：「諸公所談何事？」或以更生對。子華問介甫曰：「如何？」介甫具告。子華曰：「不然，更生同姓之卿，安得默默就斃哉！」一坐服子華至論。過庭録

温公在翰苑時，嘗飯客，客去，獨老蘇少留，謂公曰：「適坐有囚首喪面者何人？」公曰：「王介甫也，文行之士。子不聞之乎？」洵曰：「以某觀之，此人異時必亂天下，使其得志立朝，雖聰明之主，亦將爲其誑惑。内翰何爲與之游乎？」洵退，於是作辯姦論行於世。是時介甫方作館職，而明允猶布衣也。泊宅編卷上

蘇明允本好言兵，見元昊叛，西方用兵久無功，天下事有當改作，因挾其所著書，嘉祐初來京師，一時推其文章。王荆公爲知制誥，方談經術，獨不嘉之，屢詆于衆，以故明允惡荆公甚于仇讎。會張安道亦爲荆公所排，二人素相善，明允作辨姦一篇密獻安道，以荆公比王衍、盧杞，而不以示歐文忠。荆公後微聞之，因不樂子瞻兄弟，兩家之隙遂不可解。辨姦久不出，元豐間，子由從安道辟南京，請爲明允墓表，特全載之。蘇氏亦不入石，比年少傳于世。避暑録話卷上

王荆公爲館職，與滕甫同爲開封試官，甫屢稱一試卷，荆公重違其言，寘在高等。及拆封，乃王觀也。觀平日與甫親善，其爲人薄於行，荆公素惡之，至是疑爲滕所賣，公見於辭色。滕遽操俚言以自辨，且曰：「苟有意賣公者，令甫老母下世。」荆公怏然答曰：「公何不愷悌？凡事須權輕重，豈可以太夫人爲咒也。」荆公又不喜鄭獬，至是目爲「滕屠鄭沽」。東軒筆録卷一一

荆公在歐公坐，分韻送裴如晦知吴江，以「黯然消魂唯别而已」分韻。時客與公八人，荆公、子美、聖俞、平甫、老蘇、姚子張、焦伯强也。時老蘇得而字押「談詩究乎而」，荆公乃又作而字二詩：「采鯨抗波濤，風作鱗之而。」蓋用周禮考工記：「梓人深其爪，出其目，作其鱗之而。」又云：「春風垂虹亭，一杯湖上持。傲兀何賓客，兩忘我與而。」最爲工。君子不欲多上人，王、蘇

之憾，未必不稔於此也。

詩人之盛莫如唐，故今唐人之詩集行於世者，無慮數百家。宋次道龍圖所藏最備，嘗以示王介甫，且俾擇其尤者。公既爲擇之，因書其後曰：「廢日力於是，良可歎也。然欲知唐人之詩者，眡此足矣。」其後此書盛行於世，唐百家詩選是也。芥隱筆記

晁以道言：「王荆公與宋次道同爲羣牧司判官，次道家多唐人詩集，荆公盡即其本擇善者籤帖其上，令吏抄之。吏厭書字多，輒移荆公所取長詩籤置所不取小詩上。荆公性忽略，不復更視，唐人衆詩集以經荆公去取皆廢。今世所謂唐百家詩選曰荆公定者，乃羣牧司吏人定也。」卻掃編卷中

王荆公編百家詩選，從宋次道借本，中間有「暝色赴春愁」，次道改「赴」字作「起」字，荆公復定爲「赴」字，以語次道曰：「若是『起』字，人誰不能到？」次道以爲然。邵氏聞見後録卷一九

黄魯直嘗問王荆公：「世謂四家選詩，丞相以歐、韓高于李太白耶？」荆公曰：「不然，陳和叔嘗問四家之詩，乘間簽示和叔。時書史適先持杜集來，而和叔遂以其所送先後編集，初無高石林詩話卷中

下也。李、杜自昔齊名者也，何可下之？」魯直歸問和叔，和叔與荆公之説同。聞見近録

荆公編李、杜、韓、歐四家詩，而以歐公居太白之上，曰：「李白詩語迅快無疏脱處，然其識污下，十句九句言婦人、酒爾。」

嘉祐初，李仲昌議開六漯河，王荆公時爲館職，頗祐之。既而功不成，仲昌以贓敗。劉敞侍讀以書戲荆公，曰：「要當如宗人夷甫，不與世事可也。」荆公答曰：「天下之事，所以易壞而難合者，正以諸賢無意如鄙宗夷甫也，但仁聖在上，故公家元海未敢跋扈耳。」捫虱新話卷一〇

嘉祐末，王介甫以知制誥糾察在京刑獄。有少年得鬭鶉，其同儕借觀之，因就乞之。鶉主不許，借者恃與之狎昵，遂持去，鶉主追及之，踢其脅下，立死。開封府捕按其人，罪當償死。及糾察司録問，介甫駁之曰：「按律，公取、竊取皆爲盗。此不與而彼强攜以去，乃盗也。此追而毆之，乃捕盗也，雖死當勿論，府司失入平人爲死罪。」府官不伏，事下審刑、大理詳定，以府斷爲是，有旨王安石放罪。舊制，放罪者詣殿門謝，介甫自言我無罪，不謝。御史臺及閤門累移牒趣

之，終不肯謝。臺司因劾奏之，執政以其名重，遂不問，介甫亦竟不謝。

温公瑣語

仁廟嘉祐中開賞花釣魚燕，王介甫以知制誥預末坐。帝出詩示群臣，次第屬和。傳至介甫，日將夕矣，亟欲奏御。得「披香殿」字，未有對。時鄭毅夫獬接席，顧介甫曰：「宜對『太液池』。」故其詩有云：「披香殿上留朱輦，太液池邊送玉杯。」翌日，都下盛傳王舍人竊柳詞「太液波翻，披香簾捲」，介甫頗啣之。

西清詩話卷下

仁宗皇帝朝，王安石爲知制誥。一日，賞花釣魚宴，内侍各以金楪盛釣餌藥置几上，安石食之盡。明日，帝謂宰輔曰：「王安石詐人也。使誤食釣餌，一粒則止矣；食之盡，不情也。」帝不樂之。後安石自著日録，厭薄祖宗，於仁宗尤甚，每以漢文帝恭儉爲無足取者，其心薄仁宗也。故一時大臣富弼、韓琦、文彦博而下，皆爲其詆毀云。

邵氏聞見録卷二

王荆公知制誥，吴夫人爲買一妾，荆公見之，曰：「何物也？」女子曰：「夫人令執事左右。」安石曰：「汝誰氏？」曰：「妾之夫爲軍大將部米運失舟，家資盡没猶不足，又賣妾以償。」公愀然曰：「夫人用錢幾何得汝？」曰：「九十萬。」公呼其夫，令爲夫婦如初，盡以錢賜之。

王荆公爲小學士時，嘗訪君謨，君謨聞公至，喜甚，自取絶品茶，親滌器烹點以待公，冀公稱賞。公於夾袋中，取消風散一撮，投茶甌中併食之。君謨失色，公徐曰：「大好茶味。」君謨大笑，且歎公之真率也。　邵氏聞見録卷一一

嘉祐中，士大夫之語曰：「王介甫家，小底不如大底；南陽謝師宰家，大底不如小底。」謂安石、安禮、安國、安上，謝景初、景温、景平、景回也。　墨客揮犀卷四

王荆公、司馬温公、吕申公、黄門韓公維，仁宗朝同在從班，特相友善，暇日多會於僧坊，往往談燕終日，他人罕得而預，時目爲「嘉祐四友」。　默記卷中

安石在仁宗時，論立英宗爲皇子與韓魏公不合，故不敢入朝。安石雖高科有文學，本遠人，未爲中朝士大夫所服，乃深交韓、吕二家兄弟。韓、吕，朝廷之世臣也，天下之士，不出於韓，即出於吕。韓氏兄弟絳，字子華，與安石同年高科；維字持國，學術尤高，不出仕，用大臣薦入館。　卻掃編卷中

呂氏公著字晦叔，最賢，亦與安石爲同年進士。子華、持國、晦叔爭揚於朝，安石之名始盛。安石又結一時名德之士如司馬君實輩，皆相善。先是治平間，神宗爲潁王，持國翊善，每講論經義，神宗稱善。持國曰：「非某之説，某之友王安石之説。」至神宗即位，乃召安石，以至大用。

邵氏聞見録卷三

先公言：與閻二丈詢仁同赴省試，遇少年風骨竦秀於相國寺。及下馬去毛衫，乃王元澤也。是時盛冬，因相與於一小院中擁火。詢仁問荆公出處，曰：「舍人何久召不赴？」答曰：「大人久病，非有他也。近以朝廷恩數至重，不晚且來。雱不惟赴省試，蓋大人先遣來京尋宅子爾。」詢仁云：「舍人既來，誰不願賃宅，何必預尋？」元澤答曰：「大人之意不然，須與司馬君實相近者，每在家中云：『擇鄰必須司馬十二，此人居家事事可法，欲令兒曹有所觀效焉。』」

默記卷下

王荆公知制誥，丁母憂，已五十矣。哀毁過甚，不宿於家，以藁秸爲薦，就廳上寢于地。是時，潘夙公所善，方知荆南，遣人下書金陵。急足至，升廳，見一人席地坐，露頭瘦損，愕以爲老兵也，呼院子令送書入宅。公遽取書，就鋪上拆以讀。急足怒曰：「舍人書而院子自拆可乎！」喧呼怒叫。左右曰：「此即舍人也。」急足皇恐趨出，且曰：「好舍人！好舍人！」

默記卷下

西塘先生鄭俠，字介夫，福州福清人。父監江寧府稅時，先生就清涼寺讀書，不交人事，惟正旦至日一歸省親。時荆公以舍人居憂，聞而奇之。有楊驥者，自鄱陽來學於荆公，公使依先生學。一夕大雪，先生讀書過夜半，寒甚，呼驥起飲。酒酣登樓，觀雪賦詩，氣宇浩然。詩云：「濃雪暴寒齋，寒齋豈怕哉！漏隨書卷盡，春逐酒瓶開。一酌招孔孟，再斟留賜回。醺酣入詩句，同上玉樓臺。」他日驥謁荆公，語次誦先生詩，公歎賞曰：「真好學者。」累誦其「漏隨書卷盡，春逐酒瓶開」之句。先生將應舉，因贄所業謁荆公，公益稱奬。

荆公與魏公議事不合，曰：「如此則是俗吏所爲。」魏公曰：「公不相知，某真一俗吏也。」使爾多財，吾爲爾宰，共財最是難事。」　梅磵詩話卷上

神宗初即位，猶未見羣臣，王樂道、韓持國維等以宮僚先入，慰於殿西廊。既退，獨留維，問王安石今在甚處，維對在金陵。上曰：「朕召之肯來乎？」維言：「安石蓋有志經世，非甘老於山林者。若陛下以禮致之，安得不來？」上曰：「卿可先作書與安石，道朕此意，行即召矣。」維曰：「若是，則安石必不來。」上問何故，曰：「安石平日每欲以道進退，若陛下始欲用之，而先使人以私書道意，安肯遽就？然安石子雱見在京師，數來臣家，臣當自以陛下意語之，彼必能達。」　晁氏客語

上曰：「善。」於是荆公始知上待遇眷屬之意。石林燕語卷七

王安石爲翰林學士，因萊州阿芸謀殺夫，以爲案問，欲舉免所因之罪，主上決意用爲輔相。東軒筆録卷三

王荆公議阿云按問自首法，舉朝紛紛，惟韓持國與公議同。一日晚，見持國歎曰：「此法至近而易知之事，乃與時議如此大異！」持國因曰：「此事維與介甫同，因夜來枕上不能寐，細思之亦有可議也。」荆公歎曰：「此一事安石理會來三十年矣，持國以一夕聰明勝之，不亦難乎！」默記卷中

熙寧元年，兩府辭郊賜。王荆公以爲兩府郊賚不多，減之未足以富國，今軍人郊賚不能減，而徒減兩府，失大體。兩府果能益國，雖增禄十倍，不足辭；苟爲不能，當辭位，不當辭禄。司馬文正曰：「方今國用窘竭，非痛裁省浮費，不能復振。苟裁省不自貴近始，則在下不服。臣非謂今日得兩府郊賚能富國也，欲陛下以此爲裁省之始耳。且陛下彊裁省之，則傷體；今大臣以河北災傷，憂公體國，自求省郊賚，從其請，所以成其美，何傷體之有？且陪祀無功」云云。荆公曰：「窘乏非今日之急，得善理財者，何患不富？」文正曰：「善理財者，不過浚民之膏血耳。」神

宗令且爲不允詔，會荆公當直，遂以其意爲之。能改齋漫録卷一三

熙寧初，富鄭公弼、曾魯公公亮爲相，唐質肅公介、趙少師抃、王荆公安石爲參知政事。是時荆公方得君，鋭意新美天下之政，自宰執同列無一人議論稍合，而臺諫章疏攻擊者無虚日，吕誨、范純仁、錢顗、程顥之倫尤極詆訾，天下之人皆目爲生事。是時鄭公以病足，魯公以年老，皆引例去，唐質肅屢争於上前，不能勝，未幾，疽發于背而死，趙少師力不勝，但終日歎息，遇一事更改，即聲苦者數十，故當時謂中書有生、老、病、死、苦，言介甫生、明仲老、彦國病、子方死、閲道苦也。

熙寧中，朝廷有「生老病死苦」之語：時王荆公改新法，目爲生事；曾魯公以年老依違其間；富、韓二公稱病不出；唐參政與荆公争，按問欲理直不勝，疽發背死；趙清獻唯聲苦。東軒筆録卷九

時范忠宣公爲侍御史，皆劾之，言荆公章云：「志在近功，忘其舊學。」言富公章云：「謀身過於謀國。」言曾公、趙公章云：「依違不斷可否。」忠宣每曰：「以王介甫比莽、卓過矣，但急於功利，遂忘素守。」荆公猶欲用忠宣爲同修起居注，忠宣不從，出爲陝西漕，又移成都漕。荆公不悦，竟以事罷之。邵氏聞見録卷一三

王荆公與唐質肅公介同爲參知政事，議論未嘗少合。荆公雅愛馮道，嘗謂其能屈身以安人，如諸佛菩薩之行。一日於上前語及此事，介曰：「道爲宰相，使天下易四姓，身事十主，此得爲純臣乎？」荆公曰：「伊尹五就湯、五就桀者，正在安人而已，豈可亦謂之非純臣也？」質肅公曰：「有伊尹之志則可。」荆公爲之變色，其議論不合，多至相侵，率此類也。

東軒筆録卷九

至和中，范景仁爲諫官，趙閲道爲御史，以論陳恭公事有隙。熙寧中，介甫執政，恨景仁，數訐之於上，且曰：「陛下問趙抃，即知其爲人。」他日，上以問閲道，對曰：「忠臣。」上曰：「卿何以知其忠？」對曰：「嘉祐初，仁宗違豫，鎮首請立皇嗣以安社稷，豈非忠乎？」既退，介甫謂閲道曰：「公不與景仁有隙乎？」閲道曰：「不敢以私害公。」

涑水記聞卷一四

安國嘗力諫其兄，以天下恟恟，不樂新法，皆歸咎於公，恐爲家禍。介甫不聽，安國哭於影堂，曰：「吾家滅門矣！」

涑水記聞卷一六

王荆公初爲參知政事，閒日因閲讀晏元獻公小詞而笑曰：「爲宰相而作小詞，可乎？」平甫曰：「彼亦偶然自喜而爲爾，顧其事業豈止如是耶！」時吕惠卿爲館職，亦在坐，遽曰：「爲政必先放鄭聲，況自爲之乎！」平甫正色曰：「放鄭聲，不若遠佞人也。」

東軒筆録卷五

劉貢甫舊與王荆公游甚欵，荆公在從班，貢甫以館職居京師，每相過，必終日。其後荆公爲參知政事，一日，貢甫訪之，值其方飯，使吏延入書室中，見有藁草一幅在硯下，取視之，則論兵之文也。貢甫性强記，一過目輒不忘，既讀，復寘故處。獨念吾以庶僚謁執政，徑入其便坐非是，因復趨出，待於廡下。荆公飯畢而出，始復邀入坐語。久之，問貢甫：「近頗爲文乎？」貢甫曰：「近作兵論一篇，草創未就。」荆公問所論大概如何，則以所見藁草爲己意以對。荆公不悟其嘗見己之作也，默然良久，徐取硯下藁草裂之。蓋荆公平日論議必欲出人意之表，苟有能同之者，則以爲流俗之見也。

郤掃編卷中

荆公置條例司，初用程顥伯淳爲屬。伯淳賢士，一日盛暑，荆公與伯淳對語，雱者囚首跣足，手攜婦人冠以出，問荆公曰：「所言何事？」荆公曰：「以新法數爲人沮，與程君議。」雱箕踞以坐，大言曰：「梟韓琦、富弼之頭於市，則新法行矣。」荆公遽曰：「兒誤矣。」伯淳正色曰：「方與參政論國事，子弟不可預，姑退。」雱不樂去。伯淳自此與荆公不合。

邵氏聞見録卷一一

荆公嘗與明道論事不合，因謂明道曰：「公之學如上壁。」言難行也。明道曰：「參政之學如捉風。」及後來逐不附己者，獨不怨明道，且曰：「此人雖未知道，亦忠信人也。」

河南程氏遺書卷一九

先生嘗語王介甫曰：「公之談道，正如說十三級塔上相輪，對望而談曰，相輪者如此如此，極是分明。如某則戇直，不能如此，直入塔中，上尋相輪，辛勤登攀，邐迤而上，直至十三級時，雖猶未見相輪，能如公之言，然某却實在塔中，去相輪漸近，要之須可以至也。至相輪中坐時，依舊見公對塔談說此相輪如此如此。」

河南程氏遺書卷一

介甫用事，張郇、李承之薦惇可用，介甫曰：「聞惇大無行。」承之曰：「某所薦者才也，顧惇才可用於今日耳，素行何累焉！公試召與語，自當愛之。」介甫召見之，惇素辯，又善迎合，介甫大喜，恨得之晚。

邵氏聞見録卷一三

熙寧初，子厚爲崇文院校書，天祺與伯淳同爲監察御史。時介甫行新法，伯淳自條例司官爲御史，與臺諫官論其不便，俱罷。上猶主伯淳，介甫亦不深怒之。除京西北路提點，伯淳力辭，乞與同列俱貶，改澶州簽判。天祺尤不屈，一日至政事堂言新法不便，介甫不答，以扇障面而笑，天祺怒曰：「參政笑某，不知天下人笑參政也。」

祖無擇字擇之……嘉祐中，與王介甫同爲知制誥，擇之爲先進。時詞臣許受潤筆物，介甫因辭一人之饋不獲，義不受，以其物置舍人院梁上。介甫以母憂去，擇之取爲本院公用。介甫聞而惡之，以爲不廉。熙寧二年，介甫入爲翰林學士，拜參知政事，權傾天下。時擇之以龍圖閣學士、右諫議大夫知杭州。介甫密諭監司求擇之罪，監司承風旨以贓濫聞於朝廷，遣御史王子韶按治。子韶小人也，攝擇之下獄，鍛鍊無所得，坐送賓客酒三百小瓶，責節度副使安置。邵氏聞見録卷一五

新法之變，議者紛然。伯淳見介甫，介甫聞伯淳至，盛怒以待之。伯淳既見，和氣藹然見眉宇間，即笑謂介甫曰：「今日諸公所争皆非私，實天下事爾。相公少霽威色，且容大家商量。」管子云：下令如流水之源，令順民心也，管子猶知爾，況乃相公高明乎，何苦作逆人事？」介甫爲伯淳所薰，不覺心醉，即謂伯淳曰：「業已如此，奈何？」伯淳曰：「尚可改也。」介甫遂有改法之意，許明日見上白之。及明日見上，有張天驥者，實横渠弟也，自處士徵爲諫官，遂於上前面折荆公之短，荆公不勝其忿，遂不肯改。邵氏聞見録卷一六

北窗炙輠録卷上

神宗問：「周世宗何如？」馮公京曰：「世宗威勝於德，故享國不永。」王荆公曰：「世宗之殂，遠邇哀慕，非無德也。」荆公率以强辯勝同列，不知馮公之對，迺藝祖之語，見三朝寶訓云。

王荆公初參政事，下視廟堂如無人。一日，争新法，怒目諸公曰：「君輩坐不讀書耳。」趙清獻同參政事，獨折之曰：「君言失矣。如皋、夔、稷、契之時，有何書可讀？」荆公默然。以上邵氏聞見後録卷二〇

王荆公在臺閣侍從時，每爲人言：「唐太宗令諫官隨宰相入閤，最切於政道，後世所當行也。」及入司政事，而孫莘老、李公擇在諫職，二人者，熟荆公此論，遂列奏請舉行之，荆公不可，曰：「是又益兩參知政事也。」

王荆公初執政，對客悵然曰：「投老欲依僧耳。」客曰：「急則抱佛脚。」公微笑曰：「投老欲依僧，古人全句。」客曰：「急則抱佛脚，亦全俗語也。然上去投，下去脚，豈不爲的對邪？」公遂大笑。自警編卷九引吕氏家塾記

王介甫未達，韓子華、富彦國愛其才，皆力薦於朝。王秉政，頗失士望，二公悔惡之。張安邵氏聞見後録卷一九

介甫耶？」安道曰：「某何嘗謂是，公自不知人，今將何尤！」富公默然無語。道歸南京，富公守陳，安道由陳見富公，尊俎間談疾介甫不已。安道略不答，富公曰：「安道是

過庭録

滕元發言：杜祁公作相，夜召元發作文字，因觀其狀貌，歎曰：「此骨相窮寒，豈宰相之狀也？」徐命左右秉燭，手展書卷，起而觀之，見眼有黑光徑射紙上。元發默然曰：「杜公之貴者此也。」後與王介甫同作館職，同夜直。忽見介甫展書燭下，黑光亦徑射紙上。因爲荆公説祁公之事，言介甫他日必作相。介甫歎曰：「子勿相戲，安石豈願作宰相哉？」十年之間，果如元發之言。

默記卷上

介甫在朝，每有中使宣召，及賜予所贈之物，常倍舊例。陰結内侍都知張若水、押班藍元振，因能固上之寵。上使中使二人潛察府界青苗，還，皆言民便之，故上堅行不疑。

苕溪漁隱叢話後集卷二五引司馬文正公日録

荆公柄國時，有人題相國寺壁云：「終歲荒蕪湖浦焦，貧女戴笠落柘條。阿儂去家京洛遥，驚心寇盜來攻剽。」人皆以爲夫出婦憂荒亂也。及荆公罷相，子瞻召還，諸公飲蘇寺中，以此詩問之，蘇曰：「于『貧女』句，可以得其人矣。『終歲』，十二月也，十二月爲『青』字。『荒蕪』，田有草也，草田爲『苗』字。『湖浦焦』，水去也，水旁去爲『法』字。『女戴笠』爲『安』字。『柘落木

條』剩『石』字。『阿儂』是吴言，合吴言爲『誤』字。『去家京洛』爲『國』，『寇盗』爲『賊民』。蓋言青苗法安石誤國賊民也。」

楓窗小牘卷上

熙寧初，王丞相介甫既當軸處中，而神廟方赫然一切委聽。號令驟出，但於人情適有所離合，於是故臣名士往往力陳其不可，且多被黜降，後來者乃寖結其舌矣。當是時，以君相之威權而不能有所帖服者，獨一教坊使丁仙現爾。丁仙現，時俗但呼之曰「丁使」。丁使遇介甫法制適一行，必因燕設，於戲場中迺便作爲嘲諢，肆其誚難，輒有爲人笑傳。介甫不堪，然無如之何也，因遂發怒，必欲斬之。神廟乃密詔二王，取丁仙現匿諸王邸。二王者，神廟之兩愛弟也。故一時諺語，有「臺官不如伶官」。

鐵圍山叢談卷三

熙寧四年，王荆公當國，欲以朱柬之監左藏庫，柬之辭曰：「左帑有火禁，而年高，宿直非便。聞欲除某人勾當進奏院，實願易之。」荆公許諾。翌日，於上前進某人監左藏庫，上曰：「不用朱柬之監左藏庫，何也？」荆公震駭，莫測其由。上之神機臨下，多知外事，雖纖微，莫可隱也。

東軒筆録卷五

王荆公當國，郭祥正知邵州武岡縣，實封附遞奏書，乞以天下之計專聽王安石區畫，凡議論有異於安石者，雖大吏亦當屏黜。表辭亦甚辨暢，上覽而異之，一日問荆公曰：「卿識郭祥正否？其才似可用。」荆公曰：「臣頃在江東嘗識之，其爲人才近縱横，言近捭闔，而薄於行，不知何人引薦，而聖聰聞知也。」上出其章以示荆公，荆公耻爲小人所薦，因極口陳其不可用而止。是時祥正方從章惇辟，以軍功遷殿中丞，及聞荆公上前之語，遂以本官致仕。東軒筆録卷六

尚書李公風度凝遠，與人有恩意，而遇事强毅，不爲苟合。初善王荆公，荆公當國，冀其助，而詆之乃力於他人。荆公嘗遣雱諭意曰：「所争者國事，盍少存朋友之義？」公曰：「大義滅親，況朋友乎！」自守益確。士論以此歸之。自警編卷二

故事，進士第一人初命官，以將作監丞遷著作郎，次遷右正言。熙寧中，許沖元將以磨勘當遷，王荆公爲相，欲抑甲科三名前恩例，擬令轉太常博士。太常博士與右正言同爲一等，然祖宗分别流品，以太常博士爲有出身人遷轉，非以待第一人也。荆公方下筆作「太」字時，堂吏以手約筆，具陳祖宗之制，荆公乃改「太」字右筆作「口」字，沖元遂遷右正言。獨醒雜志卷一

李師中與王介甫同年進士，自幼負材氣。一日廣坐中稱其少年豪傑，介甫方識之，見衆人

稱舉其豪傑，乃云：「唐太宗十八歲起義兵，方是豪傑，渠是何豪傑？」衆不敢以對。默記卷中

李師中平日議論多與荊公違戾，及荊公權盛，李欲合之，乃於舒州作傅巖亭，蓋以公嘗倅舒，而始封又在舒也。吳孝宗對策，方詆熙寧新法，既而復爲巷議十篇，言閭巷之間，皆議新法之善，寫以投荊公。荊公薄其翻覆，尤不禮之。東軒筆録卷六

歐陽文忠公自歷官至爲兩府，凡有建明於上前，其詞意堅確，持守不變，且勇於敢爲，王荊公嘗歎其可任大事。及荊公輔政，多所更張，而同列少與合者。是時歐陽公罷參知政事，以觀文殿學士知蔡州。荊公乃進之爲宣徽使，判太原府，許朝覲，意在引之執政，以同新天下之政。而歐陽公懲濮邸之事，深畏多言，遂力辭恩命，繼以請老而去。荊公深歎惜之。東軒筆録卷九

光禄卿鞏申，佞而好進，老爲省判，趨附不已。王荊公爲相，每生日，朝士獻詩頌，僧道獻功德疏以爲壽，輿皂走卒皆籠雀鴿就宅放之，謂之放生。申既不閑詩什，又不能誦經，於是以大籠貯雀，詣客次，搢笏開籠，且祝曰：「願相公一百二十歲。」時有邊塞之主帥妻病，而虞候割股以

獻者，天下駭笑。或對曰：「虞候爲縣君割股，大卿與丞相放生。」

東軒筆録卷一〇

熙寧時，劉涇爲太學頌曰：「有四大儒，越出古今。王氏父子，吕氏兄弟。」荆公聞之，怒曰：「我四分中只得一分。」

吕氏雜記卷下

荆公、禹玉熙寧中同在相府。一日同侍朝，忽有虱自荆公襦領而上，直緣其鬚。上顧之而笑，公不自知也。朝退，禹玉指以告公，公命從者去之。禹玉曰：「未可輕去，輒獻一言，以頌虱之功。」公曰：「如何？」禹玉笑而應曰：「屢遊相鬚，曾經御覽。」荆公亦爲之解頤。

墨客揮犀卷四

姚麟爲殿帥，王荆公當軸，一日，折簡召麟，麟不即往。荆公因奏事白之裕陵，裕陵詢之，麟對曰：「臣職掌禁旅，宰相非時以片紙召臣，臣不知其意，故不敢擅往。」裕陵是之。

春渚紀聞卷一

李常爲言官，言王安石理財不由仁義，且言安石遂非喜勝，日與其徒吕惠卿等陰籌竊計，思以口舌以文厥過。以公論同乎流俗，以憂國爲震驚朕師，以百姓愁歎爲出自兼并之言，以卿士僉議爲生乎怨嫉之口，而又妄取經據，傅會其説。且言：「理財用而不由仁與義，不上匱則下窮矣。臣自知朝夕蒙戮，不憚開垂閉之口，吐將腐之舌，爲陛下反覆道之。」凡數千言。上覽之，驚歎再三，撫諭曰：「不意班行中乃有卿也。從前無臣僚説得如此分明，待便爲施行。」明日，安石登對，神宗正色視安石：「昨覽李常奏，豈不悮他百姓？」安石垂笏低手，作怠慢之狀，笑而不對。神宗愈怒，遂再問之。安石略陳數語，人不聞安石所言何事，但見上連點頭曰：「極是，極是。」常之奏竟不見降出。常後對人言：「不知安石有甚狐媚厭倒之術？」

王荆公相熙寧，神祖虚心以聽，荆公自以爲遭遇不世出之主，展盡底藴，欲成致君之業，顧謂君不堯、舜，世不三代，不止也。然非常之云，諸老力争，紛紜之議，殆徧天下，久之不能堪。又幸其事之集，始盡廢老成，務汲引新進，大更弊法，而時事斬然一新。至于元豐，上已漸悔，罷政居鍾山，不復再召者十年。其後元祐羣賢迭起，不推原遺弓之本意，急於民瘼，無復周防，激成黨錮之禍，可爲太息。余嘗侍樓宣獻及此，宣獻誦荆公是時嘗因天雪有絶句曰：「勢合便疑埋地盡，功成直欲放春回。農夫不解豐年意，祇欲青天萬里開。」其志蓋有在。余應曰：「不然，舊聞京師隆冬，嘗有官檢凍死秀才腰間繫片紙，啓視之，乃喜雪詩四十韻，使來年果豐，已無救溝中之瘠矣。況小人合勢，如章、曾、蔡、吕輩，未知竟許放春否？」宣獻忻然是其説。及今觀　道山清話之，發冢之議，同文之獄，以若人而居位，豈不如所臆度，荊公初心，於是孤矣。

桯史卷一一

元豐間，宋閣使者善人倫，上知而問云：「朕相法如何？」對云：「陛下天日之表，神明之格，下臣不得而名。」又問王安石，云：「牛行虎視，牛行足以任重，虎視足以威遠。」

錢氏私志

熙寧庚戌冬，荊公自參知政事拜同中書門下平章事、史館大學士。是日，百官造門奔賀者無慮數百人，荊公以未謝恩，皆不見之，獨與余坐西廡之小閣。荊公語次，忽顰蹙久之，取筆書窗曰：「霜筠雪竹鍾山寺，投老歸與寄此生。」放筆揖余而入。後三年，公罷相知金陵。明年，復拜昭文館大學士。又明年，再出判金陵，遂納節辭平章事，又乞宮觀，久之，得會靈觀使，遂築第於南門外。元豐癸丑春，余謁公於第，公遽邀余同遊鍾山，憩法雲寺，偶坐於僧房，余因爲公道平昔之事及誦書窗之詩，公憮然曰：「有是乎！」微笑而已。

東軒筆録卷一二

王荊公作相，裁損宗室恩數，於是宗子相率馬首陳狀訴云：「均是宗廟子孫，且告相公看祖宗面。」荊公厲聲曰：「祖宗親盡，亦須祧遷，何況賢輩！」於是皆散去。

老學庵筆記卷二

王荆公爲宰相，每與百官争一事，皆親書細字，至數十劄子猶不已。荆公在政府，鼎新百度，真大有爲也。有小詩云：「金明池道柳參天，投老歸來聽管絃。飽食大官猶昔日，夕陽流水思茫然。」此乃失意無聊者語也。公方君臣相遇，謀合計從，不應有此句，識者頗怪之也。其後去國，久居閑地，遂如所詠爾。北窗炙輠録卷下

介甫初爲政，每贊上以獨斷，上專信任之。軾爲開封府試官，策問進士，以晉武平吴以獨斷而克，苻堅伐晉以獨斷而亡，齊桓專任管仲而霸，燕噲專任子之而敗，事同而功異，何也？介甫見之不悦。軾弟轍辭條例司，言青苗不便，介甫尤怒，乃定制策登科者不復試館職，以軾、轍兄弟故也。珍席放談卷下

王荆公與吕申公素相厚，荆公嘗曰：「吕十六不作相，天下不太平。」又曰：「晦叔作相，吾輩可以言仕矣。」其重之如此。議按舉時，其論尚同。荆公薦申公爲中丞，欲其爲助，故申公初多舉條例司人作臺官。既而天下苦條例司之爲民害，申公乃言新法不便。荆公怒其叛己，始有逐申公意矣。方其薦申公爲中丞，其辭以謂有八元、八凱之賢，未半年，所論不同，復謂有驩兜、三朝名臣言行録卷九引温公日録

共工之姦，荆公之喜怒如此。初亦未有以罪申公也，會神宗語執政，吕公著嘗言：「韓琦乞罷青苗錢，數爲執事者所沮，將興晉陽之甲以除君側之惡。」荆公因用此爲申公罪，除侍讀學士，知潁州。宋次道當制辭，荆公使之明著其語，陳相暘叔以爲不可，次道但云：「敷奏失實，援據非宜。」荆公怒，自改之曰：「比大臣之抗章，因便殿之與對，輒誣方鎮有除惡之謀，深駭予聞，無事理之實。」

邵氏聞見録卷一二

吕晦叔族子嘉問，先以晦叔欲論王介甫之疏告介甫，故晦叔爲介甫所逐。

邵氏聞見後録卷八

王荆公父名益，以都官員外郎通守金陵，而元厚之作金陵幕官，其契分久矣。荆公既相，神宗欲慎選翰林學士，時厚之久在外，老於從官，荆公對曰：「有真翰林學士，但恐陛下不能用耳。」上固問之，因道姓名。上久之曰：「元絳在外久，不以文稱，且令爲制誥如何？」荆公曰：「陛下果不能用爾，況已作龍圖閣直學士，難下遷知制誥。」遂自外徑除翰林學士，中外大驚。既就列，有稱職之譽，不久遂參大政，故厚之深德荆公。其後荆公居金陵，厚之以太子少保致仕歸平江，以啓謝荆公曰：「眷林泉之樂，方遂乞骸；望衮繡之歸，徒深引脰。」

四六話卷上

王荆公平生養得氣完，爲他不好做官職，作宰相只喫魚羹飯，得受用底不受用，緣省便，去就自在。嘗上殿進一劄子擬除人，神宗不允，對曰：「阿除不得！」又進一劄子擬除人，神宗亦不允，又曰：「阿也除不得！」下殿出來，便乞去，更留不住，平生不屈也奇特。上蔡語録卷一

荆公以詩賦決科，而深不樂詩賦。試院中五絶，其一云：「少年操筆坐中庭，子墨文章頗自輕。聖世選才終用賦，白頭來此試諸生。」後作詳定官，復有詩云：「童子常誇作賦工，暮年羞悔有揚雄。當年賜帛倡優等，今日掄才將相中。細甚客卿因筆墨，卑於爾雅注魚蟲。漢家故事真當改，新詠知君勝弱翁。」熙寧四年既預政，遂罷詩賦，專以經義取士，蓋平日之志也。韻語陽秋卷五

王荆公之次子名雱，爲太常寺太祝，素有心疾，娶同郡龐氏女爲妻，逾年生一子，雱以貌不類己，百計欲殺之，竟以悸死，又與其妻日相鬭鬨。荆公知其子失心，念其婦無罪，欲離異之，則恐其誤被惡聲，遂與擇壻而嫁之。是時有工部員外郎侯叔獻者，荆公之門人也，娶魏氏女爲妻，少悍，叔獻死而幃箔不肅，荆公奏逐魏氏婦歸本家。京師有諺語曰：「王太祝生前嫁婦，侯工部死後休妻。」東軒筆録卷七

汴渠舊例，十月闢口，則舟檝不行。王荆公當國，欲通冬運，遂不令閉口，水既淺澁，舟不可行，而流冰頗損舟檝。於是以船脚數千，前設巨碓，以搗流冰，而役夫苦寒，死者甚衆。京師有諺語曰：「昔有磨法磨平聲漿水，今見巨碓搗冬凌。」

東軒筆録卷七

前判都水監李立之云：介甫前作相，嘗召立之問曰：「有建議欲決白馬河堤以淤東方之田者，何如？」立之不敢直言其不可，對曰：「此策雖善，但恐河決，所傷至多。昔天聖初，河決白馬東南，汎濫十餘州，與淮水相通，徐州城上垂手可掬水，且横貫韋城，斷北使往還之路，無乃不可？」介甫沉吟良久，曰：「聽使一淤亦何傷，但恐妨北使路耳。」乃止。

涑水記聞卷一五

王荆公好言利，有小人諂曰：「決梁山泊八百里水以爲田，其利大矣。」荆公喜甚，徐曰：「策固善矣，決水何地可容？」劉貢父在坐中曰：「自其旁别鑿一八百里泊則可容矣。」荆公笑而止。

王荆公會客食，遽問：「孔子不徹薑食，何也？」劉貢父曰：「草木書：薑多食損知，道非明之，將以愚之。孔子以道教人者，故云。」荆公喜以爲異聞，久之，乃悟其戲也。

以上邵氏聞見後録卷三〇

介甫請并京師行陝西所鑄折二錢，既而宗室及諸軍不樂，有怨言，上聞之，以問介甫，欲罷之。介甫怒曰：「朝廷每舉一事，定爲浮言所移，如此何事可爲？」退，遂移疾，卧不出。上使人諭之，曰：「朕無間於卿，天日可鑑，何遽如此？」乃起。

上以外事問介甫，介甫曰：「陛下從誰得之？」上曰：「卿何必問所從來？」介甫曰：「陛下與他人爲密，而獨隱於臣，豈君臣推心之道乎？」上曰：「得之李評。」介甫由是惡評，竟擠而逐之。他日，介甫復以密事質於上，上問於誰得之，介甫不肯對，上曰：「朕無隱於卿，卿獨有隱於朕乎？」介甫不得已，曰：「朱明之爲臣言之。」上由是惡明之。明之，介甫妹夫也。

以上涑水記聞卷一六

舊中書南廳壁間，有晏元獻題詠上竿伎一詩云：「百尺竿頭褭褭身，足騰跟挂駭旁人。漢陰有叟君知否？抱甕區區亦未貧。」當時固必有謂。文潞公在樞府，嘗一日過中書，與荆公行至題下，特遲留誦詩久之，亦未能無意也。荆公他日復題一篇於詩後云：「賜也能言未識真，誤將心許漢陰人。桔槔俯仰何妨事，抱甕區區老此身。」

石林詩話卷中

頃有秉政者，深被眷倚，言事無不從。一日御宴，教坊雜劇爲小商，自稱姓趙名氏，負以瓦甌賣沙糖，道逢故人，喜而拜之。伸足誤踏甌倒，糖流于地，小商彈指歎息曰：「甜采你即溜也，怎奈何！」左右皆笑。俚語以王姓爲「甜采」。

王舒公介甫被遇神廟，方眷仗至深，忽一旦爲人發其私書者，介甫慚，於是丐罷累表，不待報，徑出東水門，中使宣押不復還矣。神廟大不樂，遂復聽其去，然重其操節，且約再召期。當是時，既出，挈其家且登舟，而元澤爲從者，誤破其頮面瓦盆，因復命市之，則亦一瓦盆也。其父子無嗜欲，自奉質素如此。澠水燕談録卷一〇

舒王初丁太夫人憂，讀經山中，與元游如昆弟。問祖師意旨，元不答，王益扣之，元曰：「公般若有鄣三，有近道之質一，更一兩生來恐純熟。」王曰：「願聞其説。」元曰：「公受氣剛大，世緣深，以剛大氣遭深世緣，必以身任天下之重，懷經濟之志，用舍不能必，則心未平，以未平之心持經世之志，何時能一念萬年哉？又多怒，而學問尚理，於道爲所知愚。此其三也。特視利名如脱屣，甘澹薄如頭陁，此爲近道，且當以教乘滋茂之可也。」王再拜受教。……元豐之初，王罷政府，舟至石頭，夜造山拜墳，士大夫車騎兵填山谷。王入寺，已二鼓，元出迎，一揖而退。王坐東偏，從官賓客滿坐。王環視，問元所在，侍者對曰：「已寢久矣。」王笑之。王結屋定林，往來鐵圍山叢談卷三

山中又十年，稍覺煩動，即造元，相向默坐終日而去。有詩贈之，其略曰：「不與物違真道廣，每隨緣起自禪深。舌根已浄誰能壞，足跡如空我得尋。」人以爲實録。僧寶傳卷二七

王荆公初罷相，知金陵，作詩曰：「投老歸來一幅巾，君恩猶許備藩臣。芙蓉堂上觀秋水，聊與龜魚作主人。」及再罷，乞宫觀，以會靈觀使居鍾山，又作詩曰：「乞得膠膠擾擾身，鍾山松竹絶埃塵。只將鳧雁同爲客，不與龜魚作主人。」東軒筆録卷六

熙寧七年四月，王荆公罷相，鎮金陵。是秋，江左大蝗，有無名子題詩賞心亭，曰：「青苗免役兩妨農，天下嗷嗷怨相公。惟有蝗虫感恩德，又隨鈞旆過江東。」荆公一日餞客至亭上，覽之不悦，命左右物色，竟莫知其爲何人也。程史卷九

熙寧七年，王荆公初罷相，以吏部尚書、觀文殿學士知金陵，薦吕惠卿爲參政而去。既而吕得君怙權，慮荆公復進，因郊祀，薦荆公爲節度使平章事。方進札，上察見其情，遽問曰：「王安石去不以罪，何故用赦復官？」惠卿無以對。明年，復召荆公秉政，而王、吕益相失矣。東軒筆録卷五

王介甫罷相守金陵，吕吉父參知政事，起鄭俠獄，欲害介甫。先罷王平甫，放歸田野。王、吕由是爲深仇。又起李逢獄，以李士寧，介甫布衣之舊，以寶刀遺宗室世居事，欲陷介甫。會朝廷再起介甫作相。韓子華爲次相，急令介甫赴召，其事遂緩。故介甫星夜來朝，而得解焉。李之儀端叔言：「元祐中，爲六曹編敕刪定官，見斷案：李士寧本死罪，荆公就案上親筆改作徒罪；王鞏本配流，改作勒停；劉瑾、滕甫凡坐此事者，皆從輕比焉。」默記卷上

老先生（司馬光）嘗謂金陵曰：「介甫行新法，乃引用一副當小人，或在清要，或在監司，何也？」介甫曰：「方法行之初，舊時人不肯向前，因用一切有才力者。候法行已成，即逐之，却用老成者守之。所謂智者行之，仁者守之。」老先生曰：「介甫誤矣。君子難進易退，小人反是。若小人得路，豈可去也？若欲去，必成讎敵，他日將悔之。」介甫默然。後果有賣金陵者，雖悔之亦無及也。元城語録卷上

老先生號爲黨魁，故金陵以兩府啗之，欲絶其辭。然老先生是豈可以官職啗者也？故聞政府之命，其去愈牢，當時臺諫皆金陵之黨，遂醖造一件大事，點污老先生如霍光事，神宗謂金陵曰：「前日言章大無謂，司馬某豈有此事？」金陵請事目，神宗曰：「置之，讒言不足道也。」元城語録卷中

熙寧六年十一月，吏有不附新法者，介甫欲深罪之，上不可。介甫固争之，曰：「不然，法不行。」上曰：「聞民間亦頗苦新法。」介甫曰：「祁寒暑雨，民猶有怨咨者，豈足顧也！」上曰：「豈若并祁寒暑雨之怨亦無邪？」介甫不悦，退而屬疾家居。數日，上遣使慰勞之，乃出。其黨爲之謀曰：「今不取門下士上所素不喜者暴進用之，則權輕，將有窺人間隙者矣。」介甫從之。既出，即奏擢章惇、趙子幾等，上喜其出，勉强從之，由是權益重。

涑水記聞卷一六

王荆公秉政，惠卿自知不安，乃條荆公兄弟之失凡數事面奏，意欲上意有貳。上封惠卿所言以示荆公，故公表云：「忠不足以取信，故事事欲其自明；義不足以勝奸，故人人與之立敵。」蓋謂是也。

言行龜鑑卷三

呂惠卿附王介甫甚固，司馬公言利合必離，後果發介甫手簡云「無使上知」。蘇子瞻改鑄顔淵之語曰：「吾聞覯君子者，問彫人不問彫木，曰：『人可彫歟？』曰：『呂惠卿彫王安石。』」

步里客談

荆公深知呂吉甫，力薦於上，遽位要津。不數年，同在政府，勢焰相軋，遂致嫌隙。呂並不安，謂人曰：「惠卿讀儒書，只知仲尼之可尊。看外典，只知佛之可貴。今之世，只知介甫之可師。不意爲人讒，失平日之歡，且容惠卿善去。」人有達其言於公者，公聞之，語其子元澤曰：「吕六却如此，使人不忍。」其子答云：「公雖不忍，人將忍公矣。」公默然。

珍席放談卷下

吕吉甫既叛介甫，介甫再用，遂令人廉其事，乃得吉甫託秀水通判張君濟置田一事。君濟置田時，吉甫有舅鄭，不知其名，謂之鄭三舅，往來君濟間。介甫乃發其事，即拘君濟、鄭皆下獄，鄭遂死獄中。已而奉赦，張君濟決配某州。臨刑日，士大夫莫不哀傷之。決訖，有内臣出白紙一大幅，輒印其脊血而去。人大驚，問之，答曰：「欲呈相公也。」嗚呼，介甫酷烈乃至如此乎！

北窗炙輠録卷上

吕惠卿與王荆公相失，惠卿服除，荆公爲宫使，居鍾山，以啓講和，荆公謝之，今具載于此。吕書曰：「惠卿啓：合乃相從，疑有殊於天屬；析雖或使，殆不自於人爲。然以情論形，則已析者，宜難於復合；以道致命，則自天者，詎知其不人。如某叨蒙一臂之交，謬意同心之列。忘懷履坦，失戒同巇。關弓之泣非疏，碾足之辭亦已。而溢言皆達，弟氣並生。既莫知其所終，兹不疑於有敵。而門牆責善，數移兩解之書；殿陛對休，親奉再和之詔。固其願也。方且圖之，重罹苫塊之憂，遂稽箇牘之獻。然以言乎昔，則一朝之過，不足害平生之懽。以言乎今，則八年之間，亦將隨數化之改。內省涼薄，尚無細故之嫌；仰揆高明，夫何舊惡之念。恭惟觀文特進相公知德之奧，達命之情。親疏寘於所同，愛憎融於不有。冰炭之息豁然，儻示於至思；桑榆之收繼此，請圖於改事。側恭以待，惟命之從。」荊公答曰：「安石啓：與公同心，以至異意，皆緣國事，豈有他哉？同朝紛紛，公獨助我，則我何憾於公？人或言公，吾無預焉，則公亦何尤於我？趨時便事，則吾不知其說焉；考實論情，公亦宜照於此。開諭重悉，覽之悵然。昔之在我，誠無細故之疑；今之在躬，尚何舊惡足念？然公以壯烈，方進爲於聖世；而某薾然衰疾，將待盡於山林。趨舍異事，則相呴以濕，不若相忘之愈也。趨召想在朝夕，惟良食自愛。」荊公巽言自解如此。

東軒筆録卷一四

王荊公在修撰經義局，因見舉燭，言：「佛書有日月燈光明佛，燈光豈足以配日月乎？」呂惠卿曰：「日煜乎晝，月煜乎夜，燈煜乎日月所不及，其用無差別也。」公大以爲然，蓋發言中理，出人意表云。

容齋續筆卷七引萍洲可談

熙寧中，詔王荊公及子雱同修經義，經成，加荊公左僕射兼門下侍郎，雱龍圖閣直學士，同日授命，故韓參政絳賀詩曰：「陳前輿馬同桓傅，拜後金珠有魯公。」

東軒筆録卷一〇

公父子皆以經術進，當時頌美者多以爲周、孔，或曰孔、孟。范鏜爲太學正，獻詩云：「文章雙孔子，術業兩周公。」公大喜曰：「此人知我父子。」　王荆文公詩箋注卷二二

熙寧中，三經義成，介甫拜尚書左僕射，吕吉甫遷給事中。王元澤自天章閣待制進龍圖閣直學士，力辭不受，裕陵欲終命之。吉甫言雱以疾避寵，宜從其志，由是王、吕之怨益深。吉甫未幾以鄧綰等交攻，出知陳州，而發私書之事作矣。　曲洧舊聞卷二

王元澤奉詔脩三經義，時王丞相介甫爲之提舉，蓋以相臣之重，所以假命於其子也。吾後見魯公與文正公二父，相與談往事，則每云：「詩、書蓋多出元澤暨諸門弟子手，至若周禮新義，實丞相親爲之筆削者。」及政和時，有司上言天府所籍吴氏資居檢校庫，而吴氏者王丞相之姻家也，且多有王丞相文書，於是朝廷悉命藏諸祕閣。用是吾得見之，周禮新義筆跡，猶斜風細雨，誠介甫親書，而後知二父之談信。　鐵圍山叢談卷三

王荆公詩新經「八月剥棗」解云：「剥者，剥其皮而進之，所以養老也。」毛公本注云：「剥，擊也。」陸德明音普卜反，公皆不用。後從蔣山郊步至民家，問其翁安在？曰：「去撲棗。」始悟

前非。即具奏乞除去十三字，故今本無之。

王荆公詩經義成書，神宗令以進呈，閲其序篇未畢，謂荆公曰：「卿謂朕比得文王，朕不敢當也。」公曰：「陛下進德不倦，從諫弗咈，於文王何愧？」上曰：「詩稱『陟降庭止』之類，豈朕所能？」公曰：「人皆可以爲堯舜，陛下何自謙如此？」上摇首曰：「不若改之。」容齋續筆卷一五

王荆公五經義初成，裕陵嘗問曰：「禹貢稱導淮自桐柏，導渭自鳥鼠同穴，至導河但云積石，不言自何也。」荆公無以爲對。獨醒雜志卷一

荆公亦有所失，如周官言「贊牛耳」，荆公言取其順聽，不知牛有耳而無竅，本以鼻聽。詩「谁謂鼠無牙」，荆公謂鼠實無牙，不知鼠實有牙。昔魯有人引一牛與荆公辨之，又嘗捕一鼠與之較，公曰然。高齋漫録

東坡倅錢塘日，答劉道原書云：「道原要刻印七史固善，方新學經解紛然，日夜摹刻不暇，何力及此。近見京師經義題：『國異政，家殊俗，國何以言異？家何以言殊？』又有『其善喪厥孫公談圃卷中

善，其厥不同何也？』又説易觀卦本是老鸛，詩大小雅本是老鴉，似此類甚衆，大可痛駭。」時熙寧初，王氏之學，務爲穿穴至此。

邵氏聞見後録卷二〇

昔見上稱介甫之學，對曰：「王安石之學不是。」上愕然問曰：「何故？」對曰：「臣不敢遠引，止以近事明之。臣嘗讀詩，言周公之德云：『公孫碩膚，赤舄几几。』周公盛德，形容如是之盛。如王安石，其身猶不能自治，何足以及此！」

河南程氏遺書卷二

張戩嘗於政事堂與介甫争辨事，因舉經語引證。介甫乃曰：「安石却不會讀書，賢却會讀書？」戩不能答。

介甫謂周公有人臣不能爲之功，故得用人臣所不得用之禮。

以上河南程氏遺書卷一九

神宗論孫武書，愛其文辭意指。王安石曰：「孫武談兵，言理而不言事，所以文約而所該者博。」上論及韓信，安石曰：「信但用孫武一兩言，即能成功名。」上曰：「如韓信自是奇才，稱兵書乃是因諸將問及，引以應之，度其所知，非因讀兵書而能及此也。」

潤泉日記卷下

熙寧八年十一月，介甫以疾居家。上遣中使問疾，自朝至暮十七返，醫官脉狀皆使駃行親事齎奏。既愈，復給假十日將治，又給三日，又命兩府就第議事。

涑水記聞卷一六

王舒公介甫，熙寧末復坐政事堂，每語叔父文正公曰：「天不生才且奈何！是孰可繼吾執國柄者乎？」乃舉手作屈指狀，數之曰：「獨兒子也。」蓋謂元澤，因下一指。又曰：「次賢也。」又下一指。即又曰：「賢兄如何？」謂魯公，則又下一指。沈吟者久之，始再曰：「吉甫如何？且作一人。」遂更下一指。則曰：「無矣。」當是時，元澤未病，吉甫則已隙云。

鐵圍山叢談卷三

介甫使徐禧、王古按秀獄，求惠卿罪不得；又使蹇周輔按之，亦無狀迹。王雱危之，以讓練亨甫、吕嘉問，亨甫等請以鄧綰所言惠卿事雜他書下秀獄，不令丞相知也。惠卿素加恩結堂吏，吏遽報惠卿於陳州。惠卿列言其狀，上以示介甫，介甫對「無之」，歸以問雱，乃知其狀。介甫以咎雱，雱時已寢疾，憤怒，遂絶。介甫以是慙於上，遂堅求退。

涑水記聞卷一六

熙寧八年，王荆公再秉政，既逐吕惠卿，而門下之人復爲諛媚以自安，而荆公上告求去尤切。有練亨甫者謂中丞鄧綰曰：「公何不言於上，以殊禮待宰相，則庶幾可留也。所謂殊禮者，以丞相之子雱爲樞密使，諸弟皆爲兩制，壻姪皆館職，京師賜第宅田邸，則爲禮備矣。」綰一一如所戒而言，上察知其阿黨，亦領之而已。一日，荆公復於上前求去，上曰：「卿勉爲朕留，朕當一一如卿所欲，但未有一穩便第宅耳。」荆公駭曰：「臣有何欲，而何爲賜第？」上笑而不答。翌日，荆公懇請其由，上出綰所上章，荆公即乞推劾。先是，綰欲用其黨方揚爲臺官，懼不厭人望，乃并彭汝礪而薦之，其實意在揚也。無何，上黜彭汝礪，綰遽表言：「臣素不知汝礪之爲人，昨所舉鹵莽，乞不行前狀。」即此二事，上察見其姦，遂落綰中丞，以本官知虢州。亨甫奪校書，爲漳州推官。

東軒筆録卷六

交趾之圍邕州也，介甫言於上曰：「邕州城堅，必不可破。」上以爲然。既而城陷，上欲召兩府會議於天章閣，介甫曰：「如此則聞愈彰，不若只就東府。」上從之。介甫憂沮，形於言色，王韶曰：「公居此尚爾，況居邊徼者乎？願少安重，以鎮物情。」介甫曰：「使公往，能辦之乎？」韶曰：「若朝廷應副，何爲不能辦？」介甫由是始與韶有隙。

涑水記聞卷一六

安南不滅，議者歸咎王荆公進郭逵而退李憲，荆公笑曰：「使逵無功，勝憲有功。使宦者得志，吾屬異日受禍矣。」他日，有朝士在中書稱李憲字，荆公厲聲叱之曰：「是何人！」即出爲監當。

興化縣尉胡滋，其妻宗室女也，自言夢人衣金紫，自稱王待制來爲夫人兒，妻尋産子。介甫聞之，自京師至金陵，與夫人常坐於船門簾下，見船過輒問：「得非胡尉船乎？」既而得之，舉家悲喜，亟往撫視，涕泣，遺之金帛不可勝數，邀與俱還金陵。滋言有捕盜功，應詣銓求賞，介甫使人爲營致，除京官，留金陵且半年，欲匄其兒，其母不可，乃遣之。孫公談圃卷下

元豐中，王荆公乞罷機政，寓於劉沆相宅幾兩月，神宗未許其去。沆之子瑨嘗謁公坐間，聞公云：「化成住處在近，可令呼來。」化成者，工課命老僧也。少頃，化成至，公作一課，更爲看命，化成曰：「三十年前與相公看命，今仕至宰相，更復何問？」公微作色曰：「安石問命，又不待做官，但力乞去，上未許，只看易便去得否？」化成曰：「相公得意濃時正好休，要去，在相公，不在上，不疑何卜。」公悵然歎服，去意遂決。涑水記聞卷一六

李希聲云：舒王罷政事時，居州東劉相宅，於東院小廳，題「當時諸葛成何事，只合終身作卧龍」者數十處。至今尚有三兩處在。希聲劉氏壻，故知其詳，云曾見數紙屏，亦只退齋筆録

寫此兩句。

半山晚年所至處，書窗屏間云：「當時諸葛成何事，只合終身作卧龍。」蓋痛悔之詞，此乃唐薛能詩句。（詩話總龜前集卷一九）

孫少述一字正之，與王荆公交最厚。故荆公别少述詩云：「應須一曲千回首，西去論心有幾人！」又云：「子今此去來何時，後有不可誰予規？」其相與如此。及荆公當國，數年不復相聞，人謂二公之交遂睽。故東坡詩云：「蔣濟謂能來阮籍，薛宣真欲吏朱雲。」劉舍人貢父詩云：「不負興公遂初賦，更傳中散絶交書。」然少述初不以爲意也。及荆公再罷相歸，過高沙，少述適在焉。亟往造之，少述出見，惟相勞苦及弔元澤之喪，兩公皆自忘其窮達。遂留荆公置酒共飯，劇談經學，抵暮乃散。荆公曰：「退即解舟，無由再見。」少述曰：「如此更不去奉謝矣。」然悃悃各有惜别之色。人然後知兩公之未易測也。（觀林詩話）

王荆公與曾南豐平生以道義相附。神宗問南豐：「卿交王安石最密，安石何如人？」南豐曰：「安石文學行義，不減揚雄，以吝故不及。」神宗遽曰：「安石輕富貴，不吝也。」南豐曰：（老學庵筆記卷七）

「臣謂吝者，安石勇於有爲，吝於改過耳。」神宗頷之。邵氏聞見後録卷二〇

介甫爲相，引用一時之人，最爲不次，及再罷相，頗有賣之者。公性不殺物，至金陵，每得生魚，多放池中。有門生作詩曰：「直須自到池邊看，今日誰非鄭校人。」公喜而笑之。續墨客揮犀卷七

王荆公再罷政，以使相判金陵，到任，即納節讓同平章事，懇請賜允，改左僕射。未幾，又求宫觀累表，得會靈觀使。築第於南門外七里，去蔣山亦七里，平日乘一驢，從數僮遊諸山寺。欲入城，則乘小舫，泛潮溝以行，蓋未嘗乘馬與肩輿也。所居之地，四無人家，其宅僅蔽風雨，又不設垣牆，望之若逆旅之舍，有勸築垣牆，輒不答。元豐末，荆公被疾，奏捨此宅爲寺，有旨賜名報寧。既而荆公疾愈，稅城中屋以居，竟不復造宅。東軒筆録卷一二

王荆公在金陵，神宗嘗遣内侍凌文炳傳宣撫問，因賜金二百。荆公望闕拜跪受已，語文炳曰：「安石閑居無所用。」即庭下發封，顧使臣曰：「送蔣山常住置田，祝延聖壽。」石林燕語卷一〇

元豐末，有以王介甫罷相歸金陵後資用不足達裕陵睿聽者，上即遣使以黄金二百兩就賜之。介甫初喜，意召己，既知賜金，不悦，即不受，舉送蔣山修寺，爲朝廷祈福。裕陵聞之不喜。即有詩云：「穰侯老擅關中事，嘗恐諸侯客子來。我亦暮年專一壑，每聞車馬便驚猜。」此未能忘情在丘壑者也。

侯鯖録卷三

神宗聞安石之貧，命中使甘師顔賜安石金五十兩。安石好爲詭激矯厲之行，即以金施之定林僧舍，師顔因不敢受常例，回，具奏奏之，上諭御藥院牒江寧府，於安石家取甘師顔常例。安石約吕惠卿「無令上知」一帖，惠卿既與安石分黨，乃以其帖上之；上問熙河歲費之實於安石，安石喻王韶，不必盡數以對，韶既叛安石，亦以安石言上之。不知自昔配饗大臣，嘗有形迹如此之類乎？安石不學孔子春秋而配饗孔子，晚見薄於神宗而配饗神宗，無乃爲國家政事之累乎？

邵氏聞見後録卷二四

王荆公不耐静坐，非卧即行。晚卜居鍾山謝公墩，自山距州城適相半，謂之半山。畜一驢，每食罷，必日一至鍾山，縱步山間，倦則即定林而睡，往往至日昃乃歸，率以爲常。有不及終往，亦必跨驢中道而還，未嘗已也。

避暑録話卷上

程光禄師孟，吴下人，樂易純質，喜爲詩，效白樂天，而尤簡直，至老不改吴語，與王荆公有場屋之舊，荆公頗喜之，晚相遇，猶如布衣時。自洪州致仕歸吴，過荆公蔣山，留數日。時已年七十餘，荆公戲之曰：「公尚欲仕乎？」曰：「猶可更作一郡。」荆公大笑，知其無隱情也。避暑録話卷下

（真浄和尚）元豐之末，思爲東吴山水之游，捨其居，扁舟東下，至鍾山謁丞相舒王。王素知其名，閲謁喜甚，留宿定林庵。時公方病起，樂聞空宗，恨識師之晚。謂師曰：「諸經皆首標時處，圓覺經獨不然，何也？」師曰：「頓乘所談，直示衆生，日用現前，不屬今古。只今老僧與相公同入大光明藏，游戲三昧，互爲賓主，非關時處。」又曰：「經云『一切衆生，皆證圓覺』，而圭峰易『證』爲『具』，謂譯者之訛，其義如何？」師曰：「圓覺如可改，則維摩亦可改也。維摩豈不曰『亦不滅受而取證』？夫不滅受藴而取證，與皆證圓覺之義同，蓋衆生現行無明，即是如來根本大智。圭峰之言非是。」公大悦，因捨第爲寺以延師，爲開山第一祖。又以神宗皇帝問安湯藥之賜崇成之，是謂報寧。歲度僧買莊土，以供學者，而自撰請疏，有「獨受正傳，力排戲論」之句者，敘師語也。又以其名請於朝，賜紫方袍，號真浄大師。金陵江淮大會，學者至如稻麻粟葦，寺以新革，堂宇不能容。士大夫經游無虚日，師未及嗽盥，而户外之屨滿矣，殆不堪勞。於是浩然思

還高安，即日渡江，丞相留之不可。

石門文字禪卷三〇雲庵真淨和尚行狀

王荆公再罷相，居鍾山，無復他學，作字説外，即取藏經讀之，雖厠溷間亦不廢，自言字説深處，亦多出於佛書。作金剛經解，裕陵嘗宣取，令行於世。其餘楞嚴、華嚴、維摩、圓覺，皆間有説，意以爲盡其所言。至謂禪學爲無有，其徒自作法門以動世之未有知者爾。晚清秀、圓通住蔣山，首出所作諸經解示秀，秀不之許，公不樂，秀亦棄去。後捨宅爲寺，以文關西主之。未幾，文亦封其所奏紫衣師號制書，不告而去，蓋亦有不契。然者荆公方有勢位，且爾不少假，二人亦可謂勍敵，近歲蓋未之見。或云非荆公無所得，蓋二人自主張其教門，以爲使世知荆公以爲然，則其徒無復可言。

巖下放言卷上

王荆公平生不喜坐，非睡即行。居鍾山，每早飯已，必跨驢一至山中，或之西庵，或之定林，或中道捨驢，偏過野人家，亦或未至山復還，然要必須出，未嘗輟也。作字説時，用意良苦，嘗置石蓮百許枚几案上，咀嚼以運其思。遇盡未及益，即嚙其指，至流血不覺。

巖下放言卷中

元豐癸亥春，余謁王荆公於鍾山，因從容問公比作詩否，公曰：「久不作矣，蓋賦詠之言，亦近口業。然近日復不能忍，亦時有之。」余曰：「近詩自何始，可得聞乎？」公笑而口占一絶云：「南圃东岡二月時，物華撩我有新詩。含風鴨緑鱗鱗起，弄日鵝黄嫋嫋垂。」此真佳句也。

臨漢隱居詩話

王荆公再爲相，承黨人之後，平日肘腋盡去，而在者已不可信，可信者又才不足以任事。平日惟與其子雱謀議，而雱又死，知道之難行也，於是慨然復求罷去，遂以使相再鎮金陵。未幾，納節，求閑地，久之，得會靈觀使，居於金陵。一日，豫國夫人之弟吴生者，來省荆公，寓止於佛寺行香廳。會同天節建道場，府僚當會於行香廳，太守葉均使人白遣吴生，吴生不肯遷。洎行香畢，大會于其廳，而吴生於屏後嫚駡不止。葉均俛首不聽，而轉運毛抗、判官李琮大不平之，牒州令取問。州遣二皂持牒追吴生，吴生奔荆公家以自匿，荆公初不知其事也。頃之，二皂至門下，云「捕人」，而諠忿于庭，荆公偶出見之，猶紛紜不已，公叱二皂去。葉均聞之，遂杖二皂，而與毛抗、李琮皆詣荆公，謝以公皂生疎，失於戒束。荆公唯唯不答，而豫國夫人於屏後叱均、抗等曰：「相公罷政，門下之人解體者十七八，然亦無敢捕吾親屬于庭者。汝等乃敢爾耶？」均等趨出，會中使撫問適至，而聞争廳事。中使回日，首以此奏聞。於是葉鈞、毛抗、李琮皆罷，而以吕嘉問爲守。又除王安上提點江東刑獄，俾建治於所居金陵。

東軒筆録卷五

過也。」

王介甫先封舒公，改封荆公。詩曰：「戎狄是膺，荆舒是懲。」識者曰：「宰相不學之過也。」　仇池筆記卷上

荆公熙寧、元豐間既閒居，多騎驢遊肆山水間，賓朋至者亦給一驢。蘇子瞻詩所謂「騎驢渺渺入荒陂」是也。後好乘江州車，坐其一箱，其相對一箱不可虚，苟無賓朋，則使村僕坐焉，共載而行。其真率如此。　呂氏雜記卷下

王荆公辭相位，居鍾山，惟乘驢。或勸其令人肩輿，公正色曰：「自古王公雖不道，未嘗敢以人代畜也。」　邵氏聞見録卷一一

王荆公在鍾山，有馬甚惡，蹄嚙不可近。一日，兩校牽至庭下告公，請鬻之。蔡天啓時在坐，曰：「世安有不可調之馬，第久不騎，驕耳！」即起捉其騣，一躍而上，不用銜勒，馳數十里而還。荆公大壯之，即作集句詩贈天啓，所謂「蔡子勇成癖，能騎生馬駒」者。後又有「身著青衫騎惡馬，日行三百尚嫌遲。心源落落堪爲將，卻是君王未備知」。士大夫自是盛傳荆公以將帥之材許天啓。　石林詩話卷中

王介甫與蘇子瞻初無隙，呂惠卿忌子瞻才高，輒間之。神宗欲以子瞻爲同修起居注，介甫難之。又意子瞻文士，不曉吏事，故用爲開封府推官以困之。子瞻益論事無諱，擬廷試策，獻萬言書，論時政甚切，介甫滋不悦子瞻。子瞻外補官。中丞李定，介甫客也。定不服母喪，子瞻以爲不孝，惡之。定以爲恨，劾子瞻作詩謗訕。子瞻自知湖州下御史獄，欲殺之，神宗終不忍，貶散官，黄州安置。移汝州，過金陵，見介甫甚歡。子瞻曰：「某欲有言于公。」介甫色動，意子瞻辨前日事也，子瞻曰：「某所言者，天下事也。」介甫色定，曰：「姑言之。」子瞻曰：「大兵大獄，漢、唐滅亡之兆。祖宗以仁厚治天下，正欲革此。今西方用兵，連年不解，東南數起大獄，公獨無一言以救之乎？」介甫舉手兩指示子瞻曰：「二事皆惠卿啓之，某在外安敢言！」子瞻曰：「固也，然在朝則言，在外則不言，事君之常禮耳。上所以待公者非常禮，公所以事上者豈可以常禮乎？」介甫厲聲曰：「某須説。」又曰：「出在安石口，入在子瞻耳。」蓋介甫嘗爲惠卿發其「無使上知」私書，尚畏惠卿，恐子瞻泄其言也。介甫又語子瞻曰：「人須是知行一不義，殺一不辜，得天下弗爲，乃可。」子瞻戲曰：「今之君子爭減半年磨勘，雖殺人亦爲之。」介甫笑而不言。邵氏聞見録卷一二

蘇公自黄移汝，過金陵，見王荆公。公曰：「好箇翰林學士，某久以此奉待。」公曰：「撫州出杖鼓鞚，淮南豪子以厚價購之，而撫人有之保之已數世矣，不遠千里，登門求售，豪子擊之曰

『無聲』，遂不售。撫人恨怒，至河上，投之水中，呑吐有聲，熟視而歎曰：『你早作聲，我不至此。』」

後山談叢卷四

東坡自黄徙汝，過金陵，荆公野服乘驢謁於舟次。東坡不冠而迎揖曰：「軾今日敢以野服見大丞相。」荆公笑曰：「禮爲我輩設哉！」東坡曰：「軾亦自知相公門下用軾不著。」荆公無語，乃相招遊蔣山。在方丈飲茶次，公指案上大硯，曰：「可集古人詩聯句賦此硯。」東坡應聲曰：「軾請先道一句。」因大唱曰：「巧匠斲山骨。」荆公沈思良久，無以續之，乃曰：「且趁此好天色，窮覽蔣山之勝，此非所急也。」田晝承君是日與一二客從後觀之。承君曰：「荆公尋常好以此困人，而門下士往往多辭以不能，不料東坡不可以此懾伏也。」

曲洧舊聞卷五

東坡自黄移汝，過金陵，見舒王。適陳和叔作守，多同飲會。一日，遊蔣山，和叔被召將行。舒王顧江山，曰：「子瞻可作歌。」坡醉中書云：「千古龍蟠并虎踞，從公一弔興亡處，渺渺斜風細雨。芳草路，江南父老留公住。公駕飛軿凌紫霧，紅鸞驂乘青鸞馭，却訝此洲名白鷺。非吾侶，翩然欲下還飛去。」和叔到任數日而去。舒王笑曰：「白鷺者得無意乎！」

侯鯖録卷八

元豐中，王文公在金陵，東坡自黄北遷，日與公游，盡論古昔文字，閑即倶味禪悦。公歎息謂人曰：「不知更幾百年，方有如此人物。」東坡渡江至儀真，和游蔣山詩，寄金陵守王勝之益柔，公亟取讀，至「峰多巧障日，江遠欲浮天」，乃撫几曰：「老夫平生作詩，無此二句。」又在蔣山時，以近製示東坡，東坡云：「若『積李兮縞夜，崇桃兮炫晝』，自屈宋没世，曠千餘年，無復離騷句法，乃今見之。」荆公曰：「非子瞻見諛，自負亦如此，然未嘗爲俗子道也。」當是時，想見俗子掃軌矣。西清詩話卷上

東坡得請宜興，道過鍾山，見荆公。時公病方愈，令坡誦近作，因爲手寫一通，以爲贈。復自誦詩俾坡書以贈己，仍約坡卜居秦淮。故坡和公詩云：「騎驢渺渺入荒陂，想見先生未病時。勸我試求三畝宅，從公已覺十年遲。」苕溪漁隱叢話前集卷三五引潘子真詩話

王荆公元豐末居金陵，蔣大漕之奇夜謁公于蔣山，騶喝甚都。公取松下喝道語作詩戲之云：「扶衰南陌望長楸，燈火如星滿地流。但怪傳呼殺風景，豈知禪客夜相投。」自此「殺風景」之語頗著于世。苕溪漁隱叢話前集卷二二引西清詩話

王荆公領觀使，歸金陵，居鍾山下，出即乘驢。予嘗謁之，既退，見其乘之而出，一卒牽之而

行。問其指使：「相公何之？」指使曰：「若牽卒在前，聽牽卒；若牽卒在後，即聽驢矣。或相公欲止即止，或坐松石之下，或田野耕鑿之家，或入寺。隨行未嘗無書，或乘而誦之，或憩而誦之。仍以囊盛餅十數枚，相公食罷，即遺牽卒，牽卒之餘，即飼驢矣。或田野間人持飯飲獻者，亦爲食之。蓋初無定所，或數步復歸，蓋近於無心者也。」

甲申聞見二録補遺

王荆公退居金陵，建宅於半山。蓋自城至鍾山，此寶公塔，路之半，因以得名。宅後有謝公墩，乃謝安石居東山之所也。荆公詩云：「我名公字偶相同，我屋公墩在眼中。公去我來墩屬我，不應墩姓尚隨公。」其後公捨宅爲報寧寺，寺今亦廢未復舊，而墩巋然獨存。

荆公退居鍾山，嘗獨遊山寺，有人擁數卒按膝據牀而坐，驕氣滿容，慢罵，左右爲之辟易。公問爲誰，僧云押綱張殿侍也。公即索筆題一詩於扉云：「口銜天憲手持鈞，已是龍墀第一人。回首三千大千界，此身猶是一微塵。」

以上墨莊漫録卷四

王文公居鍾山，嘗與薛處士棋，賭梅詩，輸一首曰：「華髮尋香始見梅，一枝臨路雪培堆。鳳城南陌他年憶，杳杳難隨驛使來。」又嘗與俞秀老至報寧，公方假寐，秀老私跨驢入法雲謁寶覺禪師，公知之。有頃，秀老至，公佯作睡起，遣秀老下階曰：「爲僧子乃敢盜跨吾驢！」秀老叩頭，願有以自贖其罪，寺僧亦爲之解勸。公徐曰：「罰松聲詩一首。」秀老立就，其詞極佳，山中人忘之，予爲補曰：「萬壑摇蒼烟，百灘渡流水。下有跨驢人，蕭蕭吹醉耳。」

冷齋夜話卷五

陳秀公罷相，以鎮江軍節度使判揚州。其先塋在潤州，而鎮江即本鎮也。每歲十月旦、寒食，詔許兩往鎮江展省。兩州送迎，旌旗舳艦，官吏錦繡，相屬於道，今古一時之盛也。是時，王荆公居蔣山，騎驢出入。會荆公病愈，秀公請于朝，許帶人從往省荆公，詔許之。舟楫銜尾，蔽江而下，街告而於舟中喝道不絶，人皆歎之。荆公聞其來，以二人肩鼠尾轎，迎于江上。秀公鼓旗艦舳正喝道，荆公忽於蘆葦間駐車以俟。秀公令就岸，大船回旋久之，乃能泊而相見。秀公大慚，其歸也，令罷舟中喝道。

以上默記卷中

元豐末，王荆公在蔣山野次，跨驢出入。時正盛暑，而提刑李茂直往候見，即於道左遇之。荆公捨蹇相就，與茂直坐於路次。荆公以兀子，而茂直坐胡牀也。語甚久，日轉西矣，茂直令張傘，而日光正漏在荆公身上。茂直語左右，令移傘就相公。公曰：「不須。若使後世做牛，須着與他日裏耕田。」

荆公賜馬死，命俞秀老作詩。秀老口占曰：「相君高卧朝天晚，立損階前白玉麟。此去定生獅子國，却來重載法王身。」荆公亦用此韻作一篇，末句云：「天厩賜駒龍化去，空餘小蹇載閒身。」蓋公晚年嘗跨驢出游也。家世舊聞卷下

王荆公在鍾山，與客對棋，云：「彼亦不敢先，此亦不敢先，惟其不敢先，是以不敢争，惟其不敢争，故能入於不死不生。」客莫曉其意，公曰：「此持棋謎也。」高齋漫録

舒王在鍾山，有道士求謁，因與棋，輒作數語曰：「彼亦不敢先，此亦不敢先，惟其不敢先，是以無所争，惟其無所争，故能入於不死不生。」舒王笑曰：「此特棋隱語也。」冷齋夜話卷三

王和父守金陵，荆公退居半山，每出跨驢，從二村僕。一日入城，忽遇和父之出，公亟入編户家避之。老姥自言病痁求藥，公隨行偶有藥，取以遺之。姥酬以麻線一縷云：「相公可將歸，人事相婆也。」公笑而受之。高齋漫録

王荆公介甫退處金陵，一日，幅巾杖屨，獨遊山寺，遇數客盛談文史，詞辯紛然。公坐其下，

人莫之顧。有一客徐問公曰：「亦知書否？」公唯唯而已，復問公何姓，公拱手答曰：「安石姓王。」衆人惶恐，慚俯而去。

青瑣高議後集卷二

舒王退居金陵，結茅鍾山下，策杖入村落。有老氓張姓，最稔熟。王每步至其門，即呼張翁，張應聲呼相公。一日，公忽大咍曰：「我作宰相許時，止與汝一字不同耳！」

王荆公退居金陵，一日，與門人山行，少憩松下。公忽回顧周穜曰：「司馬十二，君子人也。」穜默不對。公復前行，言之再四，人莫知其意。公此時豈深悔爲惠卿輩所誤耶？萍洲可談卷三

王荆公晚年於鍾山書院多寫「福建子」三字，蓋悔恨於吕惠卿者，恨爲惠卿所陷，悔爲惠卿所誤也。每山行多恍惚，獨言若狂者。獨醒雜志卷四

田晝承君云，荆公嘗謂其姪防曰：「吾昔好交游甚多，皆以國事相絶。今居閒復欲作書相問。」防忻然爲設紙筆案上，公屢欲下筆作書，輒長歎而止，意若有所愧也。公既病，和甫以邸吏狀視公，適報司馬温公拜相，公悵然曰：「司馬十二作相矣。」公所謂日録者，命防收之。公病甚，令防焚去，防以他書代之。後朝廷用蔡卞請，下江寧府，至防家取日録以進。卞方作史，懼禍，乃假日録減落事寔，文致姦僞，上則侮薄神宗，下則誣毁舊

臣，盡改元祐所修神宗正史。蓋荆公初相，以師臣自居，神宗待遇之禮甚厚。再相，帝滋不悅，議論多異同，故以後日録下欺神宗匿之。今見於世止七十餘卷，陳瑩中所謂尊私史以壓宗廟者也。伯温竊謂，荆公聞温公入相則曰：「司馬十二作相矣。」蓋二公素相善，荆公以行新法作相，温公以不行新法辭樞密使，反復相辯論，三書而後絶。荆公知温公長者，不修怨也。至荆公薨，温公在病告中聞之，簡吕申公曰：「介甫無他，但執拗耳，贈卹之典宜厚。」

邵氏聞見録卷一二

荆公在鍾山，嘗恍惚見雱荷鐵枷杻如重囚者，荆公遂施所居半山園宅爲寺，以薦其福。後荆公病瘡良苦，嘗語其姪曰：「亟焚吾所謂日録者。」姪紿公，焚他書代之，公乃死。或云又有所見也。

邵氏聞見録卷一一

荆公退居金陵，蔣山學佛者，俗姓吴，日供灑掃，山下田家子也。一日，風墮掛壁舊烏巾，吴舉之，復置于壁。公適見之，謂曰：「乞汝歸遺父。」數日，公問幞頭安在？吴曰：「父村老無用，貨於市中。嘗賣得錢三百金供父，感相公之賜也。」公嘆息之，因呼一僕同吴以原價往贖，且戒苟以轉售，即不須訪索，果以弊惡猶存，乃贖以歸。公命取小刀自於巾脚刮磨，燦然黄金也，蓋禁中所賜者，乃復遺吴。吴後潦倒，竟不能祝髮，以竹工居真州。政和丙申年，予嘗令造竹器，親說如此。

墨莊漫録卷一

王荆公在金陵，有中使傳宣撫問，并賜銀合茶藥。令中外各作一表，既具藁，無可於公意者，公遂自作，今見集中。其詞云：「信使恩言，有華原隰，寶奩珍劑，增賁丘園。」蓋五事見四句中，言約意盡，衆以爲不及也。四六談麈

曾子先持母喪過金陵，公往弔之。登舟，顧所服紅帶。適一虞候挾笏在旁，公顧之，即解易其皁帶入弔。既出，復易之而去。石林燕語卷一〇

舒王在鍾山，有客自黄州來。公曰：「東坡近日有何妙語？」客曰：「東坡宿于臨皋亭，醉夢而起，作成都聖像藏記千有餘言，點定纔一兩字。有寫本，適留舟中。」公遣人取而至。時月出東南，林影在地，公展讀于風簷，喜見眉鬚曰：「子瞻人中龍也，然有一字未穩。」客曰：「願聞之。」公曰：「『日勝日貧』，不若曰『如人善博，日勝日負』耳。」東坡聞之，拊手大笑，亦以公爲知言。冷齋夜話卷五

王荆公居鍾山，時與金華俞秀老過故人家飲。飲罷，少坐水亭，顧水際沙間有饌器數件，皆黄白物，意吏卒竊之，故使人問司之者。乃小兒適聚于此食棗栗，食盡棄之而去。荆公謂秀老

曰：「士欲任大事，閲富貴如羣兒作息乃可耳。」

冷齋夜話卷一〇

王荆公築草堂于半山，引八功德水作小港，其上疊石作橋。爲集句填菩薩蠻云：「數間茅屋閑臨水，窄衫短帽垂楊裏。花是去年紅，吹開一夜風。稍梢新月偃，午醉醒來晚。何物最關情？黄鸝三兩聲。」

能改齋漫録卷一七

舒王居前有横墟，嘗放魚於其間，而夜多爲盜以手網得之。王與門人閑步，因曰：「可以揭牒。」時葉致遠戲云：「不須爾也，宜以一集句示之。」乃書橋柱曰：「門前秋水碧鱗鱗，赤鯉躍出如有神。君欲釣魚須遠去，慎勿近前丞相嗔。」王爲之啓齒。

宋朝事實類苑卷六七引漢皋詩話

荆公居鍾山，一日晝寢，夢有服古衣冠者，貌偉甚，曰：「我桀也。」與公論治道，反覆百餘語，不相下。公既覺，猶汗流被體，若作氣劇。因笑語客曰：「吾習氣尚若是乎？」乃作小詩識之，有「堯桀是非猶入夢，因知餘習未能忘」之句。

詩林廣記後集卷二引蔡寬夫詩話

工部侍郎王公召試學士院，王荆公爲考官，於簾下見其試畢，就壁間題字，荆公使人録之，乃一詩也。詩云：「古木陰森白玉堂，長年來此試文章。日斜奏罷長楊賦，閑拂塵埃看畫牆。」荆公改「奏罷長楊賦」作「奏賦長楊罷」。元豐末，荆公在金陵，好事者求書，猶多寫此詩。宋朝事實類苑卷三八

田承君云：頃爲金陵酒官，有王荆公處老兵，時來沽酒，必問公之動止。兵云：「相公每日只在書院讀書，時時以手撫牀而歎，人莫測其意。」

王荆公在半山，使一老兵，方汲泉埽地當其意，譽之不容口；忽誤觸燈檠，即大怒，以爲不力，逐去之。參寥在坐，私語他客云：「公以喜怒進退一老兵，如在朝廷以喜怒進退士大夫也。」研北雜志卷下

元豐中，王荆公居半山，好觀佛書，每以故金漆版書藏經名，遣人就蔣山寺取之。人士因有用金漆版代書帖與朋儕往來者。邵氏聞見後録卷二〇

王荆公一日訪蔣山元禪師，坐間談論，品藻古今。元曰：「相公口氣逼人，恐著述搜索勞役，心氣不正，何不坐禪，體此大事？」又一日，謂元曰：「坐禪實不虧人。余數年欲作胡笳十八

拍不成，夜坐間已就。」元大笑。賓退録卷五

朱世英言：予昔從文公定林數夕，聞所未聞，嘗曰：「子曾讀游俠傳否？移此心學無上菩提，孰能禦哉？」又曰：「成周、三代之際，聖人多生儒中。兩漢以下，聖人多生佛中。此不易之論也。」又曰：「吾止以雪峰一句語作宰相。」世英曰：「願聞雪峰之語。」公曰：「這老子嘗爲衆生，自是什麽。」冷齋夜話卷一〇

道者呂翁如金陵，過王荊公，而公知之，伏拜請道。翁曰：「子障重，不可。」公又勤請，曰：「我能去障，則爲子去之矣。」竟去。以語廣陵王某，王曰：「先生何取焉？」曰：「吾愛其目爾。」王以語余曰：「如金陵者，翁之真身也。翁察之久矣，欲度，故自往。」余語禪者普仁，仁曰：「障必自去，非人能去也。渠如此道而不解乎！」後山談叢卷四

王荊公居金陵半山，又建書堂於蔣山道上，多寢處其間。客至必留宿，寒士則假以衾裯，其去也，舉以遺之。臨安薛昂秀才來謁，公與之夜坐，遣取被於家。吳夫人厭其不時之須，應曰：「被盡矣。」公不懌，俄而曰：「吾自有計。」先有狨坐挂梁間，自持叉取之以授薛。明日，又留飯，

與弈棋，約負者作梅花詩一章。公先輸一絶句，已而薛敗，不能如約，公口占代之云：「野水荒山寂寞濱，芳條弄色最關春。欲將明艷凌霜雪，未怕青腰玉女嗔。」

夷堅丙志卷一九

王文公歸金陵，四方種學緝文之士多歸之。一經題品，號爲雲霄中人。嘗有徽名自稱詩客者見公，四坐笑曰：「此罌水詫海漢也。」客云：「某學有年，稿山筆塚矣，恨未耦知者耳，願受一題。」公曰：「古今詠物，獨未有沙詩，生能賦此乎？」乃韻曰「星」。客應聲曰：「茫茫黄出塞，漠漠白鋪汀。鳥散風迴篆，潮平日射星。」公厚禮之。

西清詩話卷中

王荆公一日與郭功甫飯于半山宅，食已，忽有一僧名義了者，自稱詩僧，投謁于公。功甫大不平之，曰：「於丞相前自稱詩僧，定狂夫也，不必見之。」公曰：「姑見之，何害？」因詢以爲詩，且令即席而作。僧云：「願乞題并韻。」公欲試以尋常題目，復疑其宿成，偶一老卒取沙入宅，公令以是爲題，且以「汀」字爲韻。功甫云：「亦願得紙數十幅，爲百韻詩。」蓋以氣壓之也。須臾筆札至，功甫揮毫如風雨，將及二十幅，僧徐取紙一幅，以指甲染墨，對功甫不敢仰視，僅書一絶云：「茫茫黄出塞，漠漠白連汀。鳥去風平篆，潮回日射星。」公賞味之，因目功甫，功甫乃袖所作，亦復稱歎。僧始厲聲謂功甫：「山僧不學，殊無思致，但未覺『鳥飛不盡暮天碧，漁歌忽斷蘆

花風』爲工耳。」功甫殊病之，竟無以報也。五總志

元祐初，温公拜相，更易熙、豐政事。荆公在鍾山，親舊恐傷其意，不敢告語。有舉子自京師歸，公問有何新事，對曰：「近有指揮不得看字説。」公曰：「法度可改，文字亦不得作乎？」是夜，聞公繞牀行至達旦，於屏上書「司馬光」三字凡數百。其胸次不平之氣，概可見也。高齋漫録

王荆公在金陵，聞朝廷變其法，夷然不以爲意。及聞罷役法，愕然失聲曰：「亦罷至此乎？」良久曰：「此法終不可罷，安石與先帝議之二年乃行，無不曲盡。」後果如其言。三朝名臣言行録卷六引卮史

荆公作字説時，只在一禪寺中。禪床前置筆硯，掩一龕燈。人有書翰來者，拆封皮埋放一邊。就倒禪床睡少時，又忽然起來寫一兩字，看來都不曾眠。

介甫每得新文字，窮日夜閲之。喜食羊頭籤，家人供至，或值看文字，信手撮入口，不暇用筯，過食亦不覺，至於生患。且道將此心應事，安得會不錯！不讀書時，常入書院。有外甥懶學，怕他入書院，多方討新文字，得之，只顧看文字，不暇入書院矣。以上朱子語類卷一三〇

王荆公作字説，一日躊躇徘徊，若有所思而不得。子婦適侍見，因請其故，公曰：「解『飛』字未得。」婦曰：「鳥反爪而升也。」公以爲然。

獨醒雜志卷五

王荆公晚喜説字。客曰：「霸」字何以從西？荆公以西在方域主殺伐，累言數百不休。或曰：霸從雨，不從西也。荆公隨輒曰：如時雨化之耳。其學務鑿，無定論類此。如三經義頒於學官數年之後，又自列其非是者，奏請易去，視古人懸諸日月不刊之説，豈不誤學者乎？

邵氏聞見後録卷二〇

王荆公喜説字至於成俗，劉貢父戲之曰：「三鹿爲麤，鹿不如牛。三牛爲犇，牛不如鹿。」謂宜三牛爲麤，三鹿爲犇，若難於遽改，欲令各權發遣。荆公方解縱繩墨，不次用人，往往自小官暴據要地，以資淺，皆號「權發遣」，故并謔之。

邵氏聞見後録卷三〇

王介甫解佛經三昧之語，用字説，示關西僧法秀。秀曰：「相公文章，村和尚不會。」介甫悻然，又問之如何，秀曰：「梵語三昧，此云正定。相公用華言解之，誤也。」

欒城先生遺言

荆公解「蔗」字，不得其義。一日行圃，見畦丁蒔蔗横瘞之，曰：「它時節節皆生。」公悟曰：

「蔗，草之庶生者也。」字義固有可得而解者，如一而大謂之天，是誠妙矣，然不可强通者甚多。世傳東坡問荆公：「何以謂之波？」曰：「波者，水之皮。」坡曰：「然則滑者，水之骨也？」

荆公字説成，以爲可亞六經。作詩云：「鼎湖龍去字書存，開闢神機有聖孫。湖海老臣無四目，漫將糟粕污脩門。正名百物自軒轅，野老何知强討論。但可與人漫醬瓿，豈能令鬼哭黄昏。」蓋蒼頡四目，其制字成，天雨粟，鬼夜哭。漫瓿之句，言知者少也。

以上鶴林玉露甲編卷三

東坡聞荆公字説新成，戲曰：「以竹鞭馬爲篤，以竹鞭犬有何可笑？」又曰：「『鳩』字從九從鳥，亦有證據。詩曰『鳴鳩在桑，其子七兮』，和爺和娘，恰是九箇。」

高齋漫録

劉貢父言：「每見介甫道字説，便待打諢。」

張文潛言：嘗問張安道云：「司馬君實直言王介甫不曉事，是如何？」安道云：「賢只消去看字説。」文潛云：「字説也只是二三分不合人意思處。」安道云：「若然，則足下亦有七八分不解事矣。」文潛大笑。

以上道山清話

元豐七年春，公有疾，兩日不言，少蘇，與蔡元度書曰：「風疾暴作，心雖明了，口不能言。」語吴國夫人曰：「夫婦之情偶合耳，不須它念，强爲善而已。」執葉濤手曰：「君聰明，宜博讀佛書，慎勿徒勞作世間言語。安石生來多枉費力，作閑文字，深自悔責。」吴國勉之曰：「公未宜出此言。」曰：「生死無常，吾恐時至不能發言，故今敘此。時至則行，何用君勸？」公疾瘳，乃自悔曰：「雖識盡天下理，而定力尚淺。或者未死，應尚竭力修爲。」

三朝名臣言行録卷六引荊公語録

荊公在金陵，未病前一歲，白日見一人上堂再拜，乃故羣牧吏，其死也已久矣。荊公驚問：「何故來？」吏曰：「蒙相公恩，以待制故來。」荊公愴然問：「雱安在？」吏曰：「見今未結絶了，如要見，可於某夕幕廡下，切勿驚呼，唯可令一親信者在側。」荊公如其言。頃之，見一紫袍博帶，據案而坐，乃故吏也。獄卒數人枷一囚，自大門而入，身具桎梏，曳病足立廷下，血污地，呻吟之聲殆不可聞，乃雱也。雱對吏云：「告早結絶。」良久而滅。荊公幾失聲而哭，爲一指使掩其口。明年，荊公薨。

孫公談圃卷中

舒王一日與葉濤坐蔣山本府，一牙校來參，公問來意，其人乞屏左右言：「昨夕夢至陰府，見待制帶鐵枷良苦，令某白相公，意望有所薦拔。某恐相公不信，遲疑間，待制云：『但説某時某處所議之事，今坐此備受慘毒。』」公悟其事，不覺大慟。公既薨，有武弁死而復甦言：「王氏父子皆鐵枷，竊問何罪，曰緣曾議復肉刑致此。」乃與前校之夢略同，今士大夫往往皆知之。泊宅編卷中

吴頤云：荆公薨之前一歲，凌晨，閽者見一蓬頭小青衣送白楊木笏，裹以青布，荆公惡甚，棄之墻下，曰：「明年祖龍死。」

徐君平，金陵人，親見荆公病革時，獨與一醫者對床而寢，荆公矍然起云：「適夢與王禹玉露髻不巾，同立一壇上。」已而遂薨。此可怪也。孫公談圃卷中

王荆公在鍾山，乘驢薄莫行荒村中。有婦人蒙首執文書一紙遮公曰：「妾有寃訴。」公喻以退居不預公事，當自州縣理之。婦人曰：「妾寃訴闕相公，乞留文書一觀。」公不能卻，令執藥囊老兵取狀。至半山園視之，素紙一幅耳。公以是月薨。猶子防爲王性之云爾。孫公談圃卷下

荆公病革甚，吴夫人令蔡元度詣茅山謁劉混康問狀。劉曰：「公之病不可爲已。適見道士數十人往迎公，前二人執幡，旛面有字，若金書然。左曰『中函法性』，右曰『外習塵紛』。」元度邵氏聞見後録卷三〇

自言如此。或者又云：「荆公臨薨，頗有陰譴怪異之事。」與此不同，未知孰是。墨莊漫録卷二

王荆公在金陵，有僧清曉於鍾山道上見有童子數人，持幡幢羽蓋之屬。僧問之，曰：「往迎王相公。」幡上書云：「中含法性，外習塵氛。」到寺未久，聞荆公薨。揮麈後録卷六

王介甫居金陵，求書徐神翁，示「敕舒王」三字，而「敕」字不全，且曰：「敕不須用人也。」未幾薨。政和中追封王爵。海陵三仙傳

王荆公自稱楚老。類説卷五七引陳輔之詩話

荆公愛看水中影，此亦性所好。彦周詩話

舒王有云：「却憶金明池上路，紅裙争看緑衣郎。」歐公謂舒王曰：「謹愿者亦復爲之耶？」詩話總龜前集卷八

楚公尤愛毛詩，註字皆能暗誦，見門生或輕注疏，歎曰：「吾治平中至金陵，見王介甫有

詩正義一部，在案上，揭處悉已漫壞穿穴，蓋繙閱頻所致。介甫觀書，一過目盡能，然猶如此。」家世舊聞卷上

王介甫喜談經術，雖館閣諸公莫與争鋒，惟劉原父兄弟來，介甫爲之小屈。何氏語林卷九

神考問荆公云：「卿曾看歐陽公五代史否？」公對曰：「臣不曾仔細看，但見每篇首必曰『嗚呼』，則事事皆可嘆也。」余謂公真不曾仔細看也，若使曾仔細看，必以『嗚呼』爲是。五代之事，豈非事事可嘆者乎？

王介甫意輕五代史。一日，因平甫案間有之，遂問曰：「此書何如？」平甫曰：「以明白易曉之言，敘擾攘難盡之事，未易議也。」始誠其言，以爲切當。説郛卷四〇下引東皋雜録

往年歐陽文忠公作五代史，或作序記其前，王荆公見之曰：「佛頭上豈可着糞？」五總志

荆公爲許子春作家譜，子春寄歐陽永叔而隱其名。永叔未及觀，後因曝書，讀之稱善。初山谷老人刀筆卷三

疑荆公作，既而曰：「介甫安能爲，必子固也。」孫公談圃卷上

荆公爲弟作志銘，而絶不露「兄」字，亦不書其出官之績。太平清話卷下

王介甫云：明州有一講僧夜中爲鬼物来請，講欣然從命。昇行數十里，寘在猪圈中。比曉方悟爲鬼所侮。嘉祐雜志

黄庭堅嘗言：「人心動則目動。」王介甫終日目不停轉。道山清話

今相家説：龍，人臣得其一體，當至公相，曾公亮得龍之脊，王安石得龍之睛。埤雅卷一

熙寧中，蕭注上殿，神宗曰：「臣僚中孰貴？」注曰：「文彦博。」又問其次，曰：「王安石。」上曰：「何謂？」注曰：「牛形人，任重而道遠。」畫墁録

（蕭）注累任邊要，以知人自許。上曰：「聞卿有袁許之學。」因問韓絳、王安石、馮京，注

曰：「安石牛耳虎頭，視物如射，意行直前，敢當天下大事。然不如絳得和氣多，惟和氣能養萬物。京得五行之秀，遠之若可愛，近之若廉隅。」

劉貢父與王介甫最爲故舊。荆公嘗戲拆貢父名曰：「劉攽不值一分文。」謂其名也。貢父復戲拆荆公名曰：「失女便成宕，無宀真是妬，下交亂真如，上交誤當宁。」荆公大歎而心啣之。清波雜志卷四

劉貢父平生不曾議人長短，人有不韙，必當面折之。雖介甫用事，諸公承順不及，惟貢父屢當面攻之，然退與人言，未嘗出一語。人皆服其長者，雖介甫亦敬服之。默記卷中

王荆公性不善緣飾，經歲不洗沐，衣服雖弊，亦不浣濯。與吴沖卿同爲群牧判官，時韓持國在館中，三數人尤厚善，無日不過從。因相約：每一兩月，即相率洗沐。定力院家，各更出新衣，爲荆公番，號「折洗」。王介甫云：出浴見新衣輒服之，亦不問所從來也。道山清話

王荆公性簡率，不事修飾奉養，衣服垢污，飲食粗惡，一無所擇，自少時則然。蘇明允著辨姦，其言「衣臣虜之衣，食犬彘之食，囚首喪面而談詩、書」，以爲不近人情者，蓋謂是也。然石林燕語卷一〇

少喜與呂惠穆、韓獻肅兄弟游，爲館職時，玉汝嘗率與同浴於僧寺，潛備新衣一襲，易其敝衣，俟其浴出，俾其從者舉以衣之，而不以告。荆公服之如固有，初不以爲異也。及爲執政，或言其喜食獐脯者，其夫人聞而疑之，曰：「公平日未嘗有擇於飲食，何忽獨嗜此？」因令問左右執事者，曰：「何以知公之嗜獐脯耶？」曰：「每食不顧他物，而獐脯獨盡，是以知之。」復問：「食時，置獐脯何所？」曰：「在近匕筯處。」夫人曰：「明日姑易他物近匕筯。」既而果食他物盡而獐脯固在。而後人知其特以其近故食之，而初非有所嗜也。人見其太甚，或者多疑其僞云。曲洧舊聞卷一〇

王荆公介甫在政事堂，只喫魚羹飯。一日因事乞去，云：「世間何處無魚羹飯！」胡文定公云：「只爲介甫緣累輕，故去住自在。」

王荆公在相位，子婦之親蕭氏子至京師，因謁公，公約之飯。翌日，蕭氏子盛服而往，意謂公必盛饌。日過午，覺飢甚而不敢去。又久之，方命坐，果蔬皆不具，其人既心怪之。酒三行，初供胡餅兩枚，次供彘臠數四，頃即供飯，傍置菜羹而已。蕭氏子頗驕縱，不復下箸，惟啖胡餅中間少許，留其四傍。公取顧自食之，其人愧甚而退。人言公在相位，自奉類言行龜鑑卷五

不過如此。

王介甫以次女適蔡卞，吴國夫人吴氏驟貴，又愛此女，乃以錦爲帳，未成禮而華俊之聲已聞於外。神宗一日問介甫云：「卿大儒之家，用錦帳嫁女？」介甫諤然無以對，歸問之，果然。乃舍之開寶寺福勝閣下爲佛帳，明日再對，惶懼謝罪而已。

獨醒雜志卷二

王荆公嫁女蔡氏，慈壽宫賜珠褥直數十萬。

説郛卷四一下引蓼花洲閒録

沈起待制諸子有見荆公者，頗喜之，許以薦擢。一日，沈盛飾出遊，過相府，公聞其在門，呼入與共匕箸。先令褫帶，沈辭不得已，公以手褰沈所衣真珠繡直繫，連稱「好，好」。自後不得復見，坐此沈廢。

後山談叢卷三

王荆公妻越國吴夫人，性好潔成疾，公任真率，每不相合。自江寧乞骸歸私第，有官藤牀，吴假用未還，吏來索，左右莫敢言。公一旦跣而登牀，偃仰良久，吴望見，即命送還。

荆公吴夫人有潔疾，其意不獨恐污己，亦恐污人。長女之出，省之於江寧，夫人欣然裂綺縠製衣，將贈其甥，皆珍異也。忽有猫卧衣笥中，夫人即叱婢揭衣置浴室下，終不肯與人，竟腐敗無敢取者。以上萍洲可談卷三

王荆公于富貴聲色，略不動心，得耿天騭憲竹根冠，愛詠不已。老學庵筆記卷五

王荆公平生只用小竹紙一種。邵氏聞見後録卷二八

簡槧古無有也，陸務觀謂始於王荆公，其後盛行。癸辛雜識前集

有獻硯于王荆公云：「呵之得水。」公笑而却之曰：「縱得一擔，能直幾何？」五總志

丞相荆公喜放生，每日就市買活魚縱之江中，莫不洋然。夢溪補筆談卷三

荆公嗜睡，夏月常用方枕。或問何意，公云：「睡氣蒸枕熱，則轉一方冷處。」此非真知睡

味，未易語此也。

江之神今封安濟順澤王，凡江行，有水族登舟，舟人以爲神見。王荆公嘗泛江歸金陵，或見於舟，狀稍異，舟人請公致禮，公從容至前炷香，揖之曰：「朝廷班爵，公無拜侯之禮。」俄頃不見。蓋其時未封王爵也。齊東野語卷一八

王荆公教元澤求門賓須博學善士，或謂發蒙，恐不必然。公曰：「先入者爲之主。」獨醒雜志卷五

荆公凡處事，必要經據。托人賣金，零賣了，銖兩不足，甚怒，元澤云：「銖銖而較之，至兩必差。」遂解。以上晁氏客語

世傳王荆公嘗問張文定公曰：「孔子去世百年，生孟子亞聖，後絶無人，何也？」文定曰：「豈無？只有過孔子上者。」公曰：「誰？」文定曰：「江西馬大師、汾陽無業禪師、雪峰、巖頭、丹霞、雲門是也。」公暫聞，意不甚解，乃問曰：「何謂也？」文定曰：「儒門淡薄，收拾不住，皆歸釋氏爾。」荆公忻然歎服，其後説與張天覺，天覺撫几歎賞曰：「達人之論也。」遂記於案間。捫虱新話卷一〇

馮公京爲樞密使，嘗薦王鞏可用，王荆公安石曰：「鞏止是一小男女，陪涉馮京，故薦之。」神宗皇帝曰：「王鞏與臣陪涉，誠如安石所言，若以爲小男女，則鞏戊子生。」上變色久之。馮公戊子生故也。

王荆公一日見婢持練帛付外浣湅，公戲作謎云：「雖居色界中，不染色界塵。一朝鮮纏縛，見性自分明。」

王荆公游山，題壁云：「欲據而食又無木，欲飼吾蠶又無木，有木則利用刑人，無木則不可伐而燒。」乃「安石至此」四字。

以上高齋漫録

荆公嘗訪一高士不遇，題其壁曰：「牆角數枝梅，凌寒特地開。遥知不是雪，爲有暗香來。」

冷齋夜話卷五

芸叟好古博學，喜爲詩，然皆有思致，緩而不迫，非徒爲矯忿者。初謫時，言五路事者，其賓客各自爲主不同，芸叟每折中之，以故人皆不樂。會道中聞蛙聲，乃有詩曰：「一夜蛙聲不暫停，近如相和遠如争。信知不爲官私事，應恨流螢徹夜明。」荆公見而笑曰：「舜民此語不爲過。」

巖下放言卷下

東坡作表忠觀碑，荊公寘坐隅，有客問曰：「相公亦喜斯人之作？」公曰：「斯絶似西漢。」坐客歎譽不已。公笑曰：「西漢誰文可擬？」坐客或比以司馬相如、揚雄之流，公曰：「相如賦子虛、大人，洎諭蜀文、封禪書耳。雄所著太玄、法言以準易，未見其敘事典贍若此。直須與子長馳騁上下，如楚漢以來諸侯王年表。」野客叢書卷六引潘子真詩話

東坡初爲趙清獻公作表忠觀碑，或持以示王荊公，公讀之，沉吟曰：「此何語邪？」時客有在傍者，遽指摘而詆訿之，公不答。讀至再三，又攜之而起，行且讀，忽嘆曰：「此三王世家也，可謂奇矣。」客大慙。卻掃編卷下

王文公見東坡醉白堂記，徐云：「此定是韓、白優劣論。」東坡聞之曰：「不若介甫虔州學記，乃學校策耳。」二公相誚或如此，然勝處未嘗不相傾慕。元祐間，東坡奉祠西太乙，見公舊題：「楊柳鳴蜩緑暗，荷花落日紅酣。三十六陂春水，白頭想見江南。」注目久之，曰：「此老野狐精也。」西清詩話卷中

王介甫論揚子投閣爲史臣之誤，劇秦美新之作亦後人誣子雲。它日，與東坡論及

此，東坡曰：「軾亦疑一事。」荆公曰：「疑何事？」東坡云：「不知西漢果有子雲否？」聞者皆大笑。

東坡在黄州日，作雪詩云：「凍合玉樓寒起粟，光摇銀海眩生花。」人不知其使事也。後移汝海，過金陵，見王荆公，論詩及此，云：「道家以兩肩爲玉樓，以目爲銀海，是使此否？」坡笑之，退謂葉致遠曰：「學荆公者，豈有此博學哉！」

北窗炙輠録卷上

東坡自海外歸，至南康軍語劉羲仲壯輿曰：「軾元豐中過金陵，見介甫論三國志曰：『裴松之之該洽，實出陳壽上，不能别成書而但注三國志，此所以□陳壽下也，蓋好事多在注中。安石舊有意重脩，今老矣，非子瞻，他人下手不得矣。』軾對以：『軾於討論非所工。』蓋介甫以此事付託軾，軾今以付壯輿也。」

侯鯖録卷一

王丞相嘗云：「自議新法，始終言可行者曾布也，言不可行者司馬光也，餘皆前叛後附，或出或入。」

默記卷中

宋朝事實類苑卷八引澠水燕談録

錢公輔與王荆公坐，忽語荆公曰：「周武王真聖人也。」荆公曰：「何以言之？」公輔曰：「武王年八十，猶爲太子，非聖人誰能如是？」荆公曰：「是時文王尚在，安得不爲太子也。」東軒筆録卷一五

余友人相訪，指案間荆公日録曰：「僕不喜閲此書。」余問其故。客曰：「凡稱上曰某事如何，則言曰余不然。凡稱某事，余則曰如何，則言上曰極是。此尤可笑也。」墨莊漫録卷二

吕惠卿嘗語王荆公曰：「公面有䵟，用園荽洗之當去。」荆公曰：「吾面黑耳，非䵟也。」吕曰：「園荽亦能去黑。」荆公笑曰：「天生黑於予，園荽其如予何！」東軒筆録卷一二

王荆公病喘，藥用紫團山人蔘，不可得。時薛師政自河東還，適有之，贈公數兩，不受。人有勸公曰：「公之疾，非此藥不可治，疾可憂，藥不足辭。」公曰：「平生無紫團蔘，亦活到今日。」竟不受。公面黧黑，門人憂之，以問醫，醫曰：「此垢汗，非疾也。」進澡豆令公頮面，公曰：「天生黑於予，澡豆其如予何！」夢溪筆談卷九

王文公安石爲相日奏事殿中，忽覺偏頭痛不可忍，遽奏上，請歸治疾。裕陵令且在中書偃卧，已而小黄門持一小金杯藥少許賜之，云：「左痛即灌右鼻，右即反之，左右俱痛，並灌之。」即時痛愈。明日，入謝，上曰：「禁中自太祖時，有此數十方，不傳人間，此其一也。」因并賜此方。蘇軾自黄州歸過金陵，安石傳其方，用之如神。墨莊漫録卷五

王荆公言：「月中彷彿有物，乃山河影也。」

荆公以雱病，夜焚紙錢。平甫戲曰：「天曹也行倉法。」時新立倉法，胥吏重禄者皆用馬，人以爲不便，故平甫譏之也。春渚紀聞卷七

王平甫該洽善議論。與其兄介甫論新政，多援據，介甫不能聽。姪雱病亟，介甫命道士作醮，大陳楮泉。平甫啓曰：「兄在相位，要須令天下後世人取法。雱雖疾，丘之禱久矣，爲此奚益！且兄嘗以倉法繩吏奸，今乃以楮泉徼福，安知三清門下獨不行倉法耶！」介甫大怒。孫公談圃卷中

王荆公絶句云：「京口瓜洲一水間，鍾山秖隔數重山。春風又緑江南岸，明月何時照我

還。」吴中士人家藏其草，初云「又到江南岸」，圈去「到」字，注曰不好，改爲「過」，復圈去而改爲「入」，旋改爲「滿」，凡如是十許字，始定爲「緑」。容齋續筆卷八

「風定花猶舞，鳥鳴山更幽。」世傳荆公改「舞」字作「落」字，其語頓工。彦周詩話

杜少陵宿龍門詩有云「天闕象緯逼」，王介甫改「闕」爲「閲」，黄魯直對衆極言其是。貢父聞之曰：「直是怕他。」道山清話

唐人詩云：「嫩緑枝頭紅一點，動人春色不須多。」不記作者名氏。王荆公親書此兩句於書上。類説卷四七引遁齋閑覽

荆公題金陵此君亭詩云：「誰憐直節生來瘦，自許高才老更剛。」賓客每對公稱頌此句，公輒顰蹙不樂。晚年與平甫坐亭上，視詩牌曰：「少時作此題榜，一傳不可追改，大抵少年題詩，可以爲戒。」平甫曰：「此揚子雲所以悔其少作也。」苕溪漁隱叢話前集卷三四引高齋詩話

荆公嘗有詩曰：「功謝蕭規慚漢第，恩從隗始詫燕臺。」或謂公曰：「蕭何萬世之功，則功字固有來處，若恩字未見有出也。」荆公答曰：「韓集鬬雞聯句，則孟郊云『受恩慚始隗』。」則知荆公詩用法之嚴如此。

韻語陽秋卷二

荆公問山谷云：「作小詞，曾看李後主詞否？」云：「曾看。」荆公云：「何處最好？」山谷以「一江春水向東流」爲對，荆公云：「未若『細雨夢回雞塞遠，小樓吹徹玉笙寒』，又『細雨濕流光』最好。」

苕溪漁隱叢話前集卷五九引雪浪齋日記

王逢原以書上介甫，且以南山之詩求學於荆公。師資之禮已定，故逢原未死以前，荆公贈之詩曰：「梗柟豫章概白日，只要匠石聊穿裁。」逢原既死之後，荆公思之曰：「便恐世間無妙質，鼻端從此罷揮斤。」皆以師道自任也。

韻語陽秋卷一八

廣陵先生王逢原嘗詠暑熱思風詩云：「力卷雨來無歲旱，盡驅雲去放天高。」客有傳示王介甫，嘆曰：「有致君澤民之志，惜乎不振也。」

墨莊漫録卷一

王逢原作過唐論，介甫云：「可方賈誼過秦，論不及而馳騁過之。」

墨莊漫録卷三

江南進士王令逢原少不羈，好爲狂詭之行，或跨驢入山，每以蒸餅十數掛驢項上。後改節師事王介甫，介甫雅重之。……死時纔二十三，早慧而夭。逢原見器於荆公，公以夫人女弟妻之，爲嫁其遺腹女與吴師禮。

呂氏雜記卷下

方惟深字子通……最長於詩，嘗過黯淡灘，題一絶云：「溪流怪石礙通津，一一操舟若有神。自是世間無妙手，古來何事不由人？」王荆公見之大喜，欲收致門下。蓋荆公欲行新法，沮之者多，子通之詩，適有契於心，故爲其所喜也。後子通以詩集呈荆公，侑以詩云：「年來身計欲何爲，跌宕無成一軸詩。懶把行藏問詹尹，願將生死遇秦醫。丹青效虎留心拙，斤匠良工入手遲。此日知音堪屬意，枯桐正在半焦時。」凡有所作，荆公讀之必稱善，謂深得唐人句法。嘗遺以書曰：「君詩精淳警絶，雖元、白、皮、陸，有不可及。」子通游王氏之門，極蒙愛重。

中吴紀聞卷三

方子通一日謁荆公未見，作詩云：「春江渺渺抱牆流，煙草茸茸一片愁。吹盡柳花人不見，

春旗催日下城頭。」荆公親書方册閒，因誤載臨川集，後人不知此詩乃子通作也。中吴紀聞卷四

盧秉侍郎，嘗爲江南郡掾，于傳舍中題詩云：「青衫白髪病參軍，旋糴黄粱置酒樽。但得有錢留客醉，也勝騎馬傍人門。」王荆公見而稱之，立薦于朝，不數年登貳卿。珊瑚鉤詩話卷二

賀方回題一絶于定林云：「破冰泉脉漱籬根，壞衲遥疑掛樹猿。蠟屐舊痕尋不見，東風先爲我開門。」舒王見之大稱賞，緣此知名。詩話總龜前集卷一一

郭祥正有句云「明月隨人渡流水」，王介甫愛之，曰：「此言如有神助。」能改齋漫録卷八引吕氏詩事録

劉季孫初以左班殿直監饒州酒，王荆公爲江東提刑，巡歷至饒，按酒務。始至廳事，見屏間有題小詩曰：「呢喃燕子語梁間，底事來驚夢裏閒？説與旁人應不解，杖藜攜酒看芝山。」大稱賞之。問專知官誰所作，以季孫言。即召與之語，嘉歎升車而去，不復問務事。既至傳舍，適郡學生持狀立庭下，請差官攝州學事，公判監酒殿直，一郡大驚，遂知名云。石林詩話卷下

王公韶少日讀書於廬山東林寺老庵，庵前有老松，因賦詩云：「緑皮皴剥玉嶙峋，高脚分明似古人。解與乾坤生氣概，幾因風雨長精神。裝添景物年年换，擺捭窮愁日日新。惟有碧霄雲裏月，共君孤影最相親。」王荆公爲憲江東，過而見之，大加稱賞，遂爲知己。

苕溪漁隱叢話後集卷三六引復齋漫録

王介性輕率，語言無倫，時人以爲心風。與王荆公舊交，公作詩曰：「吴興太守美如何？柳渾詩才未足多。遥想郡人臨下擔，白蘋洲上起風波。」其意以水值風即起波也。介諭其意，遂和十篇，盛氣而誦於荆公，其一曰：「吴興太守美如何？太守從來惡祝鮀。正直聰明神鬼畏，死時應合作閻羅。」荆公笑曰：「閻羅見闕，可速赴任也。」

東軒筆録卷七

俞秀老紫芝，物外高人，喜歌謳，醉則浩歌不止。故荆公贈之詩曰：「魯山眉宇人不見，只有歌辭來向東。借問樓前蹋于蔿，何如雲卧唱松風。」又云：「暮年要與君攜手，處處相煩作好歌。」不知者以爲賦詩也。紫芝之弟清老，欲爲僧，荆公名之曰紫琳，因手簡目之爲琳公，然清老卒未嘗祝髮也。

老學庵筆記卷七

丹陽陳輔每歲清明過金陵上冢，事畢，則過蔣山謁湖陰先生，歲率爲常。元豐辛酉、癸亥，兩歲訪之不遇，因題一絶於門云：「北山松粉未飄花，白下風輕麥脚斜。身似舊時王謝燕，一年一度到君家。」湖陰歸見其詩，吟賞久之，稱於荆公，荆公笑曰：「此正戲君爲尋常百姓耳。」湖陰亦大笑。

苕溪漁隱叢話前集卷五四引王直方詩話

王介甫有江寧夾口詩云：「茅屋滄洲一酒旗，午烟孤起隔林炊。江清日暖蘆花轉，恰似春風柳絮時。」人或題之於壁，續其後云：「江南村裏老翁子，不解吟他富貴詩。」荆公聞之，但笑而已。

孔氏談苑卷二

或薦王迥於荆公，介甫唯唯，既而曰：「奈奇俊何？」客不喻。或哂曰：「此介甫諧也。」

畫墁録

魏泰數舉進士不利。荆公戲云：「眼下有臣卧蠶者貴，如文潞公有之而爲相。公亦有而未遇也，豈非白殭者乎！」

可書

大覺璉禅師學外工詩，舒王少與遊，嘗以其詩示歐公。歐公曰：「此道人作肝臟饅頭也。」舒王不悟其戲，問其意，歐公曰：「是中無一點菜氣。」

冷齋夜話卷六

蔡天啓肇嘗從王介甫游。一日，語及盧仝月蝕詩辭語奇嶮，介甫曰：「人少有誦得者。」天啓立誦之，不遺一字。一日，又與介甫同泛舟，適見羣鳧數百掠舟而過。介甫戲曰：「子能數之乎？」天啓一閱，即得其數。因遣人詢之放畜者，其數不差。可謂機警也。

庚溪詩話

世傳王迥芙蓉城鬼仙事，或云無有，蓋託爲之者。迥字子高，蘇子瞻與迥姻家，爲作歌，人遂以爲信。俞澹清老云王荊公嘗和子瞻歌，爲其兄紫芝誦之，紫芝請書于紙，荆公曰：「此戲耳，不可以訓。」故不傳。

避暑録話卷上

近世婦人多能詩，往往有臻古人者。王荆公家最衆。

臨漢隱居詩話

王荆公暮年喜爲集句，唐人號爲四體，黄魯直謂正堪一笑爾。

後山詩話

王荆公作集句，得「江州司馬青衫濕」之句，欲以全句作對，久而未得。一日問蔡天啓：「『江州司馬青衫濕』，可對甚句？」天啓應聲曰：「何不對『梨園弟子白髮新』？」公大喜。

竹坡詩話

昔有刺字至半山之前，自稱集句詩人，坐客駭然。公寘之坐末，問曰：「『江州司馬青衫濕』何以爲對？」應聲曰：「梨園弟子白髮新。」公甚悦。攻媿集卷七五跋郭適之集句梅雪詩

山谷云：江南野中有一種小白花，木高數尺，春開極香，野人謂之鄭花。王荆公嘗欲作詩而陋其名，予請名曰山礬。苕溪漁隱叢話前集卷四七

荆公在鍾山興國寺，見一尼入寺，使蔡天啓集句嘲之云：「不住薰爐换好香，爲他人作嫁衣裳。因過竹院逢僧話，始覺空門氣味長。」苕溪漁隱叢話後集卷二五引東皋雜録

舒王嗜佛書，曾子固欲諷之，未有以發之也。居一日，會于南昌，少頃，潘延之亦至。延之談禪，舒王問其所得，子固熟視之。已而又論人物，曰某人可秤。子固曰：「弇用老而逃佛，亦可一秤。」舒王曰：「子固失言也。善學者讀其書，惟理之求，有合吾心者，則樵牧之言猶不廢；言而無理，周、孔所不敢從。」子固笑曰：「前言第戲之耳。」冷齋夜話卷六

子方一日見介甫誦華嚴經，因勸介甫不若早休官去，介甫問之，子方曰：「公之爲官，止是

作業，更做執政數年，和佛也費力。」介甫不答。一日，子方在朝，介甫乃以子方之言白於上，將以危之，上大笑而止。道山清話

王荆公爲錢公輔銘母夫人蔣氏墓，不稱公輔甲科，但云：「子官於朝，豐顯矣，里巷之士以爲太君榮。」後云：「孫七人皆幼。」不書其名。公輔意不滿，以書言之，公復書曰：「比蒙以銘文見屬，輒爲之而不辭。不圖乃猶未副所欲，欲有所增損。鄙文自有意義，不可改也。宜以見還，而求能如足下意者爲之。如得甲科爲通判，何足以爲太夫人之榮？一甲科通判，苟粗知爲辭賦，雖市井小人，皆可以得之，何足道哉！故銘以謂閭巷之士以爲太夫人榮，明天下有識者不以置榮辱也。至於諸孫，亦不足列，孰有五子而無七孫者乎！」

陳輔之爲先君言：荆公元祐改元三月末間，疾已甚，猶折花數枝，置牀前，作詩曰：「老年少歡豫，況復病在牀。汲水置新花，取慰此流光。流光只須臾，我亦豈久長。新花與故吾，已矣兩相忘。」自此至没，不復作詩，此篇蓋絶筆也。容齋續筆卷一三

介甫嘗晝寢，謂葉濤曰：「適夢三十年前所喜一婦人，作長短句贈之，但記其後段：『隔岸家世舊聞卷下

桃花紅未半，枝頭已有蜂兒亂。惆悵武陵人不管。清夢斷，亭亭佇立春宵短。』」泊宅編卷一

半山嘗於江上人家壁間見一絶云：「一江春水碧揉藍，船趁歸潮未上帆。渡口酒家賒不得，問人何處典春衫。」深味其首句，爲躊躇久之而去。已而作小詞，有「平漲小橋千嶂抱，揉藍一水縈花草」之句，蓋追用其語。觀林詩話

荆公戲作四句謎示吉甫云：「畫時圓，寫時方。冬時短，夏時長。」吉甫亦作四句解云：「東海有一魚，無頭亦無尾。更除脊梁骨，便是這箇謎。」續墨客揮犀卷六

唐人初未有押字，但草書其名以爲私記，故號「花書」，韋陟「五雲體」是也。余見唐誥書名，未見一楷字。今人押字，或多押名，猶是此意。王荆公押「石」字，初横一畫，左引脚，中爲一圈。公性急，作圈多不圓，往往窩匾，而收横畫又多帶過。常有密議公押「歹」字者，公知之，加意作圈。一日書楊蟠差遣敕，作圈復不圓，乃以濃墨塗去，旁別作一圈，蓋欲矯言者。楊氏至今藏此敕。石林燕語卷四

熙寧初，荆公用事，一時字多以「甫」，押多以圈。時語曰：「表德皆連甫，花書盡帶圈。」類説卷五七引王直方詩話

王介甫當神宗正眷注時，其書「石」字爲「○」，人皆效之。故時人嘲之曰：「表德皆聯甫，花書盡帶圈。」演繁露卷二

頃年嘗與王荆公評詩，余謂凡爲詩，當使挹之而源不窮，咀之而味愈長，至如歐陽永叔之詩，才力敏邁，句亦健美，但恨其少餘味耳。荆公曰：「不然，如『行人仰頭飛鳥驚』之句，亦可謂有味矣。」東軒筆録卷一二

荆公嘗言：「世間好語言已被老杜道盡，世間俗言語已被樂天道盡。」苕溪漁隱叢話前集卷一四引陳輔之詩話

功甫曾題人山居一聯云：「謝家莊上無多景，只有黄鸝三兩聲。」荆公命工繪爲圖，自題其上云：「此是功甫題山居詩處。」即遣人以金酒鍾并圖遺之。苕溪漁隱叢話前集卷三七引遁齋閑覽

荆公素輕沈文通，以爲寡學，故贈之詩曰：「翛然一榻枕書卧，直到日斜騎馬歸。」及作文通

墓誌，遂云：「公雖不常讀書。」或規之曰：「渠乃狀元，此語得無過乎？」乃改「讀書」作「視書」。

老學庵筆記卷一

諫議大夫程師孟嘗請於介甫曰：「公文章命世，師孟多幸，生與公同時，願得公爲墓誌，庶傳不朽，惟公矜許。」介甫問：「先正何官？」師孟曰：「非也，師孟恐不得常侍左右，自欲豫求墓誌，俟死而刻之耳。」介甫雖笑不許，而心憐之。及王雱死，有習學檢正張安國者，被髮藉草，哭於柩前曰：「公不幸，未有子，今郡君妊娠，安國願死，托生爲公嗣。」京師爲之語曰：「程師孟生求速死，張安國死願托生。」

涑水記聞卷一六

荊公棋品殊下，每與人對局，未嘗致思，隨手疾應，覺其勢將敗，便斂之，謂人曰：「本圖適性忘慮，反苦思勞神，不如且已。」與葉致遠敵手，嘗贈致遠詩云：「垂成忽破壞，中斷俄連接。」是知公棋不甚高。又云：「諱輸寧斷頭，悔悞仍搏頰。」是又未能忘情於一時之得喪也。

苕溪漁隱叢話前集卷三三引遁齋閑覽

荊公棋將敗，則隨手斂之，嘗作詩曰：「莫將戲事擾真情，且可隨緣道我贏。戰罷兩奩收黑白，一枰何處有虧成。」

堅瓠四集卷三引遁齋閑覽

荆公爲江西漕，夢小龍呼「相公」，求夾注維摩經十卷，久而忘之。後至友人家，見佛堂中有是經，因録而送廟。及在相府，夢小龍來謝。

孫公談圃卷上

王荆公改科舉，暮年乃覺其失，曰：「欲變學究爲秀才，不謂變秀才爲學究也。」蓋舉子專誦王氏章句而不解義，正如學究誦註疏爾。

後山談叢卷一

荆國王文公，以多聞博學爲世宗師，當世學者得出其門下者，自以爲榮，一被稱與，往往名重天下。公之治經，尤尚解字，末流務多新奇，浸成穿鑿。朝廷患之，詔學者兼用舊傳註，不專治新經，禁援引字解。于是學者皆變所學，至有著書以詆公之學者，且諱稱公門人。故芸叟爲挽詞云：「今日江湖從學者，人人諱道是門生。」傳士林。及後詔公配享神廟，贈官并謚，俾學者復治新經，用字解。昔從學者，稍稍復稱公門人，有無名子改芸叟詞云：「人人却道是門生。」

澠水燕談録卷一〇

王荆公初拜僕射，握壻蔡卞手曰：「吾止於此乎！昔年作舉人時，夢升一廳事，人指其榜有

『僕射廳』字曰：『他日君當爲此官。』今夢驗矣。」官制行，换爲特進。元祐初，加司空，卞幸其夢之不應也。公讓不拜，半年方報。再讓，又數月，方報。此告下，公薨八日矣。竟終於特進焉。

孔氏談苑卷二

蔡京作相，弟卞爲元樞，卞乃王安石壻，尊崇婦翁，當孔廟釋奠時，躋于配享而封舒王。優人設孔子正坐，顔、孟與安石侍坐側。孔子命之坐，安石揖孟子居上，孟辭曰：「天下達尊，爵居其一，軻僅蒙公爵，相公貴爲真王，何必謙光如此？」遂揖顔子，顔曰：「回也陋巷匹夫，平生無分毫事業，公爲名世真儒，位號有間，辭之過矣。」安石遂處其上。夫子不能安席，亦避位，安石皇懼拱手不敢，往復未決。子路在外，憤憤不能安，徑趨從祀堂挽公冶長臂而出，公冶長爲窘迫之狀，謝曰：「長何罪？」乃責數之曰：「汝全不救護丈人，看取别人家女壻。」其意以譏卞也。時方議欲升安石於孟子之右，爲此而止。

夷堅支志乙卷四

初制顔、孟配享，左顔而右孟。熙、豐新經盛行，以王安石爲聖人，没而躋之配享，位顔子下。故左則顔子及安石，右則孟子。未幾，安石女壻蔡卞當國，謂安石不當在孟子下，遷安石於右，與顔子對，而移孟子位第三，次顔子之下，遂左列顔、孟而右列安石。又未幾，蔡卞再欲升安石壓顔子，漸次而升，爲代先聖張本。優人有以藝諫於殿下者，設一大言之士，戲薄先聖，顔子出争之，不勝；子貢出争之，不勝；子路出而盛氣争之，又不勝。然後設爲公冶長，有擊其首而叱之曰：『汝何不出一争？汝且看他人家女壻。』蓋蔡卞，安石壻，而公冶長，先聖壻也。蔡卞聞之，遂不敢進安石於顔子上，顔、孟左而安石右，遂爲定制。

晨至鍾山道林真覺大師塔焚香。……塔後又有定林菴。舊聞先君言，李伯時畫文公像於菴之昭文齋壁，著帽束帶，神彩如生。文公没，齋常扃閉，遇重客至，寺僧開户。客忽見像，皆驚聳，覺生氣逼人，寫照之妙如此。今菴經火，尺椽無復存者。黄氏日抄卷三二

王荆公所賜玉帶，闊十四稻，號玉抱肚，真廟朝趙德明所貢。至紹興中，王氏猶藏之，曾孫奉議郎𤩽始復進入禁中。入蜀記卷二

淳祐改元正月十九日，理宗皇帝駕幸太學，御筆云：「王安石謂天命不足畏，祖宗不足法，人言不足信。此三語爲萬世之罪人，豈宜祀孔子廟庭？合與削去，以正人心，息邪説。關係不小，合議指揮。」有旨令國子監日下施行。老學庵筆記卷七

説郛卷二〇下引豹隱紀談

詩文評選輯

論詩

荆公詩云：「力去陳言誇末俗，可憐無補費精神。」而公平生文體數變，暮年詩益工，用意益苦，故言不可不慎也。

詩欲其好，則不能好矣。王介甫以工，蘇子瞻以新，黄魯直以奇。

魯直謂荆公之詩暮年方妙，然格高而體下，如云「似聞青秧底，復作龜兆坼」，乃前人所未道，又云「扶輿度陽焰，窈窕一川花」，雖前人亦未易道也，然學二謝，失於巧爾。以上後山詩話

山谷云：「天下清景，初不擇賢愚而與之遇，然吾特疑端爲我輩設。」荆公在鍾山定林，與客

夜對，偶作詩曰：「殘生傷性老耽書，年少東來復起予。各據槁梧同不寐，偶然聞雨落階除。」東坡宿余杭山寺，贈僧曰：「暮鼓朝鐘自擊撞，閉門欹枕對殘紅。白灰旋撥通紅火，卧聽蕭蕭雪打窗。」人以爲山谷之言爲確論。

冷齋夜話卷三

對句法，詩人窮盡其變，不過以事、以意、以出處具備，謂之妙。如荆公曰：「平昔離愁寬帶眼，迄今歸思滿琴心。」又曰：「欲寄荒寒無善畫，賴傳悲壯有能琴。」乃不若東坡徵意特奇。如曰：「見説騎鯨游汗漫，亦曾捫蝨話辛酸。」又曰：「龘市風光思故國，馬行燈火記當年。」又曰：「龍驤萬斛不敢過，漁舟一葉從掀舞。」以「鯨」爲「蝨」對，以「龍驤」爲「漁舟」對，小大氣焰之不等，其意若玩世。謂之秀傑之氣終不可没者，此類是也。

冷齋夜話卷四

用事琢句，妙在言其用，不言其名耳。此法唯荆公、東坡、山谷三老知之。荆公曰：「含風鴨緑鱗鱗起，弄日鵝黄裊裊垂。」此言水柳之用而不言水柳之名也。

舒王宿金山寺，賦詩，一夕而成長句，妙絶。如曰：「天多剩得月，月落聞歸鼓」，又曰「乃知像教力，但渡無所苦」之類，如生成。

唐詩有曰:「長因送人處,憶得别家時。」又曰:「舊國别多日,故人無少年。」荆公用其意,作古今不經人道語。荆公詩曰:「木末北山烟冉冉,草根南澗水泠泠。繰成白雪桑重緑,割盡黄雲稻正青。」東坡曰:「桑疇雨過羅紈膩,麥隴風來餅餌香。」如華嚴經舉因知果,譬如蓮花方其吐華而果具蘂中。

造語之工,至于荆公、東坡、山谷,盡古今之變。荆公曰:「江月轉空爲白晝,嶺雲分暝與黄昏。」又曰:「一水護田將緑遶,兩山排闥送青來。」東坡海棠詩曰:「只恐夜深花睡去,高燒銀燭照紅妝。」又曰:「我攜此石歸,袖中有東海。」山谷曰:「此皆謂之句中眼,學者不知此妙語,韻終不勝。」

以上冷齋夜話卷五

王荆公晚年詩律尤精嚴,造語用字,間不容髮。然意與言會,言隨意遣,渾然天成,殆不見有牽率排比處。如「含風鴨緑鱗鱗起,弄日鵝黄裊裊垂」,讀之初不覺有對偶。至「細數落花因坐久,緩尋芳草得歸遲」,但見舒閒容與之態耳。而字字細考之,若經檃括權衡者,其用意亦深刻矣。嘗與葉致遠諸人和「頭」字韻詩,往返數四,其末篇有云:「名譽子真矜谷口,事功新息困壺頭。」以谷口對壺頭,其精切如此。後數日,復取本追改云:「豈愛京師傳谷口,但知鄉里勝壺頭。」至今集中兩本並存。

詩下雙字極難，須使七言五言之間除去五字三字外，精神興致，全見於兩言，方爲工妙……近世王荆公「新霜浦漵綿綿白，薄晚林巒往往青」，與蘇子瞻「浥浥爐香初泛夜，離離花影欲摇春」，皆可以追配前作也。

王荆公少以意氣自許，故詩語惟其所向，不復更爲涵蓄。如「天下蒼生待霖雨，不知龍向此中蟠」，又「濃緑萬枝紅一點，動人春色不須多」，「平治險穢非無力，潤澤焦枯是有材」之類，皆直道其胸中事。後爲羣牧判官，從宋次道盡假唐人詩集，博觀而約取，晚年始盡深婉不迫之趣。乃知文字雖工拙有定限，然亦必視初壯，雖此公，方其未至時，亦不能力强而遽至也。以上石林詩話卷上

荆公詩用法甚嚴，尤精於對偶，嘗云用漢人語，止可以漢人語對，若參以異代語，便不相類。如「一水護田將緑去，兩山排闥送青來」之類，皆漢人語也。此法惟公用之不覺拘窘卑凡。如「周顒宅在阿蘭若，婁約身隨窣堵波」，皆以梵語對梵語，亦此意。嘗有人面稱公詩「自喜田園安五柳，但嫌尸祝擾庚桑」之句，以爲的對。公笑曰：「伊但知柳對桑爲的，然庚亦自是數。」蓋以

十千數之也。

以上石林詩話卷中

東坡海南詩、荆公鍾山詩，超然邁倫，能追逐李、杜、陶、謝。

畫山水詩，少陵數首後，無人可繼者。惟荆公觀燕公山水詩前六句差近之，東坡烟江叠嶂圖一詩，亦差近之。

以上彦周詩話

王荆公五字詩，得子美句法，其詩云：「地蟠三楚大，天入五湖低。」

唐子西文録

王介甫詩，山谷以爲學三謝。

王介甫只知巧語之爲詩，而不知拙語亦詩也。

以上歲寒堂詩話卷上

前輩讀詩與作詩既多，則遣詞措意，皆相緣以起，有不自知其然者。荆公晚年閒居詩云：「細數落花因坐久，緩尋芳草得歸遲。」蓋本於王摩詰「興闌啼鳥换，坐久落花多」。而其辭意益工也。徐師川自謂：荆公暮年，金陵絶句之妙傳天下，其前兩句與渠所作云「細落李花那可數，偶行芳草步因遲」，偶似之邪？竊取之邪？喜作詩者，不可不辨。予嘗以爲王因於唐人，而徐又因於荆公，無可疑者。但荆公之詩，熟味之，可以見其閒適優游之意，至於師川，則反是矣。優古堂詩話

集句近世往往有之，惟王荆公得此三昧。前人所傳，如「雨荒深院菊，風約半池萍」之句，非不切律，但苦無思耳。

律詩中間對聯兩句意甚遠，而中實潛貫者，最爲高作。如介甫示平甫詩云：「家世到今宜有後，士才如此豈無時。」竹坡詩話

王儉七志曰：宋高祖遊張良廟，並命僚佐賦詩。謝瞻所賦，冠於一時，今載於文選者是也。韻語陽秋卷一

其曰「鴻門銷薄蝕，陔下隕欃槍。爵仇建蕭宰，定都護儲皇。肇允契幽叟，翻飛指帝鄉」，則子房輔漢之策，盡于此數語矣。王荆公云：「素書一卷天與之，穀城黄石非吾師。固陵解鞍聊出口，捕取項羽如嬰兒。從來四皓招不得，爲我立棄商山芝。」亦用此數事，而議論格調，出瞻數等。韻語陽秋卷九

張劍州以太夫人喪劍州歸，荆公予之詩并示女弟云：「烏辭反哺顛毛黑，烏引思歸口舌丹。」又有張劍州至劍一日以親憂罷詩云：「白頭反哺秦烏側，流血思歸蜀鳥前。」所賦皆一時之事，而語意重複如此，何邪？

伯兄一日又看荆公詩，至「繰成白雪桑重緑，割盡黄雲稻更青」，云：「白雪不是雪，黄雲不是雲。但将一『割』字，便見黄雲是禾；将一『繰』字，便見白雪是蠒。如此用意，可謂工矣。」韻語陽秋卷十

如「十里人家雞犬静，竹扉斜掩護蠶眠」，又如「繰成白雪桑重緑，割盡黄雲麥更青」，又如「麥秋天氣易寒熱，蠶月人家忌往來」，此三聯乃農桑之紀實，曲盡人情，皆賦也。以上環溪詩話卷下

南朝蘇子卿梅詩云：「祇言花是雪，不悟有香來。」介甫云：「遥知不是雪，爲有暗香來。」述者不及作者。陸龜蒙云：「殷勤與解丁香結，從放繁枝散誕香。」介甫云：「慇懃爲解丁香結，放出枝頭自在春。」作者不及述者。

五七字絶句最少，而最難工，雖作者亦難得四句全好者，晚唐人與介甫最工於此。……如

介甫云：「更無一片桃花在，爲問春歸有底忙。」「祇是蟲聲已無夢，三更桐葉强知秋。」「百囀黄鸝看不見，海棠無數出牆頭。」「暗香一陣風吹起，知有薔薇澗底花。」不減唐人，然鮮有四句全好者。……介甫云：「水際柴扉一半開，小橋分路入青苔。背人照影無窮柳，隔屋吹香併是梅。」……四句皆好矣。

以上誠齋詩話

荆公「北山梅花何所似」一篇，詩意高遠。

東萊不喜荆公詩，云：「汪信民嘗言荆公詩失之軟弱，每一詩中，必有依依嫋嫋等字。」予以東萊之言考之，荆公詩每篇必用連緜字，信民之言不繆。然其精切藻麗，亦不可掩也。

東湖言荆公詩多學唐人，然百首不如晚唐人一首。

東湖言荆公「月移花影上闌干」不是好詩，予以爲止似小詞。

絶句之妙，唐則杜牧之，本朝則荆公，此二人而已。

南朝人詩云：「蟬噪林逾静，鳥鳴山更幽。」荆公嘗集句云：「風定花猶落，鳥鳴山更幽。」説者謂上句静中有動意，下句動中有静意，此説亦巧矣。至荆公絶句云「茅檐相對坐終日，一鳥不鳴山更幽」，却覺無味。蓋鳥鳴即山不幽，鳥不鳴即山自幽矣，何必言更幽乎？此所以不如南朝之詩爲工也。

荆公「種種春風吹不長，星星明月照還稀」，詠白髮也。「種種」出左氏，音董。「星星」對「種種」，甚工。

荆公詠史詩，最於義理精深。如留侯詩，伊川謂説得留侯極是。予謂武侯詩，説得武侯亦出。又如范增詩云：「有道弔民天即助，不知何用牧羊兒。」又：「誰合軍中稱亞父，直須推讓外黄兒。」詠史詩有如此等議論，它人所不能及。

以上艇齋詩話

蔡百衲詩評：「王介甫詩，雖乏風骨，一番清新，方似學語小兒，酷令人愛。」

山谷云：「荆公暮年作小詩，雅麗精絶，脱去流俗，每諷味之，便覺沆瀣生牙頰間。」

禁臠云：「沙、草則衆人所謂水邊林下之物，所與之遊處者，牛羊鷗鳥耳。而荆公造而爲語曰：『眠分黄犢草，坐占白鷗沙。』其筆力高妙，殆若天成。」

禁臠云：「王維、舒王兩詩，皆有不盡之意，蘇子由謂之不帶聲色也。」以上竹莊詩話

以人而論，則有……王荆公體，公絶句最高，其得意處，高出蘇、黄、陳之上，而與唐人尚隔一關。滄浪詩話詩體

集句惟荆公最長。胡笳十八拍渾然天成，絶無痕迹，如蔡文姬肺肝間流出。滄浪詩話詩評

舒王詩云：「投老歸來供奉班，塵埃無復見鍾山。何須更待黄粱熟，始信人間是夢間。」又云：「黄粱欲熟日流連，謾道春歸莫悵然。蝴蝶豈能知夢事，蘧蘧先墮晚花前。」又云：「客舍黄粱今始熟，鳥殘紅柿昔分甘。」盖三用黄粱而意義皆妙。詩話總龜卷八引王直方詩話

送吴仲庶待制守潭云：「自古楚有材，醽醁多美酒。不知樽前客，更待賈生否？」賈誼初爲

河南吴公召置門下而謫死長沙，其用事之精，余以爲可詩法。

陳無己云：「山谷最愛介甫『扶輿度陽燄，窈窕一川花』，謂包含數箇意。」

以上苕溪漁隱叢話前集卷三三引王直方詩話

陳無己云：「荆公晚年詩傷工，魯直晚年詩傷奇。」

苕溪漁隱叢話前集卷四二引王直方詩話

荆公嘗云：「詩家病使事太多，蓋皆取其與題合者類之，如此乃是編事，雖工何益？若能自出己意，借事以相發明，情態畢出，則用事雖多，亦何所妨？」故公詩如「董生只爲公羊惑，豈肯捐書一語真？」「桔槔俯仰何妨事，抱甕區區老此身」之類，皆意與本題不類，此真所謂使事也。

苕溪漁隱叢話後集卷二五引王直方詩話

荆公定林後詩，精深華妙，非少作之比，嘗作歲晚詩云：「月映林塘静，風涵笑語涼。俯窺憐浄緑，小立佇幽香。攜幼尋新的，扶衰上野航。延緣久未已，歲晚惜流光。」自以比謝靈運，議者亦以爲然。

苕溪漁隱叢話前集卷三三引漫叟詩話

荆公如鄧艾縋兵入蜀，要以險絶爲功。

江湖小集卷四六敖陶孫詩評

荆公詠雪云：「試問火城將策試，何如雲屋聽窗知。」苑極之不爱其上句。

滹南遺老集卷三九詩話

金陵半山寺，乃荆公舊宅，屋後有謝公墩，下臨深溝，上有古木，余嘗與漕幕諸公同遊。荆公舊有詩云：「我名公字偶相同，我屋公墩在眼中。公去我來墩屬我，不應墩姓尚隨公。」他人欲隱括此意，非累數十言不可，而公以二十八字盡之，真得東廣就狹體。

荆公詠鴟云：「依倚秋風氣勢豪，似欺黄雀在蓬蒿。不知羽翼青冥上，腐鼠相隨勢亦高。」又詠小魚云：「遶岸車鳴水欲乾，魚兒相逐尚相歡。無人挈入滄溟去，汝死那知世界寬。」二詩皆托物興詞，而有深意。梅磵詩話卷上

王介甫點景處，自謂得意，然不脱宋人習氣。其詠史絶句，極有筆力，當别用一具眼觀之。若商鞅詩，乃發洩不平語，於理不覺有礙耳。麓堂詩話　歸田詩話卷上

作詩有三等語：堂上語、堂下語、階下語。知此三者，可以言詩矣。……凡訟者説得顛末詳盡，猶恐不能勝人，若王介甫「茅簷長掃浄無苔，花木成蹊手自栽」，此階下語也。有學晚唐者，再變可躋上乘，學宋者，則墮下乘，而變之難矣。

四溟詩話卷四

王介甫詩：「山木悲鳴水怒流。」此老善用古人好字面。

升庵詩話卷三

宋詩信不及唐，然其中豈無可匹休者？在選者之眼力耳。王半山雨詩云：「山中十日雨，雨晴門始開。坐看蒼苔紋，欲上人衣來。」

升庵詩話卷四

王籍「鳥鳴山更幽」雖遜古質，亦是雋語，第合上句「蟬噪林逾静」讀之，遂不成章耳。又有可笑者，「鳥鳴山更幽」本是反不鳴山幽之意，王介甫何緣復取其本意而反之？且「一鳥不鳴山更幽」，有何趣味？宋人可笑，大概如此。

臨川氏法而狹。

以上藝苑巵言卷三

王半山「山中十日雨，雨晴門始開。坐看蒼苔色，欲上人衣來」，後二語全用輞川，已是下乘，然猶彼我趣合，未致足厭至。藝苑卮言卷四

介甫用生重字力於七言絶句及頷聯内，亦從老杜律中來。但所謂差之毫釐，謬以千里耳。骨格既定，宋詩亦不妨看。藝苑卮言卷五

六一雖洗削西昆，然體尚平正，特不甚當行耳，推轂梅堯臣詩，亦自具眼。至介甫創撰新奇，唐人格調，始一大變，蘇、黄繼起，古法蕩然。推原科鬥時事，實舒王生此厲階，其爲宋一代禍，蓋不特青苗法也。

介甫五七言絶，當代共推，特以工致勝耳，于唐自遠。六言「水泠泠而北出」四語，超然玄詣，獨出宋體之上，然殊不多見。五言「南浦隨花去，回舟路已迷。暗香無處覓，日落畫橋西」，頗近六朝，至七言諸絶，宋調坌出，實蘇、黄前導也。以上詩藪外編卷五

冷齋稱王荆公菊花詩「千花萬卉凋零後，始奪胎換骨，宋人謬説，只是向古人集中作賊耳。

見閑人把一枝」，以爲勝鄭都官十日菊，謬也。荆公詩多滲漏，上句「凋零」二字不妥，下句云「一枝」，似梅花；「閑人」二字牽湊，何如微之云「不是花中偏愛菊，此花開後更無花」，語意俱足，鄭詩亦混成，非荆公所及。

半山詩：「道人北山來，問松我東岡。舉手指屋脊，云今如許長。」極平澹中意味無窮，漁洋聽琴詩：「曲罷孤月明，溪光散清泚。主客無一言，露坐攬衣起。」二詩皆可細參。 鈍吟雜録卷四

證山最喜王半山詠史絶句，以爲多用翻案法，深得玉谿生筆意。如范增詩云：「中原群鹿待新羈，力戰紛紛此一時。有道吊民天即祝，不知何用牧羊兒？」千古别具只眼。 蓮坡詩話

王介甫唐百家詩，宋牧仲尚書從常熟毛扆得古本刻之。余閲一過，寄牧仲書云：百家選古物自可寶惜，然去取大謬，謂爲佳選，則未敢聞命。其書載王建詩，多至兩卷，不啻數百篇，而王、楊、沈、宋、陳子昂、張燕公、張曲江、王右丞、韋蘇州、劉賓客諸大家，不録一首，若謂宋次道家無此數十家文集，何以謂之藏書家？若有之，而一字不入選，尚得爲有目人耶？後閲嚴滄浪詩話已先余言之：安石一生相業，所謂好惡拂人之性，此選亦然。 寒廳詩話

漁洋詩話卷中

張浮休云：「荆公詩如空中之音，相中之色，欲有執著而曾不可得。」余謂公亦未能耳。援鶉堂筆記卷四十

昔人言白香山詩，無一句不自在。故其爲人和平樂易；王荆公詩無一句自在，故其爲人拗强乖張。愚謂荆公古文逼昌黎，宋人不敢望其肩項，若論詩，則終身在門外，尤可笑者。隨園詩話卷一

王荆公作文落筆便古，王荆公論詩，開口便錯，何也？文忌平衍而公天性拗執，故琢句選詞，迥不猶人；詩貴温柔而公性情刻酷，故鑿險縋幽，自墮魔障。隨園詩話卷六

王荆公言學子美而究不及子美。北江詩話卷二

王荆公七律似夢得，然荆公卻造句苦思，用力有足取法處。昭昧詹言續卷五

王荆公詩學杜，得其瘦硬，然杜具熱腸，公惟冷面，殆亦如其文之學韓，同而未嘗不異也。藝概卷二詩概

讀荆公集竟，摘句如下。……以上荆公佳句，皆山林氣重而時覺黯然銷魂者，所以雖作宰

相，終爲詩人也。余嘗語子培：荆公詩甚妖冶，子培曰：「何以言之？」余曰：「『㑋倜俯凌波，殘粧壞難整』，不謂之妖冶，得乎？」

石遺室詩話卷一七

（王安石）少以意氣自許，故詩亦不爲涵蓄。論者謂其有工緻，無悲壯，學久則令人筆拘而格退，而議論過多，亦是一病。然半山七言歌行，思致、句調并多雅馴，第起承轉合之際，未極自然之妙，往往爲格律所縛，故句法多異；至其議論，於宋人已較爲該括；惟五古艱澀，則不逮遠甚，而近體五七言，拙於使事，語多木强，風趣盡損，去唐音遠矣。

詩學淵源卷八

論文

文章蓋自建安以來，好作奇語，故其氣象衰薾，其病至今猶在。唯陳伯玉、韓退之、李習之，近世歐陽永叔、王介甫、蘇子瞻、秦少游乃無此病耳。

宋黄文節公全集正集卷十八

先公言本朝自楊、劉，四六彌盛，然尚有五代衰陋氣，至英公表章，始盡洗去。四六之深厚廣大，無古無今皆可施用者，英公一人而已，所謂四六集大成者，至王岐公、元厚之四六，皆出於英公。王荆公雖高妙，亦出英公，但化之以義理而已。

文章有彼此相資之事，有彼此相須之對，有彼此相須而曾不及當時事，此所以助發意思也。唐人方有此格，謂之「互換格」，然語猶拙，至後人襲用講論而意益妙。……荆公賀韓魏公罷相啓略云：「國無危疑，人以静一。周勃、霍光之於漢，能定策而終以致疑；姚崇、宋璟之於唐，善致理而未嘗遭變。記在舊史，號爲元功，固未有獨運廟堂，再安社稷，弼亮三世，敉寧四方，崛然在諸公之先，焕乎如今日之懿。若夫進退之當於義，出入之適其時，以彼相方，又爲特美。」此又妙矣。

以上四六話卷上

四六偶儷之文，起於齊、梁，歷隋、唐之世，表章詔誥多用之。然令狐楚、李商隱之流，號爲能者，殊不工也。本朝楊、劉諸名公，猶未變唐體，至歐、蘇始以博學富文爲大篇長句，敘事達意，無艱難牽强之態。而王荆公尤深厚爾雅，儷語之工，昔所未有。

直齋書録解題卷一八

王荆公在金陵，有中使傳宣撫問，并賜銀合茶藥，令中外各作一表。既具藁，無可於公意者，公遂自作，今見集中，其詞云：「信使恩言，有華原隰。寶奩珍劑，增賁丘園。」蓋五事見四句

中，言約意盡，衆以爲不及也。四六談麈

皇朝四六，荆公謹守法度，東坡雄深浩博，出於準繩之外，由是分爲兩派。近時汪浮溪、周益公諸人類荆公，孫仲益、楊誠齋諸人類東坡。大抵制、誥、牋、表，貴乎謹嚴；啓、疏、雜著，不妨宏肆，自各有體，非名世大手筆，未易兼之。雖詩亦然，荆公留意唐詩，山谷乃自成一家，爲江西派。近有以唐詩自勉者，而趙紫芝諸人出焉。四六之文當有能辨之者。雲莊四六餘話

王文純潔。學王不成，遂無氣焰。古文關鍵卷首看古文要法

本朝四六以歐公爲第一，蘇、王次之。然歐公本工時文，早年所爲四六見别集，皆排比而綺靡，自爲古文後，方一洗去，遂與初作迥然不同。他日見二蘇四六，亦謂其不減古文，蓋四六與古文同一關鍵也。然二蘇四六尚議論，有氣焰，而荆公則以辭趣典雅爲主。能兼之者，歐公耳。荆溪林下偶談卷二

文字之雅淡不浮，混融不琢，優游不迫者，李習之、歐陽永叔、王介甫、王深甫、李太白、張文

潛，雖其淺深不同而大略相近，居其最則歐公也。荆溪林下偶談卷三

先公常談崔德符詩，又稱王荆公四六好。

東萊先生曰：先擇史記、漢書、文選、韓、柳、歐、蘇、曾子固、王介甫、陳無己、張文潛文，雖不能偏讀，且擇其易見、世人所愛者誦之。先讀秦、漢、韓、柳、歐、曾文字以養根本，四六且看歐、王、東坡三集。澗泉日記卷下

四六當看王荆公、岐公、汪彦章、王履道，擇而誦之。

前輩制詞，惟王初寮、汪龍溪、周益公最爲可法，蓋其體格與場屋之文相近故也。以上辭學指南卷一　其他如王荆公、岐公、元章簡、翟忠惠、綦北海之文亦須編。

見行程文爲格外，更將前輩制詞如張樂全、王荆公、岐公、元厚之、東坡、潁濱、曾曲阜、王初寮、汪龍溪、綦北海、周益公所作，裒集熟讀，則下筆自中程度矣。

水心曰：「荆公取經史語組綴，有如自然，謂之典雅，自是後進相率效之。」

東坡制詞有議論，荆公、南豐外制佳。

散文當以西漢詔爲根本，次則王岐公、荆公、曾子開詔，熟觀然後約以今時格式，不然則似今時文策題矣。

前輩表章，如夏英公、宋景文、王荆公、歐陽公、曾曲阜、二蘇、王初寮、汪龍溪、綦北海、孫鴻慶諸公之文，皆須熟誦。

以上辭學指南卷二

誠齋楊公曰：「有用古人全語而雅馴妥帖如己出者，介甫賀册妃表云：『關雎之求淑女，無險詖私謁之心；雞鳴之思賢，妃有警戒相成之道。』」

以上辭學指南卷三

文章有短而轉折多氣長者，韓退之送董邵南序、王介甫讀孟嘗君傳是也；有長而轉折少且氣短者，盧襄西征記是也。

文章精義

王半山之文，愈短愈妙，如書刺客傳後云：「曹沫將而亡人之城，又劫天下盟主，管仲因勿倍以市信，一時可也。予獨怪智伯國士豫讓，豈顧不用其策耶？讓誠國士也，曾不能逆策三晉，救智伯之亡，一死區區，尚足校哉？其亦不欺其意者也。聶政售於嚴仲子，荆軻豢於燕太子丹，此兩人者，污隱困約之時，自貴其身，不妄願知，亦曰有待焉。彼挾道德以待世者，何如哉？」味此文何讓史記乎？與讀孟嘗君傳同關紐矣。

升庵集卷五二論文

文章簡短，難得氣長，惟王半山讀孟嘗君傳内有許多轉折，讀之不覺氣長，真妙手也。

歸震川先生論文章體則

誥敕起於六朝，然其來甚遠，肇自舜命九官與命羲仲、和仲之詞，後君奭、君牙、蔡仲之命，皆其遺制也，此是皇帝語，即所謂口代天言者，古人謂之訓詞。唐時獨稱常、楊、元、白，今觀其誥敕中皆有訓飭戒勵之言，猶有訓誥之風。至宋，陶穀已有「依樣畫葫蘆」之譏矣。後王介甫、蘇子瞻最爲得體，余觀今世之誥敕，其即所謂一箇八寸三帽子，張公帶了李公帶者耶？六朝之文以圓轉流便爲美，苟過於晦澀，失其本色矣。

四友齋叢說卷二三

王荊公湛深之識，幽渺之思，大較並本之古六藝之旨，而於其中別自爲調，鑱刻萬物，鼓鑄羣情，以成一家之言者也。其尤最者上仁宗皇帝書與神宗本朝百年無事諸劄子，可謂王佐之才。此所以於仁廟之鎮静博大，猶未能入，而至於熙寧、元豐之間，劫主上而固魚水之交，譬則武丁之於傅説，孔明之於昭烈，不是過已。惜也，公之學問，本之好古者多，而其措注，當時亦狃於泥古爲患，况以矯拂之行而兼之以獨見，以執拗之資而恣之以私臆。所以吕、章、邢、蔡以下，紛紛附會，熒惑天子，流毒四海。新法既壞，并其文學知而好之者半，而厭而訾之者亦半矣。以予觀之，荊公之雄不如韓，逸不如歐，飄宕疎爽不如蘇氏父子兄弟，而匠心所注，意在言外，神在象先，如入幽林邃谷而杳然洞天，恐亦古來所罕者。予每讀其碑誌、墓銘，及他書所指次世之名臣、碩卿、賢人、志士，一言之予，一字之奪，並從神解中點綴風刺，翩翩乎凌風之翮矣，於史、漢外別爲三昧也。予首録其上仁宗皇帝書一首，次及劄子、疏狀七首，表啓三十六首，與友人書三十五首，序十二首，記二十二首，論、原、説、解、雜著二十五首，碑狀、墓誌銘、表及祭文五十九首。釐爲一十六卷。

唐宋八大家文鈔卷八一王文公文鈔引

歐、蘇、曾、王之文，大都出於韓子，讀之可一氣盡也，而翫之則使人意消。余每讀諸子之文，蓋幾不能終篇也。

由拳集卷二三雜著

蘇伯衡曰：「三代以來，爲文者至多，尚論臻其妙者，春秋則左丘明，戰國則荀況、莊周、韓非，秦則李斯，漢則司馬遷、賈誼、董仲舒、班固、劉向、揚雄，唐則韓愈、柳宗元、李翺，宋則歐陽脩、王安石、曾鞏及吾祖老泉、東坡、潁濱，上下數千百年間，不過二十人爾。」

文通卷二八染説

唐宋八大家文……介甫如斷岸千尺，又如高士谿刻，不近人情。

或問，學八大家而不善，其病何如？曰：學子厚易失之小，學永叔易失之平，學東坡易失之衍，學子固易失之滞，學介甫易失之枯，學子由易失之蔓，惟學昌黎、老泉少病。然昌黎易失之生撰，老泉易失之粗豪，病终愈於他家也。

以上日録論文

老泉、荆公各學申、韓，而各成一門户，善於變也。

覞齋論文

論韓文者，無不首稱碑誌，第韓公碑誌多奇崛險譎，不得史、漢序事法，故於風神處，或少遒逸。至歐陽碑志之文，可謂獨得史遷之髓矣。王荆公則又别出一調，當細繹之。

宋代序事文，當以廬陵爲最，以其調自史遷出，一切結搆剪裁有法，而中多感慨俊逸處。曾之大旨近劉向，然逸調少矣。王之結搆剪裁，極多鑱洗苦心處，往往矜而嚴，潔而則，然較之曾，特屬伯仲，須讓歐一格。

以上西圃文說卷一

介甫出於註疏諸文。

王荊公爲文，字字不苟，讀者不知其用事。

王半山之文，極高峻難識，學之有得，便當舍去。

論文偶記

子固於文多有襲用介甫者。如禮閣新儀目録序「其所改易更革，不至乎拂天下之勢，駭天下之情，而固昌合乎先王之意矣」，此介甫語也；又與杜相公書「犖多難而貧且賤」一篇，近孫元規侍郎兩書；鵝湖院佛殿記緊健亦類介甫。

王荊公堅瘦，又昌黎一節之奇。

王文可謂惜墨如金。

王文公萬言書不免低頭説話之病。以上援鶉堂筆記卷四四

文以意爲主，古來惟司馬、歐陽二家足當此語。他如班固、王安石輩，文極雕繪之功，然止於意盡言中。惺齋論文

宋人説經如此，此八股所濫觴也。「以義制禮」四句，宛是兩小比矣，義精辭確，故荆公爲制義之始。四六叢話卷二六「王荆公熙寧初召翰苑」條按語

古來博洽而不爲積書所累者，莫如王介甫。渠作文，直不屑用前人一字，此所以高。其削盡膚庸，一氣轉折處最當玩。初月樓古文緒論

學古文宜且先看曾子固、王介甫作者，得其淡樸純潔之趣。朱梅崖文譜

尋常小文，强推大義，二者之蔽，王、曾尤多。藝舟雙楫卷一與楊季子論文書

介甫詞完氣健，饒有遠勢。藝舟雙楫卷一再與楊季子書

介甫之文長於掃，東坡之文長於生，掃故高，生故贍。

王介甫文取法孟、韓。曾子固與介甫書述歐公之言曰：「孟、韓文雖高，不必似之也，取其自然耳。」則其學之所幾與學之過當，俱可見矣。

介甫文之得於昌黎，在「陳言務去」，其譏韓有「力去陳言誇末俗」之句，實乃心鄉往之。

介甫文兼似荀、揚，荀好爲其矯，揚好爲其難。

荊公文是能以品格勝者，看其人取我棄，自處地位儘高。

半山文善用揭過法，只下一二語，便可掃卻他人數大段，是何簡貴！

謝疊山評荆公文曰：「筆力簡而健。」余謂南人文字，失之冗弱者十常八九，殆非如荆公者不足以矯且振之。

半山文瘦硬通神，此是江西本色，可合黄山谷詩派觀之。

荆公遊褒禪山記云：「入之愈深，其進愈難，而其見愈奇。」余謂「深」、「難」、「奇」三字，公之學與文，得失並見於此。

介甫文於下愚及中人之所見，皆剗去不用，此其長也；至於上智之所見，亦剗去不用，則病痛非小。

介甫上邵學士書云：「某嘗患近世之文，辭弗顧於理，理顧於事，以襞積故實爲有學，以雕繪語句爲精新，譬之擷奇花之英，積而玩之，雖光華馨采、鮮縟可愛，求其根柢濟用則蔑如也。」

又上人書云：「所謂文者，務爲有補於世而已矣。所謂辭者，猶器之有刻鏤繪畫也。誠使巧且華，不必適用；誠使適用，亦不必巧且華。」余謂介甫之文，洵異於尚辭巧華矣，特未思免於此弊，仍未必濟用適用耳。

半山文其猶藥乎？治病可以致生，養生或反致病。

半山説得世人之病好，只是他立處未是。

介甫文每言及骨肉之情，酸惻嗚咽，語語自腑肺中流出，他文卻未能本此意擴而充之。

以上藝概卷一文概

宋賢之文，惟歐公有儒者氣象，其次則曾子固，至王介甫、三蘇，皆非儒者氣象。

讀文雜記

王介甫格調，蓋有取諸公羊傳，故峭而曲。

論文集要卷三曾文正公論文

臨川最嚴最峻，轉折處皆骨。或謂非北宋諸人所敢望，持論雖少偏，亦不爲無見。

盋山談藝録

半山神微肖於昌黎，而形貌亦類似，遂不免拖泥帶水。

茅順甫謂半山爲文應接不暇，其實不然，半山之長在善用提筆補筆。

文有搏、縮二訣，惟昌黎能之，荆公亦間能也。荆公祭范潁州文，將潁州生平事略打碎，而以簡語出之，所謂搏也；儘説大事，不説閒話，所謂縮也。故其文包括得住，甚難作到。至上仁宗萬言書，詞鋒疏廣，本不易縮，而能精心調度，善用其才，故搏、縮亦好。

前人謂介甫給事中孔公墓志銘爲其墓文中第一，説甚當也。其文提後又補，補後再提，步步照映，恰似鎖骨觀音。

荆公王深甫墓志銘學韓最肖，但須看其脱卸法。泰州海陵縣主簿許君墓志銘，須看其譏笑法。工夫在不説平之夤緣，專架空發議，「有所待」三字點眼，極圓極好；結穴「彼有所待而不悔」，又從對面寫來，倍見力量。以上文微

王安石著述考

高克勤

北宋政治家、思想家、文學家王安石，一生著述豐富。然而，由於北宋末年的黨派之争，以及後世的毁譽之論，其著作散佚頗夥。因此，本文擬對現知王安石撰著、提舉、編修和選輯的所有著作，作以下幾方面的考察：一、記録存佚；二、辨别真僞；三、考定寫作年代；四、考察結集過程和同書異名情況。各書的内容不作具體介紹。其版本源流及明清兩代著録情況，亦從略。明清兩代抽出單行之著作及選節本，概不闌入。各書先後次第，依四庫全書著録之序例。爲節省篇幅，凡前人已有結論者從簡；徵引較多的典籍用簡稱，在第一次徵引時出注。

易義二十卷，佚，有輯本。

此書又名易解。晁公武郡齋讀書志（袁州本，簡作晁志）卷一上著録王介甫易義二十卷，龔原注易二十卷，耿南仲注易二十卷，云：「介甫三經義皆頒學官，獨易解自謂少作未善，不專以取士。故紹聖後復有龔原、耿南仲注易。三書偕行於場屋。」據此，可知此書宋哲宗紹聖年間（一〇九四—一〇九八）尚存。今王安石臨川先生文集（簡作臨川集，以下僅標卷數）中尚存易泛論、卦名解、河圖洛書義（卷六十三）、易象論解（卷六十五）、大人論、致一論（卷六十六）、九卦論(卷六十六)等篇,亦可窺其治易之一斑。

據晁志所言,易解爲王安石之「少作」。檢臨川集中,有作於宋英宗治平元年(一〇六四)的答韓求仁書(卷七十二)。其云:「某嘗學易矣,讀而思之,自以爲如此,則書之以待知易者質其義。當是時,未可以學易也,惟無師友之故,不得其序,以過於進取。乃今而後,知昔之爲可悔,而其書往往已爲不知者所傳,追思之,未嘗不愧也。」清人蔡上翔謂此「爲不知者所傳」之書就是易解(王荊公年譜考略,簡作蔡譜),與晁志所言相合。據此,易解之作不遲於治平初年。又,王安石集中多處提到讀易,如作於宋仁宗皇祐二年(一〇五〇)的上蔣侍郎書(王文公文集卷二)以及答徐絳書(卷七十三)、答史諷書(卷七十五)等。李壁王荊文公詩箋注(簡作李注)朝鮮活字本卷二十寄贈胡先生詩「先生天下豪杰魁」句下收有王安石佚文題王昭素易論要纂後一篇。文曰:

予嘗苦王先生易論晦而難讀,徐徽生删取其略以示予,又取其義可傳及雖不足傳而猶可觀者存之。

按,王昭素爲宋初人,宋史卷四三一入儒林傳。傳稱其「博通九經,兼究莊、老,尤精詩、易。嘗著易論二十三篇」。宋史藝文志一著録有「王昭素易論三十三卷」。寄贈胡先生詩作於嘉祐元年(一〇五六),胡先生即胡瑗,有周易口義傳世。可证王安石對前人時賢的易學著作曾廣泛涉獵。又，宋人彭乘墨客揮犀載，王安石知常州時，席上思咸、常二卦，「豁悟微旨，自喜有得」，不覺發笑。王安石知常州在嘉祐二年（一〇五七），此時當已撰易解。綜此，王安石撰成易解，當在嘉祐年間（一〇五六—一〇六三）。

易義，陳振孫直齋書録解題（簡作陳録）卷一著録爲易解十四卷，宋史藝文志一同。又，尤袤遂初堂書目（簡作尤目）著録此書爲王文公易傳。

易義後佚。今人王鐵有王安石易義輯存（載其著宋代易學，上海古籍出版社，二〇〇五年版），劉成國有王安石易解輯佚（載其著荆公新學研究，上海古籍出版社，二〇〇六年版），各輯得佚文數百條。今人張鈺翰復從諸書中輯録易解，收入王安石全集（復旦大學出版社，二〇一六年版）。

洪範傳一卷，存。

晁志卷一上云：「安石以劉向、董仲舒、伏生明災異爲弊，而思别著此傳。……大意言天人不相干，雖有變異，不足畏也。」今存王安石文集兩種，皆收入此傳。

李燾續資治通鑑長編（簡作長編）卷二一六載：「熙寧三年十月甲戌，安石嘗進所著洪範傳，上手詔答之。及奏事罷，因留身謝。」其進洪範表（卷五十六）云：「臣嘗以蕪廢腐餘之學，得備論思勸講之官，擢與大政，又彌寒暑。……謹取舊所著洪範傳，删潤繕寫。輒以草芥之微，求裕天地。」陸佃陶山集卷十五付府君墓誌云：「淮之南，學士大夫宗安定先生之學，予獨疑焉。及得荊公淮南雜説與其洪範傳，心獨謂然，於是願掃臨川先生之門。後余見公，亦驟見稱奬。」按，陸佃從王安石學，在治平三年（一〇六六）。據此，洪範傳撰成於治平三年前，而「删潤繕寫」於熙寧初年。

尚書新義十三卷，佚，有輯本。

此書又稱新經尚書義，爲三經新義之一，由王安石提舉，子王雱撰。王安石書義序（卷八十四）云：「熙寧二年，臣安石以尚書入侍，遂與政，而子雱實嗣講事。有旨爲之説以獻。八年，下其説太學班焉。」按，三經新義的撰修，始於熙寧六年（一〇七三）三月，見長編卷二四三，成於熙寧八年（一〇七五）六月，見長編卷二六五。元豐三年（一〇八〇）八月，王安石上乞改三經義誤字劄子二道，對書中的誤字作了訂正。

晁志卷一上著録新經尚書義十三卷，云：「右皇朝王雱撰。雱，安石之子也。熙寧六年，命吕惠卿兼修撰國子監經義，王雱同修撰。王安石提舉，而雱董是經，頒於學官。用以取士，或少違異，輒不中程。由是獨行於世者六十年。而天下學者喜攻其短。自開黨錮之禁，世人鮮稱焉。」可見此書北宋末年尚存。宋史藝文志著録爲新經書義十三卷，又洪範傳一卷。晁志著録宋人楊時有書義辯一卷，「專攻王雱之失」。楊著今已佚。宋人黄倫尚書精義引有尚書新義若干條。趙希弁郡齋讀書志附志卷一王令論語十卷條載：「解堯曰篇云：『四海不困窮，則天禄不永終矣。』王安石書新義取之。」凡此，略可知此書之消息。今人臺灣大學教授程元敏從諸書中輯得佚文五百餘條，成尚書新義輯考彙評，爲其三經新義輯考彙評之一，先於一九八六年由臺灣編譯館刊行，二〇一一年華東師範大學出版社影印出版。復旦大學出版社王安石全集（二〇一六年版）亦采用程氏輯考彙評本加以整理，並增補陳良中輯王荆公書説百餘條（原刊傳統中國研究集刊九、十合輯，上海人民出版社二〇一二年版）。

尤目著録此書爲王文公書傳。

毛詩新義二十卷，佚，有輯本。

此書又稱新經毛詩義，爲三經新義之一。王安石詩義序（卷八十四）云：「詩三百六篇，其義具存，其辭亡者，六篇而已。上既使臣雱訓其辭，又使臣安石等訓其義。」據此，此書爲王安石與子王雱合撰。

王安石對詩經素有研究。陸佃云：「荆公有詩正義一部，朝夕不離手，字大半不可辨。世謂荆公忽先儒之言，蓋不然也。」（陸游老學庵筆記卷一）

此書，晁志著録爲新經毛詩義二十卷，宋史藝文志同；陳録著録爲三十卷，文獻通考同。此書後佚，宋人吕祖謙吕氏家塾讀詩記中引有若干條。今人邱漢生輯有詩義鈎沈二十卷（中華書局，一九八二年版），頗有失收、脱誤之處。今人程元敏復從諸書中輯得佚文千餘條，成詩經新義輯考彙評，爲其三經新義輯考彙評之二，先於一九八六年由臺灣編譯館刊行，二〇一一年華東師範大學出版社影印出版。復旦大學出版社王安石全集（二〇一六年版）亦采用程氏輯考彙評本加以整理。

宋史藝文志一著録有舒王詩義外傳十二卷，未詳。

周禮新義二十二卷，佚，有輯本。

此書又稱周官新義，爲三經新義之一。王安石周禮義序云：「謹列其書爲二十有二卷，凡十餘萬言。」晁志卷一上云：「熙寧中設經義局，介甫自爲周官義十餘萬言，不解考工記。」陳録卷二亦云：「其解止於周官，不及考工記。」此書曾佚。四庫全書總目卷十九云：「周禮新義本二十二卷，明萬曆中重編内閣書目尚載其名，故朱彝尊經義考不敢著其已佚，但注曰未見。然外間實無傳本，即明以來内閣舊籍亦實無此書。惟永樂大典中所載最夥。」四庫館臣從永樂大典中輯出周官新義十六卷，計天官五卷、地官二卷、春官四卷、夏官二卷、秋官三卷，收入四庫全書。錢儀吉又爲之增補有三十餘條，刻入經苑。陳壽祺又據宋人魏了翁周禮要義補入數條。今人程元敏重輯周禮新義輯考彙評，爲其三經新義輯考彙評之三，先於一九八七年由臺灣編譯館刊行，二〇一一年華東師範大學出版社影印出版。復旦大學出版社王安石全集（二〇一六年版）亦采用程氏輯考彙評本加以整理，並增補張濤輯周禮新義佚文二十五條。晁志著録宋人楊時有周禮辯疑一卷，今佚。

此書尤目著録爲王文公周禮新經。

考工記解二卷，有輯本。

四庫全書總目卷十九云：「安石本未解考工記，而永樂大典乃備載其説。據晁公武讀書志，蓋鄭宗顔輯安石字説爲之，以補其闕。」四庫館臣乃將之附於周官新義之後，以備一家之書。

禮記要義二卷，佚。

趙希弁郡齋讀書志附志卷五上著録，他書不載。

今人張鈺翰從南宋衛湜禮記集説中輯得王安石禮記發明一卷，收入王安石全集（復旦大學出版社，二〇一六年版）。

考經解一卷，佚。

晁志卷一下著録。趙希弁郡齋讀書志附志卷五上著録爲孝經義一卷，並云：「凡十七章，喪親章闕之。」今佚。

論語解十卷，佚。

文獻通考經籍考卷十一云：「王介甫撰，並其子雱口義、其徒陳用之解，紹聖後皆行於場屋。或曰：用之書乃鄒浩所著，托之用之云。」晁志卷一下亦云：「紹聖後，亦行於場屋。」今佚。

此書作年不詳。然王安石對論語一書用力頗勤。早在慶曆三年（一〇四三）所作的同學一首別子固一文中，王安石就指出要「轥中庸之廷，而造於其室」。其文多引論語爲證，如勇惠、仁智、中述、行述（卷六十七）等文。

又，宋史藝文志經部「論語」類著録有王安石著通類一卷，列王雱著論語解十卷之前。

孟子解十四卷，佚。

趙希弁郡齋讀書志附志卷二云：「介甫素喜孟子，自爲之解。其子雱與其門人許允成皆有注，崇觀間場屋舉子宗之。」據此，可證此書在宋徽宗崇寧、大觀年間（一一〇二—一一一〇）尚存。今佚。

此書作年亦不詳。王安石對孟子十分推崇，用力甚勤。慶曆二年（一〇四二），他作送孫正之序，即云：「以孟（子）、韓（愈）之心爲心。」嘉祐元年（一〇五六），他作奉酬永叔見贈，更云「他日若能窺孟子，終身何敢望韓公」，表達他對孟子的企慕之情。其文屢引孟子爲證，並闡發孟子一書的觀點。

字説二十四卷，佚，有輯本。

字説有二十卷、二十四卷諸説。王安石字説序（卷八十四）云：「余讀許慎説文，而於書之意時有所悟，因序録其説爲二十卷。」而其進字説表（卷五十六）則云：「謹勒成字説二十四卷，隨表上進。」而晁志著録此書爲二十卷，或晁公武時已有二十卷本字説行世，或以爲二十四卷内有序、目四卷。

字説初撰於治平年間。王安石進字説劄子（卷四十三）云：「臣在先帝時，得許慎説文古字，妄嘗覃思，究釋其意，冀因自竭，得見崖略。若蒙視天，終以罔然，念非所能，因畫而已。」其成則在熙寧年間，曾頒於學官，故又稱爲熙寧字説。其改定本則成於元豐年間。詹大和王荆文公年譜云：「元豐五年壬戌，是年字説成，進表繫銜觀文殿大學士、集禧觀使、特進、上柱國、荆國公。」蔡譜云爲元豐三年。按元豐更制改官名在三年九月。王安石有成字説後與曲江譚掞丹陽蔡肇同游齊安院詩（卷二十七）等，皆作於春日。故進字説不可能在元豐三年，兹依詹説定於元豐五年（一〇八二）。由此可以認爲，王安石序、表所指，當不是同一本子，當時流傳也不止一種本子。黄庭堅書王荆公騎驢圖有「荆公晚年删定字説」語，可知字説有或繁或簡、定本與非定本之别。陸游跋重廣字説亦云：「字説凡有數本，蓋先後之異，此猶非定本也。」皆可佐證。

字説後佚。晁志卷一下云：「元祐中，言者指其糅雜釋、老，穿鑿破碎，聾瞽學者，特禁絶之。」然字説在當時流傳甚廣，影響很大，宋人著作筆記中多有引者。楊時龜山集卷七有王氏字説辯一卷，引有字説數十條；陸佃埤雅、沈括夢溪筆談、黄朝英靖康緗素筆記、曾敏行獨醒雜志、葉大慶考古質疑、袁文甕牖閑評、朱翌猗覺寮雜記、劉昌詩蘆浦筆記、王觀國學林、洪邁容齋隨筆等筆記，以及明人李時珍本草綱目等書，亦引有字説，凡數十條。今人胡雙寶有王安石字説輯佚，得字説佚文五百八十七字，刊古籍整理與研究一九八七年第二期（上海古籍出版社出版）。今人張宗祥有王安石字説輯（福建人民出版社二〇〇五年版），收字頭六百一十八字，雙音節詞十二個。今人張鈺翰復輯字説五卷，收入王安石全集（復旦大學出版社，二〇一六年版）。

群經新説十二卷，佚。

趙希弁郡齋讀書志附志卷五下著録，他書不載。同書又著録有王安石論五經疑難新説三卷，疑與上書爲同一書。今皆佚。

左氏解一卷，佚。

宋史藝文志著録。尤目著録爲王文公左氏辯，不録卷數。清人李紱穆堂别稿書周麟之孫氏春秋傳後序云：「荆公嘗自爲春秋左氏解十卷，言言精核，辯左氏爲戰國時人，其明驗十有一事，自來治經者未之能及。」今佚。陳録云：此書「專辯左氏爲六國時人，其明驗十有一事。題王安石撰，其實非也」。李紱之論或據此而言，可備一説。

此書作年不詳。王安石對春秋三傳的研究頗早，其答韓求仁書（卷七十二）曾云：「至於春秋三傳，既不足信，故於諸經尤爲難知。」相傳王安石視春秋爲「斷爛朝報」，清人蔡上翔辨之甚詳，著有荆公不信春秋辨一文，見蔡譜卷十一。

熙寧奏對日録七十八卷，佚，有輯本。

此書名稱數異，著録也多不同。宋史藝文志於「故事」類著録熙寧奏對日録七十八卷，又於「傳記」類著録舒王日録十二卷。通志卷六五藝文略著録熙寧奏對日録一百卷。晁志卷二下著録鍾山日録二十卷，並云：「紹聖間，蔡卞合曾布獻於朝，添入神宗實録。」尤目著録有王文公實録、王文公日録遺稿。陳録卷七著録熙寧日録四十卷。凡此，當爲一書之别本。

史載此書爲王安石記載執政時事，「皆當日君臣對面反復之語」（長編卷二二九曾布語），爲王安石在熙寧、元豐間成。王安石卒後，至紹聖元年（一〇九四）書始出。時蔡卞言神宗實録非是，奏請重修，以王安石日録添入。後人有疑日録爲蔡卞改作者，朱熹讀兩陳諫議遺墨等文已駁其非。清人蔡上翔撰實録考上下篇，辨神宗實録的撰修和日録甚詳，見蔡譜卷二十五。

日録後佚。陳録云：「書本有八十卷，今止有其半。」可證南宋時日録已有散佚。今存宋人陳瑩中四明尊堯集、楊時龜山集神宗日録辯、朱熹朱文公文集等都存有日録佚文，長編引用日録者尤多。今人顧宏義、李文輯録熙寧日録二百餘條，凡六萬言，刊入宋代日記叢編（上海書店出版社，二〇一三年版）。顧宏義等又據此修訂，收入王安石全集（復旦大學出版社，二〇一六年版)。

南郊式一百十卷,佚。

宋史藝文志三著録此書於「儀注」類。王安石進修南郊敕式表(卷五十六)云:「郊丘事重,筆削才難,猥以微能,叨承遴選。臣某等誠惶誠恐,頓首頓首。……蓋已行之品式,曾莫紀於官司。故國家講燎禋之上儀,而臣等承撰次之明詔。迢茲彌歲,僅乃終篇,猶因用於故常,特删除其紛冗。」據此可知,此書爲王安石主持編修之作。

沈括夢溪筆談卷一載:「上親郊廟,册文皆曰『恭薦歲事』。先景靈宫,謂之『朝獻』;次太廟,謂之『朝饗』;末乃有事於南郊。予集郊式時,曾預討論,常疑其次序,若先爲尊,則郊不應在廟後;若後爲尊,則景靈宫不應在太廟之先。求其所從來,蓋有所因。」宋史卷三三一沈括傳云:「故事,三歲郊丘之制,有司按籍而行,藏其副,吏沿以干利。壇下張幔,距城數里。爲園囿,植采木,刻鳥獸,綿絡其間。將事之夕,法駕臨觀,御端門,陳仗衛,以閲嚴禁;游幸登賞,類非齋祠所宜。乘輿一器,而百工侍役者六七十輩。括考禮沿革,爲書曰南郊式。即詔令點檢事務執新式從事,所省萬計,神宗稱善。」又,沈括長興集卷十三有進南郊式表云:「臣某等言,伏奉敕命,編修南郊式者。……臣等編修到南郊式共一百一拾卷,並目録一卷,謹隨表上進以聞。」文中省略部分與王安石進修南郊敕式表同。綜上所述,可知南郊式一書爲沈括所從事纂集。

宋會要輯稿載：「熙寧元年八月，詔將來南郊，除祇奉天地宗廟依典禮外，其餘供應乘輿服飾等事件務從簡約，應不須雅飭之物，不得妄有中舉，枉有勞費。」胡道静夢溪筆談校證謂：「疑此即考撰南郊式之緣起也。」據此，此書之編修當在熙寧元年（一〇六八）八月後不久。此書今佚。

熙寧詳定編敕等二十五卷，佚。

宋史藝文志三著録此書於「刑法」類。王安石進熙寧編敕表（卷五十六）云：「方裁成輔相之休运，宜修飾潤色之難能，顧匪其人，與於此選。……具慚淺學，莫副詳延，屢彌歲年，僅就篇帙，删除煩復，搜補闕遺。」知此書亦爲王安石編修之作。

長編卷二一〇載：「熙寧三年四月乙丑，命王庭筠爲編敕删定官。庭筠嘗奏疏稱頌王安石所定謀殺刑名。」據此，則此書之撰修當在熙寧三年（一〇七〇）前後。

又，趙希弁郡齋讀書志附志卷一著録有王安石斷例四卷，並云：「在皇朝王安石執政以後，士大夫頗重意律令。此熙豐、紹聖中法寺決獄比也。」書今亦佚。

三司令式，佚。

此書，史志及各家目録皆失載。長編卷二一八載：「熙寧三年十二月庚辰，命王安石提舉編修三司令式。」長編卷二五一載：「熙寧七年三月乙巳，王安石言提舉編修敕式成四百卷，乞繕寫，付三司等處。從之。」宋史職官志一載：「提舉修敕令，自熙寧初編修三司令式命宰臣王安石提舉，是後皆以宰執爲之。」此書後佚。

時政記，佚。

此書，史志及各家目録皆失載。長編卷二一〇載：「熙寧三年四月，王安石著時政記曰」云云。按，時政記記載宰相、執政議事及皇帝問對答内容，由宰相或執政修撰。宋代大量的時政記都已散佚，包括王安石修撰的此書，現存僅南宋李綱所撰的建炎時政記三卷。

淮南雜説二十卷，佚。

宋史藝文志著録此書爲二十卷。趙希弁郡齋讀書志附志卷二著録爲王氏雜説十卷，並引蔡京所作王安石傳云：「初著雜説數萬言，世謂其言與孟軻相上下，於是天下之士始原道德之意，窺性命之端。」此書後佚。

由於此書大旨在於「道德性命」之學，故有人疑臨川先生文集卷六十五至七十諸卷議論文即淮南雜説。然此論似不能成立。一則此六卷中包括洪範傳一卷，據前引陸佃付府君墓誌所言，淮南雜説和洪範傳當爲兩書。再則，如依此論，禮論、禮樂論、致一論（卷六十六）、性情（卷六十七）、性論、原性（卷六十八）等文，當是淮南雜説中的篇目，可是，這幾篇文章的主旨與孟子中有關内容有明顯的牴牾之處，如原性指名道姓批評孔子，似不可能「世謂其言與孟軻相上下」。

此書撰寫年代，可能開始於慶曆初年王安石入淮南幕時。其慶曆二年（一〇四二）所作的送孫正之序云「以孟、韓之心爲心」，對孟子十分推崇。此書的完成年代，當在嘉祐年間（一〇五六—一〇六三），所以陸佃在治平初年已見到此書。

老子注二卷，佚，有輯本。

晁志卷三上著録此書，並云：「介甫平生最喜老子，故解釋最所致意。」王安石「少學孔孟，晚師瞿聃」（蘇軾王安石贈太傅敕），著有老子（卷六十八）等文。其注老子，可能在他元豐年間（一〇七八—一〇八五）隱居鍾山時。

此書後佚。彭耜編道德真經集注、劉惟永編道德真經集義和李霖編道德真經取善集保存了此書的若干注釋。今人容肇祖據此三書輯有王安石老子注輯本（中華書局，一九七九年版）。蒙文通道書輯校十種（巴蜀書社，二〇〇一年版）亦收其佚文若干條，其中有爲容輯本未收者。臺灣學者嚴靈峰有老子崇寧五注王安石老子注（臺北，成文出版社，一九七九年版），輯録較多。今人羅家湘將容、蒙、嚴三家所輯整理爲王安石老子注輯佚會鈔（華東師範大學出版社，二〇一三年版）。王安石全集（復旦大學出版社，二〇一六年版）所收老子注即爲羅氏輯本。

莊子解四卷，佚。

晁志卷五上著録此書，他書不載。王安石有莊周二篇（卷六十八）等文，其他提及莊子處頗多，略可窺王安石對莊子的評價。此書今佚。

楊子解一卷，佚。

晁志卷五上著録此書，他書不載。王安石有楊孟（卷六十四）、楊墨、對難（卷六十八）等文論及楊朱及其著作。其書今佚。

維摩詰經注三卷，佚。

宋史藝文志四著録此書。王安石進二經劄子（王文公文集卷二十）云：「臣蒙恩免於事累，因得以疾病之餘日，覃思内典。切觀金剛般若、維摩詰所説經，謝靈運、僧肇等注多失其旨；又疑世所傳天親菩薩、鳩摩羅什、慧能等所解，特妄人竊借其名，輒以己見，爲之訓釋。不圖上徹天聽，許以投進。……方大聖以神道設教、覺悟群生之時，羽毛皮觡之物，尚能助發實相。況臣區區嘗備顧問，又承制旨，安敢蔽匿？謹繕録上進，干浼天威。」王安石晚研佛典，有讀維摩經有感（卷三十四）等詩。其注此經亦當在元豐年間（一〇七八—一〇八五）隱居鍾山時。此書今佚。

金剛經注，佚。

尤目著録此書。晁志卷三下著録有金剛經會解一卷，並云：「後秦僧鳩摩羅什譯，唐僧宗密、僧知恩、皇朝元仁、賈昌朝、王安石五家注。」據前引王安石進二經劄子，此書當與王安石維摩詰經注同時所撰。此書今佚。

楞嚴經解十卷，佚，有輯本。

晁志卷五上著録此書。王安石有書楞嚴經旨要卷手跡（刊藝苑掇英第十五期，上海人民美術出版社，一九八二年版），其卷末題記云：「余歸鍾山，道原假楞嚴本，手自校正，列之寺中，時元豐八年四月十一日。臨川王安石稽首敬書。」按，道原爲王安石妹婿沈季長字。據此可知，楞嚴經解亦當撰於元豐年間（一〇七八—一〇八五）。此書後佚。今人張煜輯得楞嚴經解百十餘條，收入王安石全集（復旦大學出版社，二〇一六年版）。

臨川先生文集一百卷，存。

王安石詩文，其生前未及結集。宋徽宗重和元年（一一一八），薛昂等承詔編集王安石遺文，是爲王集有刊本之始，惜未傳世。南渡後，杭州、龍舒、臨川、麻沙等地都有刻本。宋高宗紹興十年（一一四〇），撫州知州詹大和刻臨川先生文集一百卷，詹本原刻不傳。紹興二十一年（一一五一），王安石曾孫王珏在杭州刻臨川王先生文集，今有中國國家圖書館藏本。明嘉靖年間，臨川知縣應雲鸑據詹本翻刻，爲明清兩代王集的通行本。應本與王珏本大致相同，僅數首詩編次略異。

今本臨川集爲一百卷。晁志卷四下著録爲一百三十卷，文獻通考卷二三五著録同。臨川縣志卷四十九著録王文公臨川集一百四十卷，並有元吴澄序。吴序云：「金溪危素好古文，慨公集之零落，搜索諸本增補校訂，總之凡若干卷，比臨川、金陵、麻沙、浙西數處舊本，頗爲備悉。」危素之增補本亦不傳。四庫全書總目引明焦竑國史經籍志云王安石有别集八十卷。陳録亦云：「汪藻彦章得半山别集，皆罷相山居時老筆，過江失之。」皆不傳。王安石詩文早有散佚，薛昂編集時已嘆不全。至「靖康之禍，官書散失，私集竟無完善之本，弗如歐集、老蘇、大蘇之集盛行於時也」（吴澄序）。陸游放翁題跋（津逮秘書本）卷二跋半山集載：「右半山集二卷，皆荆公晚歸金陵後所作詩也。丹陽陳輔之嘗編纂刻本於金陵學舍，今亡矣。」

由於王安石詩文散佚甚多，故後人屢有輯佚。清人勞格讀書雜識，嘗於群書輯出臨川集中未收詩文篇目；陸心源續加增輯，成臨川集補一卷，刊入潛園總集群書校補。清末，日本宫内省圖書寮所藏宋槧本王文公文集一百卷爲世人發現，日人島田翰據以輯出臨川集中未收詩文，收入古文舊書考。一九一八年，羅振玉將以上兩種補輯本合爲一帙，題爲臨川集拾遺付梓。中華書局上海編輯所一九五九年編輯出版臨川先生文集，即用明嘉靖三十九年（一五六〇）撫州覆紹興十年詹大和刊本爲底本，並用鐵琴銅劍樓舊藏宋紹興刊本、繆氏小岯山館刊本，及清綺齋本王荆文公詩箋注、嘉業堂本沈欽韓王荆文公詩文集注、宋文鑑、宋詩紀事等校勘，校語附在每卷之末。該本還在羅本基礎上，又據朱孝臧彊村叢書本臨川先生歌曲、唐圭璋全宋詞卷三十九增輯王安石詞七首，編爲臨川集補遺一卷附於卷末，是爲迄今爲止臨川先生文集的最佳整理本。然而，此書仍有不少遺留。例如，李壁王荆文公詩箋注中有七十二首詩，臨川先生文集未收；王文公文集中亦有少量爲臨川集失收詩文，島田翰所輯亦失收；此外，散佚詩文亦不少。來雲從歷代方志、詩話，以及宋趙汝愚國朝諸臣奏議、元馬端臨文獻通考等書中，又輯出王安石散佚詩文若干，編爲王安石散佚詩文輯存，刊中國古典文學叢考第二輯（復旦大學出版社，一九八七年版）。

王文公文集一百卷，存。

此書爲現存王安石文集的最早刊行本。清末，日本宮内省圖書寮發現此書的宋槧本。一九六二年，中華書局上海編輯所用江安傅氏從食舊德齋原藏本（現藏上海博物館）攝存玻璃片影印，缺卷以北京圖書館藏日本宮内省圖書寮藏本照片補足，版匡尺寸悉准原書。一九七四年，上海人民出版社又據此出版了唐武標校的王文公文集。此書爲南宋龍舒刻本。趙萬里撰有宋龍舒本王文公文集題記，於此書的版本源流等情況敘述頗詳。書中避宋高宗趙構諱。又，王珏本跋文稱：「比年龍舒版行，尚循舊本。」皆可證龍舒在紹興年間刻過王集，而且時間先於王珏本。

此本一百卷，然編次與他本迥異，並互有缺漏。龍舒本先文後詩，與臨川集編次正相反。龍舒本古詩部分五、七言古詩，律詩部分各體律詩和絶句，都雜厠在一起。臨川集則經過一番加工，整齊劃一，不少詩巧立名目，不如龍舒本尚存舊題。龍舒本缺後者所收詩一百八十餘篇；而後者亦缺龍舒本中所收詩七十二篇，此七十二首詩又見於李壁王荆文公詩箋注。兩本文章互相缺漏者亦有數十篇之多。兩本對勘，除篇題和字句間的異文層見疊出之外，兩本脱文可互爲校補，兩本佚篇亦可互爲補輯。龍舒本重出舛亂較多，其中重出詩達十七首；又誤收一些他人詩作。

王荆文公詩箋注五十卷，存。

此本爲南宋李壁箋注。李壁（一一五九—一二二二），字季章，號雁湖，眉州丹稜（今屬四川）人，著名史學家李燾之子。宋史卷三九八有傳。開禧三年（一二〇七）至嘉定二年（一二〇九），他謫居臨川（今江西撫州）時撰此書。陳録云：「注荆公集五十卷，參政眉山李壁季章撰，謫居臨川時所爲也。助之者曾極景建，魏鶴山爲作序。」魏序作於嘉定七年（一二一四），序云：李壁「嗜公之詩，遇與興合，往往隨筆疏於其下。涉日既久，命史纂輯，固已粲然盈編」。李壁本出後，元大德五年（一三〇一），劉辰翁將此書加以評點删略，由門人王常予以刊行。元本今藏中國國家圖書館。以後，明清刊行之本皆出於此，其中最著名者爲張宗松於清乾隆六年（一七四一）重刻的清綺齋本。中華書局上海編輯所一九五八年據此本重新刊行。一九八四年秋，王水照先生應東京大學文學部的邀請，赴日講學，在名古屋市蓬左文庫發現一部李壁注的朝鮮古活字本，較國内通行本多出注文一倍左右，且附有「補注」和「庚寅增注」兩個部分。遂將此本影印回國，由上海古籍出版社於一九九三年影印出版。二〇一〇年，上海古籍出版社又出版了高克勤據此本標校的整理本。

此書收王安石詩數量爲諸本之冠。凡龍舒本和臨川集兩本中互相缺漏的二百餘首詩，皆見於此本。此書向以注釋詳備、重視實物資料以及輯佚補遺了王安石的不少詩文等特點，爲學林所推重。然而，亦有不少舛誤之處，有的篇目重出，有的篇目闌入他人之作，或與他人詩作互見者。其中，卷四對棋與道原至草堂寺與卷四十八對棋呈道原重出，卷四十一長干釋普濟坐化與卷五十哭慈照大師重出。卷十七送孫叔康赴御史府，卷二十一汝癭和王仲儀、江鄰幾邀觀三館書畫爲梅堯臣所作；卷二十一寄慎伯筠爲王令所作；卷四十宫詞，李注云「此王建宫詞，初非公作」，但仍闌入王安石詩中；卷四十一竹里，苕溪漁隱叢話前集卷五十七云爲僧顯忠詩，王安石書之於牆，以致後人誤以此詩爲王安石所作；卷四十四春江，中吴紀聞卷四云爲吴人方子通所作，「荆公親書方册間，因誤載臨川集」。與他人詩作互見者有：卷二十一勿去草，一云爲楊次公所作；卷三十七寄程給事，又見於王珪華陽集卷三、鄭獬鄖溪集卷二十七、秦觀淮海後集卷上；卷四十歸雁、卷四十六訪隱者或言皆爲鄭獬所作；卷四十七晚春一云爲盧秉作；卷四十八鵶，又見於歐陽脩居士外集卷七，題作鶻。此外，王安石詩亦有闌入他人之集者，如晝寢（卷二十二）闌入劉敞公是集卷十八。

伴送北朝人使詩，原書佚，詩今存。

此書，史志及各家目録皆不録。王安石伴送北朝人使詩序（卷八十四）云：「某被敕送北客至塞上，語言之不通，而與之並轡十有八日，亦默默無所用吾意。時竊詠歌以娱愁思，當笑語鞍馬之勞，其言有不足取者。然比諸戲謔之善，尚宜爲君子所取。故悉録以歸示諸親友。」王安石使北在嘉祐五年（一〇六〇）春。據序所云，此書可能未付梓刊行，然其詩尚存。今王安石集中尚存可考知的使北詩有四十首左右。

又，龍舒本王文公文集卷七十入塞二首其二題下原注云：「此一首誤在題試院壁，觀其文乃是出塞辭，奉使詩録不載，恐脱，不敢補次之，輒收附於入塞之後。」此詩曰：「涿州沙上望桑乾，鞍馬春風特地寒。萬里如今持漢節，却尋此路使呼韓。」李注卷四十五收此詩，題作涿州，臨川先生文集卷三十一亦收此詩，題亦作涿州。據龍舒本題注所云，王安石有奉使詩録集行世。

此集今佚，其内容當同伴送北朝人使詩，可能爲一書而異名。

又，尤目著録有王文公送伴録和王介甫送伴録，當爲同一書。此書與伴送北朝人使詩，也有可能爲一書而異名。

建康酬唱詩一卷，原書佚，詩今存。

宋史藝文志八著録此書於「總集」類。據書題所云，此書似爲王安石在建康（江寧）和友人酬唱之詩。按，王安石於宋英宗治平年間（一〇六四—一〇六七）在江寧丁内艱；宋神宗元豐年間（一〇七八—一〇八五），他退居江寧隱居。集中酬唱以這兩時期爲多。原書佚，其詩今散見於王安石集中。

送朱壽昌詩三卷，佚。

宋史藝文志八著録此書於「總集」類。據書題所云，可知爲熙寧三年（一〇七〇）前後所作。朱壽昌，宋史卷四五六有傳。長編卷二一二載：熙寧三年六月，以朱壽昌通判河中府。朱壽昌尋母迎母事，在當時傳爲美談。一時文人如蘇軾、文同、司馬光等皆有詩贈之。王安石亦有送河中通判朱郎中迎母東歸（卷三十一）。據此，疑此書爲時人匯編諸賢送朱壽昌詩而成，不是王安石一人之作。此書今佚。

杜工部詩後集，佚。

此書，史志及各家目録皆不載。王安石老杜詩後集序（卷八十四）云：「予之令鄞，客有授予古之詩世所不傳者二百餘篇。觀之，予知非人之所能爲，而爲之實甫者，其文與意之著也。然甫之詩其完見於今者，自予得之。……自洗兵馬下序而次之，以示知甫者，且用自發焉。」王安石爲鄞縣令在慶曆七年（一〇四七）至皇祐二年（一〇五〇）間，此序作於皇祐四年（一〇五二）。由序可知此書溢出洗兵馬以下二百餘篇。此書今佚。元豐五年（一〇八二），温陵宋宜序陳浩然所編析類杜詩，云曾見過此書，並曾將此書與王洙本杜甫集比勘，「互有詳略」。惜陳書今亦佚。

四家詩選，佚。

此書，史志及各家目録皆不載，然宋人詩話中多有論及。此書編選以杜甫爲第一，歐陽脩、韓愈次之，以李白爲最後。對其先後次序，「或以爲存深意，或以爲初無意」（王直方詩話）。王定國聞見録引王安石語曰：「陳和叔嘗問四家之詩，乘間簽示和叔。時書史适先持杜詩來，而和叔遂以其所送先後編集，初無高下也。李、杜自昔齊名者也，何可下之。」按，陳繹字和叔，元豐中曾出知江寧府，宋史卷三二九有傳。據此，此書的編選在元豐年間。

此書後佚。紹興三年（一一三三），吴若校杜甫集時曾參用此書，今尚有若干存於錢注杜詩、影宋本杜工部集配本、蔡夢弼杜工部草堂詩箋附黄鶴補注之中。例如，錢注杜詩卷十二遠游「迷芳著處家」句，「芳」字下云「荆作方」；卷十四刈稻了詠懷「寒風疏落木」句，「落」字下云「荆作草」等。宋人蔡寬夫詩話亦載有王安石注杜詩若干條。

唐百家詩選二十卷，存。

王安石唐百家詩選序（卷八十四）云：「余與宋次道同爲三司判官時，次道出其家藏唐詩百餘編，諉余擇其精者，次道因名曰百家詩選。」按，宋敏求字次道，宋史卷二九一有傳。嘉祐五年（一〇六〇），王安石與宋敏求同爲三司判官，此書的編選當在此時。

唐百家詩選，宋紹興年間撫州刻本今存卷一至卷九，現藏上海圖書館；中國國家圖書館藏宋刻遞修本卷九至卷十六。清康熙年間宋犖據宋刊殘本配以抄本刊印成足本，即雙清閣影宋本。清人何焯曾據相關集本校，校本後存於陸心源皕宋樓，現存於日本静嘉堂文庫。一九三六年，日本静嘉堂文庫據以影印出版宋刊分類本唐百家詩選。復旦大學出版社二〇一六年版王安石全集所收唐百家詩選即以何氏校本爲底本整理。

先大夫集，佚。

此書，史志及各家目録皆不載。王安石先大夫集序（卷七十一）云：「先大夫少而博學，及强年有仕進之望，其志欲有以爲而遽没，其於文所不暇也。一日，諸子閲槖中，乃得歌詩百餘篇。雖此不足盡識其志，然諷詠情性，其亦有以助於道者，不忍棄去也，輒次序之。」按，先大夫爲王安石之父王益。王益始字損之，改字舜良，宋史翼卷十八有傳。明人楊慎所編全蜀藝文志卷十四上著録有王益（損之）與梅摯（公儀）的唱和詩三首，即和梅公儀新繁縣顯曜院詩、和梅公儀留題重光寺羅漢院贈憲上人詩、留題清涼院；卷十九著录有王益的新繁縣東湖瑞蓮歌。前三詩爲七律，後一詩爲七古。王益卒於宋仁宗寶元二年（一〇三九），終年四十六歲。慶曆八年（一〇四八），王安石爲父安葬，書當編於此時。此書後佚。據序所云，可能未付梓刊行。

附考一：宋人所撰王安石傳記，有琬琰集下卷十四所載王荆公安石傳（實録）等；所撰年譜，有李燾王安石年譜三卷（佚，見周必大撰敷文閣學士李文簡公燾神道碑，周益公大全集平園續稿卷二十六）、詹大和王荆文公年譜（今存）。清人所撰年譜，有顧棟高王荆國文公年譜三卷（求恕齋刻本）、蔡上翔王荆公年譜考略三十卷（中華書局一九五九年版）、楊希閔王文公年譜考略節要附存二卷（附蔡譜後）。

附考二：王安石子王雱著作，除他與王安石同修撰三經新義，並主撰尚書新義外，另有：論語解口義十卷，晁志、尤目並著録，不傳；孟子注十四卷，晁志、宋史藝文志並著録，不傳；爾雅注，文獻通考卷一九〇著録，有項平甫跋，尤目著録爲王元澤諸經爾雅，不傳；老子注二卷，晁志著録，尤目著録爲老子解，道藏本老子四家注有若干引文；莊子注十卷，晁志著録，不傳；

元澤先生文集三十六卷，趙希弁郡齋讀書志附志卷五下著録，並云：「雱未弱冠，著書已數千百言。舉進士，爲旌德尉，作策三十餘篇，極論天下事。又作老子訓傳及佛書義解，亦數萬言。有以雱書聞者，召見，除太子中允、崇政殿説書，被旨撰詩、書義，擢天章閣待制。書成，遷龍圖閣直學士，不拜而卒。雱議論刻深，常稱商君以爲豪杰之士，言不誅異議者法不行，嘗勸安石誅不用命大臣。政和中，封臨川伯，從祀於學。靖康初罷之。集乃崇寧中盧崇編。」其書不傳。然長編卷二四五熙寧六年八月戊戌注引王雱論軍器監條，可以看出王雱在變法進程中的作用。復旦大學出版社二〇一六年版王安石全集外編收入今人張鈺翰輯録的王雱南華真經新傳、尹志華輯録的王雱老子訓傳和張鈺翰輯録的元澤佚文。

原載復旦學報社會科學版一九八八年第一期，收入本書時有訂補。

圖書在版編目(CIP)數據

王安石全集附録/(宋)詹大和等撰;戎默,蘇賢整理.—上海:
復旦大學出版社, 2016.9(2017.9 重印)
(王安石全集/王水照主編)
ISBN 978-7-309-12132-2

Ⅰ.王… Ⅱ.①詹…②戎…③蘇… Ⅲ.王安石(1021~1086)-生平事迹
Ⅳ.K827=441

中國版本圖書館 CIP 數據核字(2016)第 030859 號

責任編輯　張旭輝　杜怡順
裝幀設計　馬曉霞

王安石全集附録
(宋)詹大和　等撰　戎　默　蘇　賢　整理

復旦大學出版社有限公司出版發行
上海市國權路 579 號　郵編: 200433
網址: fupnet@fudanpress.com
http://www.fudanpress.com
門 市 零 售: 86-21-65642857
團 體 訂 購: 86-21-65118853
外 埠 郵 購: 86-21-65109143
出版部電話: 86-21-65642845

浙江新華數碼印務有限公司印刷

開本 890×1240　1/32　印張 12.375　字數 226 千
2017 年 9 月第 1 版第 2 次印刷

ISBN 978-7-309-12132-2
K·567　定價: 60.00 圓